叢書・ウニベルシタス　1180

思弁的註記

ヘーゲルの機知に富んだ語

ジャン=リュック・ナンシー
小原拓磨 訳

法政大学出版局

Jean-Luc NANCY
LA REMARQUE SPÉCULATIVE : Un bon mot de Hegel

This book is published in Japan by arrangement with Éditions Galilée,
through le Bureau des Copyrights Français, Tokyo.

◉目次

凡例

一、本書は、Jean-Luc Nancy, *La Remarque spéculative (un bon mot de Hegel)*, Galilée, 1973 の翻訳である。

二、諸符号の転記は原則として慣例にならう。すなわち、« »は「 」に直し、( )、[ ] は原文通り、単行本や雑誌などの題名には『 』、論文名や作品名には「 」をもちいた。イタリックによる強調は原則として傍点を付した。ただし、原文において著者の補注の文がイタリックで挿入され、本文と区別されている箇所があるが、翻訳書では書体を変更していない。

三、亀甲括弧〔 〕は訳者による注記や補足、山括弧〈 〉は大文字ではじまる語や成句を示す。ダブル・ハイフン「=」は欧文人名でのハイフンの転記で、また、シングル・ハイフン「-」やダッシュ「——」はおおむね原文に沿う。ただし、文脈を理解しやすくするために、訳者の判断で、原文にはない( )や——を補足した箇所もある。

四、ルビは原語の表示や理解の助けになるよう適宜カタカナを付した。これは必ずしも原語の発音を表示するものではない。

五、ドイツ語で記載されている単語のうち、頻出するものはカタカナで表記している。

六、原注は(1)、(2)……、訳注は＊1、＊2……の要領で示す。なお、原注のなかには同一番号の注が複数存在するものがあり、これは、番号は維持しつつアルファベットを付加することで、完全な重複を避けた。

七、本文で引用されている文献に関して、日本語の既訳がある場合にはそれを参照し、該当頁を示した。ただし訳出にあたっては、原文、引用者（ナンシー）または仏訳者による翻訳文、引用前後の文脈などを考慮して、適宜、独自におこなった。したがって既訳を参考にさせていただいたが、必ずしも既訳に従うものではないことをお断りする。

八、本書でもっとも頻繁に言及されるヘーゲルの『大論理学』の典拠について、ナンシーの表記（ラッソン版／*Wissenschaft der Logik*, hrsg. Georg Lasson, Hamburg: Felix Meiner, 1971）に続けて、以下の略記号にて表記する。

W5: *Werke*, Band 5, *Wissenschaft der Logik I*, Frankfurt am Main: Suhrkamp, 1969
W6: *Werke*, Band 6, *Wissenschaft der Logik II*, Frankfurt am Main: Suhrkamp, 1969
〔上一〕――『ヘーゲル全集6a　大論理学（上巻の一）』武市健人訳、岩波書店、一九五六年
〔上二〕――『ヘーゲル全集6b　大論理学（上巻の二）』武市健人訳、岩波書店、一九六〇年
〔中〕――『ヘーゲル全集7　大論理学（中巻）』武市健人訳、岩波書店、一九六〇年
〔下〕――『ヘーゲル全集8　大論理学（下巻）』武市健人訳、岩波書店、一九六一年
〔1〕――『ヘーゲル論理の学第一巻　存在論』山口祐弘訳、作品社、二〇一二年
〔2〕――『ヘーゲル論理の学第二巻　本質論』山口祐弘訳、作品社、二〇一三年
〔3〕――『ヘーゲル論理の学第三巻　概念論』山口祐弘訳、作品社、二〇一三年

九、その他のヘーゲルからの引用については、ナンシーの表記に続けて、ズーアカンプ版全集（*Werke in zwanzig Bänden*, Frankfurt am Main: Suhrkamp, 1969–1971）の巻数と頁数を示している。

思弁的註記
(ヘーゲルの機知に富んだ語[*1])

(この題名からして、「気の利いたひとことを述べる」というリスクは避けられないだろう。場合によってそのひとことは物笑いの種ともなりうる。あるいは、題名が二重である場合には、ふたこと述べるよう迫られるだろう。この要求はおそらく、ほかのどんなところよりもここでは避けられないものだった(しかもおそらく、同じ理由で、なおさら容赦してはもらえなかった)。かといって、専門的で厳正なただひとつの題名をつけるという可能性はいつも崩れ去ってしまった。たとえば『ヘーゲルのAufheben〔揚棄〕概念についての試論』という題名。この題名もまた正しく本書の仕事を指し示しているが、これは題名とはならなかった。その理由はおそらく本書を読んでいただければ最終的に明らかとなる。かくして、どちらの語《モ》を題名とするか、われわれは決定しなければならなかった(小さいほうの悪《モ》を選ばなければならないとひとは言う）[*2]。本当のところは、二つの題名はそれぞれ交代で、あるいは両方で、互いに互いを「正当化」しようと試みるため、題名の決定は宙吊りのままとなった。そこで、読解をはじめるにあたって、候補だったいくつかの題名を想起しておくのも悪くないだろう（それらは保存されたわけでも廃棄されたわけでもない）。たとえば「Eigensinn」（「固有の意味」と「わがままな頑固さ」の二つの意味が組み合わされた語で、ヘーゲルの言葉遊びのひとつ[(1)]）、あるいはまた（フロイトから一語を除いて）『思弁的な語のもつ対立した意味[*3]』、あるいはさらに、お望みとあらば、おのずから明らかなように、「Hebufena[*4]」。）

（1）たしかにヘーゲルは『精神現象学』で意味について語っているが、それは意識の意味〔我意、わがまま〕であって、語の意味ではないわけだが（G. W. F. Hegel, *La Phénoménologie de l'esprit*, T. I, trad. Jean Hyppolite, Paris: Aubier, 1941, p. 166〔W3 155／『ヘーゲル全集4　精神の現象学（上巻）』金子武蔵訳、岩波書店、一九七一年、一九七頁／『精神現象学　上巻』熊野純彦訳、ちくま学芸文庫、二〇一八年、三二八頁〕）。

ヘーゲルの機知に富んだ語

「このように哲学的理念の代わりに表現と語を置くこと、これがヤコービの仕事である。それら表現と語は知っておくべきものでも理解しておくべきものでもないが、それらもおそらく哲学的意味をもちうるだろう。しかし、ヤコービが論戦を向けているのはまさしく、それらの表現や語が真剣に扱われ、それらの哲学的意義が言明されているもろもろの哲学なのである。」

（Hegel, *Foi et Savoir*, 1802, trad. Méry modifiée, 2e éd., Gap, 1964, p. 245.〔W2 358-359／「信仰と知」『ヘーゲル全集第３巻　イェーナ期批判論稿』所収、田端信廣編、田端信廣ほか訳、知泉書館、二〇二〇年、五一四頁〕）

「たしかに、この思考〔啓蒙とカント〕が作ったもろもろの思考形態が彼〔ハーマン〕には満足できないものであるのは当然だが、彼は思考と理性一般に対して、語を発する代わりに〔um das Wort zu sagen〕、ただでたらめに悪態をついているだけである。〔…〕彼はバロック風の、まったく訳のわからない表現を投げ散らかし、あるいはむしろ強引に結びつけ、そうして読者を完全に欺こう〔mystifizieren〕としている。」

(Hegel, Recension des *Ecrits* de Hamann, Jahrbücher für wissenschaftliche Kritik, 1828 – Studienausgabe, Stuttgart, 1930, pp. 253–254.〔W11 331–332／「ハーマン書評」『ヘーゲル全集第14巻　評論・草稿Ⅱ（1826–31）』所収、海老澤善一編、海老澤善一ほか訳、知泉書館、二〇二一年、二六三―二六四頁〕)

「der *Schein* selbst ist dem *Wesen* wesentlich, die Wahrheit wäre nicht, wenn sie nicht schiene und erschiene〔見かけそのものは、実在にとって本質的である。真理は、それが現れず、現出しないならば、存在しないだろう。〕」

(Hegel, *Ästhetik*, Frankfurt, 1955, I, p. 19.〔W13 21／岩波版全集では訳出されていない一節〕)

第一章

序言

「……そのように敷居に立っているものこそ、しばしばもっとも不十分なものである。」

(Addition au §205 de l'*Encyclopédie*, éd. du Jubilée, VIII, p. 417.〔W8 363／『ヘーゲル全集1　小論理学』真下信一・宮本十蔵訳、岩波書店、一九九六年、四七八頁〕)

1. 序言、すなわちまた、「少しも本題に入っていない言説」（リトレ『フランス語辞典』）。

2. 本書の仕事は以下の分析やテクストを既定知識とみなしている（そうすることに意味があるものとして）。アレクサンドル・コイレの「ヘーゲルの言語と専門用語についての覚書」[*1]、ジャン・イポリットの『論理と実存』[*2]（第一部）、ヴェルナー・マルクスの『絶対的反省と言語』[*3]、ジャック・デリダの「限定経済から一般経済へ——留保なきヘーゲル主義」[*4] ならびに「竪坑とピラミッド」[*5]。

言い換えれば——言い方はさまざまだが——われわれの課題はヘーゲル学説の数多くの十分確立された理論的真理をふたたび検討することではない。といっても、それら真理が不在だと言いたいわけではないし、他方でまた、ヘーゲルのテクストに即して確認できるようなあらゆる理論を（それらに制限されるわけにはいかないからといって）ここでは放棄するというわけでもない。

3．「ヘーゲルの機知に富んだ語」――まず率直に意味論的に見れば、これはなんらかの物語の題名か、あるいはよりよく言ってひとつの逸話（すなわち文字通り、ヘーゲルの著作物には載っていない未発表の物語）の題名であるにちがいないだろう。部門は哲学者年鑑(1)、文体は物語型ということになろう。さらに、もっとも無内容な（しかしおそらくもっとも優雅な）定式に還元するならば、語り手は「ある日ヘーゲルは……」と伝えるだけで満足することだろう(2)。実際、われわれがここでおこなわなければならないのは、「ヘーゲルのひとこと」を伝えること以外のなにものでもないだろう。

もちろん、純真無垢にそうすることなどできないだろう。言い換えれば、たとえば物語や語りがすでにまた部分的に部門を（あるいは部門の一部を）形成しており、それが（ヘーゲルの）学問の事前の叙述に課されていること、こうしたことを無視することはできない。「ここで述べられたことはたしかに〔学的方法の〕概念を表現してはいるが、しかしそれは先取りされた断言以上のものとみなされることはできない。この断言が示す真理は、この部分的に物語風に語っている叙述〔dieser zum Teil erzählenden Exposition〕のうちには存しない(3)」。――したがって、われわれはまさしく次のような二重の身振り、二重の動きに同時に制約されることになる。すなわち、われわれは一方でヘーゲルの真理の側またはその手前へ移行し、他方で、それでもなおヘーゲルの序文の規律《レジーム》のなかに身を持し、言い換えれば、それでもなお、やはり概念の規律のなかに身を持する。けれども、このような制約はそれ自体ヘーゲル的であり、あるいはどのようなやり方であれヘーゲルの言説に属しており、このこともまた問題である。あるいはそれはおそらく、不正確に

（1）年鑑〔*almanach*（暦、予見）〕とは、エジプトの語源学を信じるならば（もちろんそうしよう）、記憶のための計算である。それゆえ、のちほど見るとおり、ここにはalmanachに関わるなにものかもまた存在する。

（2）このことの文学上の例はいくつもある。たとえばハイネの物語はアウフヘーブングに関する「語」の話として読みうるし、そのような教訓話として書き換えるべきである。われわれが本書で見ることになるような語あるいは沈黙について、そこではこう言われている。ヘーゲルは私〔ハイネ〕にこう言った――「自然は非常に奇妙だ。自然は、もっとも崇高な目的のために使用する同じ道具をもっとも低劣な労務にも利用するのだから。たとえば、人類の最高の使命つまり生殖をゆだねられている男性のあの部位は、同時にまた……にも使用されるのだ」（Heinrich Heine, »Ludwig Börne«, 4. Buch, in *Beiträge zur deutschen Ideologie*, Frankfurt: Ullstein, 1971, S. 342〔「ルートヴィヒ・ベルネ回想録」『ハイネ散文作品集第3巻　回想記』木庭宏編、木庭宏ほか訳、松籟社、一九九二年、一二二―一二三頁〕）。周知のように、この同じ語り手は〔ヘーゲルの〕臨終の語を伝えている（キルケゴールが引用したことで知られる）。「ヘーゲルは死の床にあってこう言った。「私のことを理解した者はたったひとりしかいない」。しかしただちに腹立たしげにつけ加えた。「だが彼もまた私を理解していなかった」」（H. Heine, *Zur Geschichte der Religion und Philosophie in Deutschland*, herausgegeben und eingeleitet von Wolfgang Harich, Frankfurt am Main: Insel Verlag, 1965, S. 84〔「ドイツの宗教と哲学の歴史によせて」『ハイネ散文作品集第4巻　文学・宗教・哲学論』木庭宏編、森良文ほか訳、松籟社、一九九四年、一一一頁。「訳者注」によれば、この有名な逸話が事実であったかどうか、真偽は不明だという（同書、一五八頁）〕）。

（3）Hegel, *La Phénoménologie de l'esprit*, T. I, trad. J. Hyppolite, *op. cit.*, p. 50.〔W3 55／『ヘーゲル全集4　精神の現象学（上巻）』金子武蔵訳、岩波書店、一九七一年、五五頁／『精神現象学　上巻』熊野純彦訳、ちくま学芸文庫、二〇一八年、一〇〇頁〕

ならないように言えば、奇怪な事態である。いずれにせよ、奇妙さが確実にここでたえず揺動している。したがって、語りが題名を越え出るということはない（さらに語りは題名の半分しか特徴づけていない）。題名が題名をつけている当のものは、なによりもまず文体を欠落した状態に置かれている――そこには文体というものが一切欠けている。けれどもそれは、この隷属〔欠落状態〕がみずからの労働つまりみずから固有の否定作用によって産出し、みずからを支配〔主人〕として建立するためではない。ヘーゲル的支配すなわち否定的なものの揚棄（Aufhebung）は、絶対に避けられないものではないかもしれない。もちろんいかなる言説もそれとしては揚棄を免れることはできないのだから、それはほんのわずかな好機《シャンス》であり、だからこそ試みられるべき好機である。ヘーゲルのなかに好機を不意に見つける好機。まさしくこの点について首尾よく語れなければならないだろう。正確には、支配の原動力に関して、すなわち否定的なものの揚棄に関して、首尾よく語れなければならないだろう。以上の理由で、アウフヘーブングがこの「労働」〔本書〕の対象となる。

とはいえ、どのような仕方でならアウフヘーブングという用語とテーマをヘーゲルから取り出し、特別な調査のために隔離できるのか、実のところよくわかっていない。確実なことは、おのずから明らかなように、この「対象」がひとつの対象として構成されうるためには次のような条件――非常に重い条件……――があるということである。すなわち、この「対象」は対象となるために、みずからのうちに――それに付随して起こる事態とか、その必然的な帰結や影響などと、別のところで名づけられるかもしれないものではなく――ヘーゲルの体系性そのものを包含しなければならないのである。しかもこの体系性とは、みずからが管轄する区域の全体、ならびに数々の段階と分節からなるその行路を、すべて網羅した体系性である。同様にまた、ある特定の仕方でおのずから明らかとなるように、なんらかの言説を述べたい（その語の厳密な意味で）とわずかでも望むならば、ヘーゲルの全面的読解への序文（あるいは跋《ばつ》文）よりも劣るものを企図するひとなどまずいない。気づかれるように、もしヘーゲルが実際に言説の支配（主人の言説）を掌握しているとすれば、それはふたたび隷属の事態である——隷属の事態であって、野心の事態ではない（少なくとも両者が同じことでないとすれば）。したがって、アウフヘーブングを練り上げる仕事あるいはアウフヘーブングを論じる仕事を企図することは、[4] 少なくともヘーゲルの一般的（かつおそら

（4） これが本書の仕事であるが、それがアウフヘーブングのテーマならびにアウフヘーブングについて措定された命題について注釈する仕事であるかぎりは、本書は結局のところ、長いあいだくり返しおこなわれてきた諸研究と同じではないだろうか。実際、これまでの偉大なヘーゲル研究はどれもアウフヘーブングの研究であったし、それもそのはずである。——にもかかわらず、興味深いことに、この概念もしくはこの語に「特化して」展開された研究は——われわれの知るかぎり——存在しない。H・ニールの著作（Henri Niel, *De la médiation dans la philosophie de Hegel*, Paris: Aubier, 1945）にも、J・v・d・ミューレンの著作（Jan van der Meulen, *Hegel: die gebrochene Mitte*, Hamburg: Felix Meiner, 1958）にも、T・ボダマーの著作（Theodor Bodammer, *Hegels Deutung der Sprache. Interpretationen zu Hegels Äußerungen über die Sprache*, Hamburg: Felix Meiner, 1969）にも、期待できそうなものだが、アウフヘーブングの研究はない。ヘーゲルの言語体系に注目して慧眼を示しているG・ルブランの著作（Gérard Lebrun, *La Patience du concept*, Paris: NRF, 1972）にも、なにも見つからない。この著作の議論は興味深いことに、しかも念入りに、ヘーゲルについての別の言説へと転向してしまい、ヘーゲルのテクストを横断することはしない。そこでもほかのところでも、疑いなくヘーゲルの冷徹な法に従って、ひとはアウフヘーブングの周りをあらゆる方向に回る。（それでもなお、この語をめぐる二つの回り方は区別されるべきだろう。〔一方で〕フランス人著者たちにとって、アウフヘーブングの二重の意味はなじみのない奇妙なものであり、

く絶対的）な注釈を計画する企図にほかならないだろう（あらゆる語りはここでは決定的に排除される）。この課題を避けるために、課題の規模を言い訳にすることはできない。なぜなら、もし規模が問題であり、それゆえいずれにせよその種の注釈の一般性が問題であるならば、それは時間の問題にすぎないからだ。そして、時間の問題ということは忍耐の問題であって、ある種の学術的態度はその秘訣を知っている（この忍耐はおそらくヘーゲル的概念の忍耐ではまったくない）。

［経験的な限界はいかなる限界でもないだろう。「ヘーゲルはひとりではなく万人によって注釈されなければならない」。こう言えば十分だろう。］

かくして、おそらく気づかれるように、われわれはすでにこの課題にとらわれ、すでにヘーゲルについて注釈してしまっているのだから、いっそうこの課題を避けることは不可能である。ましてや、みずからを哲学と名づけ規定するものがこれまでなしてきたことは、ヘーゲルについて注釈すること以外のなにものでもないのだから。

しかし、今度は注釈の絶対性を考慮するならば、むしろこの課題それ自身のほうが逃れてゆく危険がある。実際（ヘーゲル風に言って）、もし一方で、一般性がここでは絶対性になり、つまり絶対的なものへ揚棄されなければならないということが真であり、他方でまた、注釈するということがごく単純にまずは読むことであり、とはいえ厳密に読むこと、網羅的に読むこと、真に読むこと、それゆえ絶対的に読むことである、ということが真であるならば、そのとき、ヘーゲルを読むとはいったいどういうことであるのか。ヘーゲルの概念のあれこれ（たとえばアウフヘーブング）を使っておこなおう（あるいはおこなわない）と企図していることがなんであれ、まずはその課題を我慢して経由しなければならない。

ヘーゲルを読むとはどういうことか？

かくしてこのような問いが、ヘーゲルの行路をたどるための必要な序言として明るみに出された。この問いに対しては、ヘーゲル自身が絶対的なもののなかで（すなわち絶対的なものの言説として）応答しないわけにはいかず、実際、ヘーゲルは応答している。といっても、ヘーゲルはそこで当の読解の鍵を届け

その語を翻訳する局面にならないかぎりは、それは尊重されつつ避けられた。〔この語の翻訳に着手したのはコイレであり、デリダがそれに続いた。デリダにとってこの語に等価な語は「relève」であった。だが、これは単純な翻訳ではなく、むしろ翻訳の問題を表明するものである。——まったく明白なことだが、われわれはP・J・ラバリエールとG・ジャルクチィックが『論理学』を翻訳するさいに造り出した訳語sursumerを選ぶことはできない（*Science de la logique*, trad. P. J. Labarrière et G. Jarczyck, Paris: Aubier, 1972)。この訳語は少なくとも二つの誤りを包み隠しており、すなわちこの語は哲学的Kunstsprache〔人工語〕を翻訳しようと望み、ならびにこの人工語を語ってしまっているのである。この問題についてわれわれはまもなく——ヘーゲルに強いられるかたちで——本書でふたたび語ることになる……。〕——〔他方で〕ドイツ人著者たちにとってアウフヘーベンの語と意味は身近である。しかし、ヘーゲルによればこれは、「反省されていない習慣」によって「母国語」の使用が統制されている状態でもある（一八〇九年九月二九日の高校演説——本書第四章〔一五二頁〕参照）。このかぎりで、アウフヘーベンはドイツ人著者たちからも避けられている……。

てくれるわけではない。実際、彼の応答のテクストはよく知られている。

いま言われたことのなかには、哲学の諸著作に対してしばしば言われる非難の根拠［Grund］が見られる。その非難はまったく断固としたもので、それによると、「多くの箇所がまずくり返し読まれる［wiederholt gelesen werden］のでなければならず、そうしてはじめて理解されうる」という。――この非難にはなにか極端で最終的なところがあるにちがいなく、それゆえ、かりに理由のあるもの［gegründet］ならば、この非難はもはやいかなる反論［Gegenrede］も許しはしない。――前に述べたところから、このあたりの事情がどのようなものであるかは明らかである。哲学的命題［Satz］は、それも命題である以上、主語と述語の普通の関係をそなえており、そこから知が普通に振る舞ってよいだろう、という私念［Meinung］を呼び覚ます。知のこのふるまいとそこに含まれる私念は、命題の哲学的内容によって破壊される。*6 私念はそのとき、自分が思い込ん《マイネン》でいたこととは別の意見が言《マイネン》われているということを経験する。このようにみずからの私念が修正されることで、知はもう一度命題に立ち返ること、いまや命題を別なかたちで把握すること［fassen］を強いられる。

［…］一方のやり方は他方のやり方の邪魔になる。そうすると、命題の両部分の普通の関係の仕方を厳密に排除するような哲学的叙述［Exposition］だけが、柔軟な［plastisch］ものに行き着くであろう。

［…］命題という形式［Form］が揚棄されるという事態は、単に直接的な仕方で起こるだけではすまない。つまりそれは命題の単なる内容だけを通じて起こるわけではない。そこでは命題に反対する運動が起こっており、むしろこの反対運動が言い表される［ausgesprochen］のでなければならない。［…］この運動だけが

現実的に思弁的なものであり、この運動を言い表すことだけが思弁的提示［Darstellung］である。(5)

問題はもちろん、いまからこのテクストをその一切の前提ともども注釈することではない。(6) なぜなら、むしろこのテクストのほうこそ、ヘーゲルの注釈ならびに読解を統制するからである。したがってまずは――たとえこのテクストをふたたび読むことになると、おそらくこれだけをもう一度読むことになると、（あるいは少なくとも、わずかでもヘーゲルを読みたいと望んだ以上、再読することをみずからに定めたのだと、）あとから気づくかもしれないとしても――ここで言われている読解の規則を覚えることからはじめなければならない（はじまりにふさわしい仕方で言ってみれば、少なくともわれわれはまずは形式上の規則を覚えなければならない――しかしまもなく見られるとおり、このテクストそのものがそうした〔形式と内容という〕区別の扱いをかなり込み入ったものにしている……）。哲学的著述の理解は第一に、ある欠点によって示されている。読解をくり返さなければならないという欠点である。いったい何度？ それについては言われていない。むしろこのような問い自体、不適切である。この種のくり返しに決まった基準などはじめから存在しないからだ。それゆえ、通常この欠点に向けられている非難は「極端［ungebührtig］で最終的」である。さらに、哲学の書物は少なくとも見たところ「反論の余地なく」評判を落としている。

（5） *Phänomenologie des Geistes*, hrsg. von Hofmeister, Hamburg: F. Meiner, 1952, SS. 52–53.〔W3 60–61／前掲『精神の現象学（上巻）』六二―六三頁／〔ちくま版（上巻）〕一一一―一一三頁〕

（6） このテクストをここで引用するにあたって、われわれはその諸連関すなわち「序文」のテクスト全体におけるこの箇所の連関を取り上げていないが、それはまずもってこの理由からである。

ところで、もしヘーゲルのテクストが「事情を明らかにする」ためにここに来ているのだとしても、それは非難に反論するためではないし、非難に正面から（それゆえ自分の土俵で）Gegenrede（反対言説）を論じるためでもない。なぜなら、テクスト上の用語で言えば、あのように定式化された非難はそのGrund（根拠と地盤）を見つけており、まさしくそのかぎりで、その非難は反論の余地のないものだからである。そして、すでに見たように、まさにこのGrundがここでのテクストに発見される。反論しない応答という特異な論理によって、ヘーゲルはすでにみずからのテクストを立論の論理——Gegenreden（対立言説）の戯れ——から守っている。さらにおそらくはRedeの戯れ、つまりそのようなものとしての言説ならびに言説一般の戯れから。

ヘーゲルの応答はこうである。[7] 読解のくり返しは必要であり、実際、それによって知は命題へと回帰する。すなわち、読解のくり返しによって命題の哲学的内容が明らかとなり、私念（Meinung、単なる私の考え）は失意に沈み、あるいは更迭される。したがって、〔読解のくり返しに対する〕非難は根底的には、みずからを排斥する身振りに向かっている。言い換えれば——このことはおそらく注目しておくべきであるし、ある点では、ここには注目すべき一切のものがある——その非難は、非難としてはそれ自身まだ、あるいはすでに、単に私念されただけの命題なのである。知はここで私念的命題のほうへ振り返る。よりよく言えば、読者ならば、つまりわずかでもこの序言の哲学的内容の読者であるならば、この私念的命題のほうへすでに向き直っていたにちがいない。真の読者はすでに再読していたにちがいない。

とはいえ、もしこのくり返しと再読解との様態がテクストにおいて十分詳細に規定されていないならば、この「立論」がどれだけ特殊なふるまいをしていようと、そこにはまったく平凡なものしかないことだろう。実際、その場合の再読解の様態とは、単純に、哲学的著述の「より深い理解」とか「よりよい知的把握」といったものでかまわないことになるだろう。ところが、ヘーゲルがここで書いているのはそのようなことではない。問題は命題を――それが哲学的命題であるかぎりは――別の仕方で把握すること（fassen）である。言い換えれば、問題は――そのように書かれてはいないが、少なくとも――命題を理解すること（verstehen）でも、概念的に把握すること（begreifen）でもない。fassen（把握する、内包する、把持する――Fass、樽）の語はおそらく両用語の隠喩として、あるいは転化表現《カタクレーズ》として、かなり広く機能している。けれども、おそらくここで立ち止まるわけにはいかない。なぜなら、fassenがここで「理解」の隠喩として機能しているとしても、この「理解」はいまだ差異化されていない「理解」だからである。われわれは、ヘーゲルがいたるところで悟性的思考と概念のあいだにどんな差異を設けているか知っているし、さらにはまた、ヘーゲルが多くの語の本来的意味と比喩的意味をどのように使用するか学んでいる（これこそは本書で学びたいことであり、それゆえ先取りするべきではない……可能であれば）。fassenとは把握すること、捕まえること、手に取ることである。問題は命題を――そして哲学的著述の全体を――別の仕方でつかむことである。別の仕方でというのが、もう一方の端でということなのか、両端

（7） だからといってそれは有罪を認めた上での弁護ではないし、言い換えれば、否定的なものの潜勢力にここで上訴しているわけではない。哲学的著作はここではみずからを提示する（darstellt）のであり、みずからを厳密に揚棄するわけではない。このテクストは自白しない。われわれはいずれ、この特殊な論理とこの論理が循環するヘーゲル的な場へ戻ってこなければならない。そしてまずはじめに戻るべきは、気づかれるとおり、みずからを書きみずからを読む〔書かれ読まれる〕かぎりでの哲学である。

でということなのか、あるいはもっと別の仕方でということなのか、われわれにはわからない。いずれにせよ問題は当の命題の意味だけではなく、まさしくその形式である。

明白なことだが、これらの一切は語 fassen の使い方のなかにやみくもに推察されているわけではない（この語はヘーゲルのなかの比較可能な多くの箇所でくり返し出現しているが、その使い方は結局また偶発的で副次的でもある）。この語をわれわれに聴き解させる（把握させる？）ことになるのは、むしろこのテクストの続きのほうである。実際、すでに読み取られたとおり、ヘーゲルの応答はただちに――そして厳密に――命題の構成についての反省へと続いてゆく。私念と知の対抗関係――くり返しの読解を強いるもの――は「命題の両部分〔主語と述語〕の普通の関係」の排除によって解消されねばならない。その結果、まさしくもうひとつの文法――絶対的に他なる文法――の計画（テクストにおいて未来時制で書かれている文言）が必要となる。それゆえまったく同様に、問題はもはや一度だけの読解でもくり返しの読解でもない。反対に、ヘーゲルの読者は――そこでもふたたびある特異な運動によって（この運動はいずれにせよそれ自体としてははっきり発されてはいない）――自分が哲学的著述のエクリチュールへ移送されていることに気づく（このエクリチュールの語は、まずはまったく厳密かつ単純に、「文章」の意味で聴き解することにしよう）。つまり読者は哲学的著述の叙述へと移送され、くり返し読まれるべきはいまやこの叙述であることに気づく。そして、くり返しの読解によって叙述の柔軟さに到達する。したがって、柔軟さとは言説の両部分の普通の関係――もう一方の文法――の排除（禁止？　転覆？　変質？　変成？）である。ヘーゲルを読むこととは、それゆえ、ヘーゲルを書き直すことではないとすれば、少なくともヘーゲルの叙述を柔軟にくり返すことである。(8)

残る問題は、テクストがわれわれに次々と提出してくるように見えたもろもろの規定に、あの「規則」が正しく合致するかどうかを確認することである。ヘーゲル自身は、テクストでそうしながら、次のように続けている。哲学的な fassen〔把握〕はまさしく命題の形式に関係するのであって、いかなる仕方でも内容の知的把握だけで終わるものではありえない（あるいは、哲学的内容は内容の地位に収まるものではありえず、それはみずからの形式を巻き込み、さらにはその形式の fassen をも巻き込む）。知と私念の対立および私念への知の回帰が「言い表され」なければならない——しかもそれは二次的、伝達的、商業的な要請によるものではなく（その証拠に——証拠が必要ならば——「読者」は、つまり非難によってこ

（8） 忘れてはならないが、plastisch の語はヘーゲルにとっては必ず二重の価値をもっている。ひとつは柔軟さであり（「柔軟な叙述」の柔軟さ——ここで個別の思考（Meinungen〔私念〕）の硬直は放棄される（*Logique*, hrsg. Hofmeister, I, S. 20〔W5 31／［上一］二〇頁／［1］二〇頁〕を参照））、もうひとつは造形《プラスティーク》美である（『美学講義』での彫刻を参照）。後者の価値はとりわけソクラテスの本性をなしている（*Histoire de la philosophie*, trad. Garniron, Vrin, II, p. 282〔W18 452／『ヘーゲル全集12 哲学史（中巻の一）』真下信一訳、岩波書店、一九六一年、六一頁。「ソクラテスはあの偉大な造形的本性〔plastischen Naturen〕をもった人物のひとりとして、〔…〕ひとつの完璧な古典的芸術作品としてわれわれの前に立っている」〕）。この点についてわれわれはいずれふたたび語らなければならない〔本書二一三頁の注169、および二三七頁の注184を参照〕。造形美の価値はまた、プラトンが対話篇で舞台に上げる（dichtet〔詩作する〕、創作する、書き上げる）若者たちもそなえている。ところが、〔ヘーゲルによれば〕われわれは今日（一八三一年）、そうした本性をそなえる登場人物たちとの対話を考えることも創作することもできない。いわんや「そうした読者をあてにすることさえ、ますますできないであろう」（*Logique*, loc. cit.〔W5 31／［上一］二〇頁／［1］二〇頁〕）。

の論証を始動させた「読者」は、諸項目のどこにも分類されていない)、まさしく内面的な必然性のゆえである。なぜなら、ただ「言い表すこと」(aussprechen/外部に話すこと、言明すること)だけが読むべき叙述を与えることができ、すなわちひとつの叙述を構成しうるからである。しかし、思弁的に言い表すことは、今度は提示(Darstellung)として読者(と書き手)に示される。十分知られているとおり、このDarstellungは(たとえば)実演や公表といったものの付属的で道具的な要素でも出来事でもない。Darstellungとは、それ自体が思弁的なものの現前と現在との現実性である——思弁的なものは、みずからが在るところのものであるものを(それゆえみずからを)提示するかぎりでのみ、在るところのものである。ときおり、それもあまりに頻繁に、〔対象に〕完璧に合致する透明な表現について語られたり、あるいは思弁的な絶対者の公現〔épiphanie〕について語られたりすることがあるが、ここで同じ仕方でそれらについて語っても、〔ヘーゲルの思考には〕まだまったく足りない(重大な過ちではないにせよ)。なぜなら、その種の諸定式は顕現のための媒質《ミリュー》について語るが、その媒質はなお——それがどれだけ純粋であろうと——相対的に外面的なものをしまい込んでいるからである。それに対して、思弁的なものはまさしく、むしろそれ自体で、自分自身の顕現の媒質である。思弁的なものはみずからのうちに媒質の〈媒質-存在〉をもち、それゆえ思弁的なものの現前は、思弁的なものを提示するという仕方で——そしてその仕方でのみ——現実化される[9]。しかしながら、この現実化は当然いくつかの帰結を、しかもおそらく複雑な帰結をともなうことになる——われわれはこの読解のなかで間違いなく、まさしくそれら複雑な諸帰結に直面することだろう。さしあたり覚えておいてもらいたいのは、この読解と文章がみずからに与えている「比喩形象」、すなわち提示される現前のfassenという比喩形象である。いま、ここ、ページのまんなかで、ある著述が読者に提示され、ある現前が書かれ、読まれる——テクストに即して。

このように規定された提示は、にもかかわらず——読み取れたとおり——ある規定された操作に依存している。すなわち、命題の形式は aufgehoben（揚棄され）なければならない。この揚棄的操作についてわれわれは少なくとも、形式の揚棄が「命題の単なる内容だけを通じて」生起することはありえないということを読み取っている。したがって、形式の揚棄はまた少なくとも形式のおかげで、形式そのもののなかでも生起する。そうすると、この操作をどのように記述すべきだろうか。この操作をどのように概念的に把握して、どのようにすべて一緒に、いわば形式化すべきだろうか。

（9） この点を喚起することとは、必然的に、『精神現象学』の「序論〔Einleitung〕」に対するハイデガーの注釈を喚起することである（その注釈では、今度は公現という用語が、われわれがたったいま喚起した厳密な論理を包み隠している）。本書の仕事全体はこの注釈に依拠しており、そしておそらく本書は小規模ながらもこの注釈の一種の裏地をなしている。というのは、本書はハイデガーが語っていないあるずれた主題を扱っているからである。それはヘーゲルのテクストにおけるある特定の「ずれ〔décalage〕」という主題——公現の言語の主題——である。そうすると、要するにハイデガーをもふたたび読むこと、ハイデガーのテクスト一般をもふたたび読むことが必要となるだろう——ヘーゲルがそこで演じているかもしれない役割とともに。だがこれはまた別の事案である。この問題に取り組んでいる仕事として、われわれはPh・ラクー＝ラバルトを参照できる（Philippe Lacoue-Labarthe, « L'Oblitération », in *Critique*, juin 1973〔in *Le sujet de la philosophie* (*Typographies I*), Paris: Aubier-Flammarion, 1979, pp. 111–184〕）〔本書二三一頁も参照〕。

気づかれるように、いまここで突然われわれは地盤を失う。アウフヘーブングのなにごとかを解読しようとする者に対しては、ヘーゲルの読解が課され、しかし他方で、ヘーゲルを読もうとする者に対しては、すでにアウフヘーブングが指令されている。読むこと――現実的かつ思弁的な読解で――とは、すでにヘーゲルのテクスト（諸命題）を揚棄したということであり、あるいはむしろ、ヘーゲルのテクストを同一的かつ現在的に揚棄することである。柔軟さ――アウフヘーブングの産物――はそれ自体の産出に先行する。それはちょうど読解のくり返しが、提示されたものの読解に先行するのと同様である（これはまた、柔軟さがみずからの産出に先行することの理由でもある）。そこで提示されているのはすでに揚棄されたテクストであり、そのなかに思弁的なものが与えられている（ことになる）テクストである。

この円環はおそらくなんら驚くべきことではない。この序言全体は――序言は実際には「本題に」いたらない……なぜならそれはすでにそこにあり、そこで消えるのだから――われわれをある解釈学的制約へと連れ戻す。われわれは、この制約があらゆる哲学的読解の指揮を執っていると考えることができる（また反対に、読解一般――テクストの知的把握であれ、解釈であれ、批判であれ、省察であれ、さらにはテクストの暗記学習であれ（暗記についてはいずれもう一度語ることになる[*7]）――のあらゆる哲学もしくは哲学モデルの指揮も執っていると考えることもできる）。哲学というものはそのようなものとして、読まれるためにつねにみずからの概念を前提することを要求してきた[(10)]。ヘーゲルの読解はこの要求に従ってい

---

(10) われわれはまた、この解釈学的制約がより特殊なかたちで哲学的著述のある特定の提示（この用語の通常の意味あるいは文学的な意味で）の指揮を執っている、と考えることもできる。なぜなら、すでに指摘されているよ

うに、哲学の言説は本質的には読み物として与えられており、言い換えれば、それはもっとも広い意味での文学として一般の書籍と隣り合わせで並べられているからである。哲学の言説は分野としては「文学」のカテゴリーに属すとみなされ、文学の規定のなかにはたしかに哲学的文学なるものの規定が含まれている。それは現代哲学の今日的な規定であり（それはまた、Ｐ・リクールが彼の仕事全体をとおして導き出したような、超越論的錯覚と解釈学との結託構造の今日的な規定でもある―― *Finitude et culpabilité*, Paris: Aubier, 1960, Conclusion, et *De l'interprétation: Essai sur Freud*, Paris: Seuil, 1965, I, 1〔『結論　可謬性の概念』『人間この過ちやすきもの――有限性と有罪性』久重忠夫訳、以文社、一九七八年、二〇四―二二二頁、および『フロイトを読む――解釈学試論』久米博訳、新曜社、一九八二年、iii頁〕）、現代の哲学に厳密に結節された規定である。この解釈学的な提示様式について――あるいは哲学書の序文執筆者の集まり《サークル》とでも呼べそうなものについて――ここでいくつかの例を挙げることは、それほど無駄なことではない。デカルトは『省察』の「序文」で、自分にとっての読者をあらかじめ指定している――「viamque sequor［…］tam parum tritam, atque ab usu communi tam remotam, ut non utile putarim ipsam in gallico et passim ab omnibus legendo scripto fusius docere, ne debiliora etiam ingenia credere possent eam sibi esse ingrediendam」。（ご覧のとおり、ラテン語を引用せねばならなかった。「序文」の翻訳はデカルトの死後ようやく一六六一年に〔クロード・〕クレセリアによっておこなわれた。だが実のところ、仏訳版『省察』の読者にこのテクストが公開されるにあたって、そこにはある種のつじつまの合わなさがあった――デカルトはその翻訳を認可していたけれども……。以下がこのテクストの翻訳である。「私のたどる道は〔…〕あまりにも踏みならされておらず、しかも一般に使用されているものからはあまりに遠く離れているため、この道をフランス語で書き、万人が読める語り口で示すことが有用であるとは私は思わなかった。それによって、ひよわい知能の持ち主〔les faibles esprits〕が自分もこの道に分け入ることが許されていると思い込むおそれもあるからだ」〔『省察』『デカルト著作集第2巻』所収、所雄章訳、白水社、二〇〇一年、一六頁〕。）――しかも『省察』の読者は、自身がその読解を企てている省察の遂行のうち、少なくともすでに最初の遂行には通暁しているような者でなければならない（言い換えれば、読者は読解だけを目論んでいるかもしれないが、この書物では読解は実践でもある）。「……私はこのさきも決して誰かにそれ〔私の本〕を読むよう勧めることはない。ただし、私とともに真剣る——より正確には、哲学的な読解（文章）の要求による哲学的書物の提示という様態で、要求に従っている。この要求はヘーゲルにとってすでに哲学的書物の時代の伝統を構成している（われわれはこのことを直前の注で明示している）。したがって、アウフヘーブングはアウフヘーブングによってのみ読解可能であるということ、このことが言わんとするのは、第一に、まったく単純に、それがまさにひとつの哲学的概念であるということ、それゆえそのようなものとして哲学的にそれを聴き解する（fassen）必要があるということである。哲学を読解すること、そしてよく言われるように、哲学をもって読解すること、そのようなものがやはりもっとも広大に区画の管理をしており、ヘーゲルの語についてのどんな仕事の計画も、こ

に省察しようと望む人々や精神を感覚から切り離せる人々、同じく精神をあらゆる種類の先入見から全面的に解放することのできる人々は除く。だが、そのような人々がごくわずかしかいないことを、私は十分に知っている」〔同前、一八頁〕。——カントは『純粋理性批判』第一版「序言」で、自身の読者に対して同時に二つの役柄を授けている（その直前、そこでもふたたび「この仕事は決して大衆の利用には適しえないだろう」と言われている〔『カント全集第4巻　純粋理性批判（上巻）』有福孝岳訳、岩波書店、二〇〇一年、二三頁（A XVIII）〕）。第一の役柄は、批判それ自体の——もしくは理性の——もっとも安定した隠喩によって挙示される。「私がここで読者に期待するのは裁判官の忍耐と公平さである」（*Critique de la raison pure*, trad. Barni, I, p. 13〔同前、二四頁（A XXI）〕）。第二の役柄は、体系を建造するにあたっての補助教員である。この職には特別手当として悦楽が支給される。「読者がある壮大で重要な仕事を前にして、提示された構想に従ってその仕事を完全にしかも持続的に遂行する見通しをもつときには、読者の努力と著者の努力を結び合わせることは、思うに、読者にとって少なからず魅力的なものとして役立ちうる」（*Ibid.*, p. 12〔同前、二三頁（A XIX）〕）。——言ってしまえば、解釈学への誘い。これが『純粋理性批判』の批判的〈文章－読解〉へと招待する。やがて第二版の「序言」では、もっと進ん

で、読者がこの書物の文学的な完成にまで貢献するよう巻き込もうとする。なお、このたびの特別手当は体系そのものの悦楽である（われわれは別のところで、この特別手当が三批判書全体のテクストと無関係ではないことを示すつもりでいる）。「どの哲学的論述も、個々の箇所ではつつかれるものであるが（というのも、哲学的論述は数学的論述のように堅固に武装して登場することはできないからである）、けれども体系の構造は、統一体として考察されるなら、そのさい少しの危険にも陥らない。［…］ある理論がそれ自体において存立している場合、最初はその理論にとって大きな危険となりかねなかった作用と反作用も、時とともに、その理論の凸凹を研磨するのに役立つだけのものとなる。そしてまもなく、公平さ、洞察力、真の大衆性を有する人々がそのことにたずさわる場合には、その作用と反作用は必要な優雅さをもその理論に付与するのに役立つだけのものとなる」（*Ibid.*, pp. 35–36〔同前、五一頁（B XLIV）〕）。――最後にもうひとつだけ、三つ目の例を挙げておく。『全知識学の基礎』第一版〔一七九四年〕第二分冊に付されたフィヒテによる「序文」には、いくつもの主題が喚起されているのを見て取れるが、それらの主題はこの「序文」では役割を転位され、フィヒテの抗議として機能している。すなわち、フィヒテは自身の本が時期尚早かつ「軽率に」配布されてしまうことに対して、興奮しながら抗議を掲げている（*Doctrine de la science*, trad. Philonenko, p. 13〔「全知識学の基礎」『フィヒテ全集第4巻』所収、隈元忠敬・阿部典子・藤澤賢一郎訳、哲書房、一九九七年、八三頁〕）。それは未完成のままに製本されたために（本当は「聴講者に必要な分を一枚ずつ配付するように刊行」（*Ibid.*, p. 14〔同前、八四頁〕）されるべきだった）、いまだ判読困難であると。「誠実な人々に対して次のことを言っておきたい。というのも、これから言うことはそのような人々に対してだけ意味のあることだからである。［…］私はいまはまだ増築するつもりはまったくなく、ただ公衆に私とともに将来の建築物の見積もりを立ててもらいたいだけである。［…］個々の命題を厳密に規定する前に、まずは全体の展望を獲得しなければならないだろう。［…］哲学の著述家は皆、当然のことだが、読者が議論の筋道をしっかりたどっていることを要求する」（*Ibid.*, pp. 14–15〔同前、八四―八五頁〕）。われわれは以上の各例から、『精神現象学』の「序文」がどれほど作者と読者の円環に属しているか、テクストとその概念的な把握の、書物の序文と「本文」の解釈学的な円環に属しているか、すでに見積もることができる。それは単なる所属であるばかりでなく、また排他的な所属でも単一な所属でもない。

の区画の内部に帰せられているのである……。

けれども、われわれは同時に、はじめに次のように推測しないわけにはいかなかった。ヘーゲルの読解が構成しているであろう形象やモデルは、前述のような哲学の読解一般と関連してはいるが、その解釈学的円環については、少なくともある特異な様態でそれを反復し、実行している（この様態はそもそも、ある特殊な身分全体と体系をなしている。周知のとおり、それはヘーゲルが彼の「序文」に与えようと望んでいる身分である。「序文」は「部分的に物語風に語っている叙述」であり、決して「先立って与えられる説明」といったものではない）[*8]。実際、ここではいかなる前提条件も措定されておらず――読者の信用や信頼に対して一時的にでも要求されるものはなにもなく、読者にはいかなる特別な態度も要請されない――、それればかりか、より一般的に、解釈学的な規律が前提〔前措定〕を必要とするものであるかぎりで、解釈学的規律はここでは措定の規律と混ざり合っている。円環はくり返されるが、転位され、ずらされる。実際、読解は――叙述一般は――命題の柔軟さに、すなわち命題の内容と形式のなかで揚棄しつつ揚棄された命題の柔軟さに従わなければならない（しかもこの範囲は全体におよぶ……）。この柔軟さについて言えば、それはヘーゲルのこのテクスト、われわれがいまここで読んでいるこのテクストのなか以外では、どこにも提示されていない（ただしこの「なか」の正確な意義はテクストの「内部」でも「精神のなか」でもない）。ヘーゲルの解釈学もしくはfassen〔把握する〕の解釈学はテクストに即して与えられるものであり、テクストに先行する《プレセデ》（を越え出る《エクセデ》？）ものはなにもない。「序文」《プレファス》が存在しないのと同様に、ヘーゲルの学説より前に《プレ》－措定《ポゼ》されるものも存在しない。たしかにアウフヘーブングは前提されているが、しかしアウフヘーブングを前提することとはアウフヘーブングを措定すること（のなかに読まれるべきもの）であり、それはいわばテクストの現前そのものである。そうすると、こう言ってよければ、ヘーゲルを読むこととは、まったく単純に、ヘーゲルを読むことである。あるいはさらに、アウフヘーブングすなわち読解に必要な揚棄は、われわれが読んでいるテクストのなかで生起する。

　にもかかわらず、われわれはふたたび地盤を失う――もっとも、様式は異なる。今度の地盤喪失はもはや地盤に深淵が開くことではなく、地盤が引き裂かれて裂け目が生じることである。この裂け目の両端ははっきりせず、それがどこまで広がっているかわれわれは知らない。というのも、ヘーゲルは哲学的な文章を準備なしにすらすらと、いわば字義通りにわれわれに差し出しておきながら、まさにそうする瞬間に、当のテクストのなかで、この差し出した字義を見えなくし、または少なくとも追放してしまうからである。この追放には二つの理由がある。まず第一に、命題の形式のアウフヘーブングが必要だからである。なぜなら命題は、単にその文法上の配列だけから、「〔主語と述語の〕普通の関係をそなえているという私念を呼び覚ます」からである。哲学的著述といえども、それを形成しているのはもろもろの命題である。これら命題は哲学的な命題であるとはいえ、やはり命題であり、すなわち文法に従う普通の関係をもった普通の命題なのである。追放のもうひとつの理由は、叙述の柔軟さは命題の形式そのもののなかで獲得されなければならないからである。われわれはヘーゲルがこのように述べるときのその手際に注目しており、すなわちヘーゲルはこの柔軟さについて、未来形と義務形の規律の助けを借りて――さらなる説明もなく――言及している（「厳密に排除することになる哲学的叙述」、「そのことは単に〔直接的な仕方で〕起こるだけではすまない」等々）[*9]。したがって、この二つの仕方で——両者はそもそも同じひとつの身振りの構成要素である——ヘーゲルは揚棄された字義を追放する。問題は、あるいはこれ以降の問題は、この字義を読むことである。しかしそれはどこで、そしてどこへ追放されるのか。それについては書かれていない。一方の側面では、哲学は普通の命題で書き（書かれ）、この命題のなかで「主語と述語の普通の関係」の揚棄を書く。他方の側面では、この関係の「厳密な排除」は未来形や義務形によって別の部門の命題、別の文法もしくは文法性を告げている（たとえ言明していないとしても）。この両側面のあいだには、たしかになにかが欠けているように見える。ここで欠けているもの、それこそはアウフヘーブングではないだろうか。言い換えれば、アウフヘーブングの現前が書き込まれると思われたまさにその場所で、アウフヘーブングは見えなくされる。ここはとりわけアウフヘーブングが書き込まれる必要のある場所であり、なぜならこの書き込みによってようやく読解を開始できるようになるからである。けれども、アウフヘーブングは転位され、あるいはずらされ、いずれにせよ揚棄は完全には生起しない……。

……………………

　しかしながら、われわれは結局のところすでに読解を開始してしまっている。われわれはすでにこのテクストのなかのアウフヘーブングを読みはじめている……。この事実はまったく経験的に確認されるものであるが——このイロニーがいまやわれわれの眼前にそびえ立っている——、さらに気づかれるとおり、この事実のなかであの読解の規則が、すなわち「ヘーゲルを読むこととは、ヘーゲルのテクストを読むことである……」がくり返されている。われわれはこの規則をヘーゲルから受け取ったと思った途端、ただちにそれを失っていた。われわれはこの失われた規則がどこに隠されているのかを知っている。テクストのなかである。しかし、われわれはもはやその隠し場所を発見するすべを知らない。なぜならわれわれには、Darstellung〔提示〕を可能にするあの規則とテクストの柔軟さとが欠けているからである。すべてはこの imbroglio〔混迷状態〕とともにはじまり、すべてはまさにそこで終わるかもしれない。もしそこから抜け出したいのなら、台本《テクスト》を知らないままにプロットを進み、即興を演じなければならない——Commedia dell'arte〔即興演劇〕。（われわれはのちほど、誰もがやったことがあるだろう暗記の役割についてふたたび語ることになる。また同様に、その役が演じられただろう舞台もしくはもろもろの場面についても。）

いずれにせよ、われわれはヘーゲルを読み続けることはできる。けれども、われわれはもはやヘーゲルの言説の命題に準拠することはできないし、命題の普通の関係の文法にも準拠できない（むしろ、われわれはおそらくそれら命題や文法にさえ準拠できない）。文法的で論理的な保証は決してわれわれに与えられないし、そのような保証は読解のなか、読解のくり返しのなかで消滅してゆく。すなわち、われわれはヘーゲルの文章を読みながらヘーゲルの叙述に運ばれて、そこで言明されているもの〔命題〕の通常の厳格さが揚棄されるのを見る。ヘーゲルがそう書いている。

「固定された、自体的にあり続ける法と言明される〔ausgesagt〕ものは、みずからのうちに反省的に立ちかえる統一の、単なる一契機でしかありえず、それが登場する〔auftreten〕ことができるのはもっぱら〈消失する量〉としてのみである」[11]。

とはいえ、われわれはいったいヘーゲルの言明するもの（命題）以外のなにを読むというのか。もしわれわれが言明を契機として読まねばならないとすれば、いったい契機とはなにか。「消失する量」とはなにか。われわれはまもなく学ぶ（ふたたび読む）ことになるが、アウフヘーブングからはなにものも分離することはできない。われわれは「アウフヘーブング」以外のなにを読むというのか。――かくして、これからわれわれはこのようなぎこちない読解によって読み進めてゆく。われわれはそのため、必要なだけ、「部分的に物語風に語っている叙述」のなかにとどまる。二つの部門《ジャンル》のあいだで、われわれは文体《スタイル》を欠き、ペンを逸している（ペンについては本書の最後でもう一度必ず語る）。われわれにはアウフヘーブングの文体とペンが欠けている。したがって、この序言はまったくもって無駄だったことになるだろう。

　われわれはかように欠乏し、不調に陥れられている。そのわれわれがこれから読み、書いてゆくのは、〔テクストとテクストのあいだの〕隔たりと転位である。ほかでもなくこれらこそ、すでに見たように、ヘーゲルのテクストのなかで不調を産出している当のものだからである。われわれはまた、この不調――あるいは変異と言ってもいいが――の産出過程で、もうひとつ別の文法あるいはもうひとつ別の命題が必要であると提案されるのを見た。必要なことは、これ以上の予防措置はやめて（なぜなら、たったいま判明したように予防措置の体系全体は無駄なのだから）、ヘーゲルのなかのそれら別のものを、あるいはこの他なるものを読むことであり、言い換えれば、もちろん、ヘーゲルを別の仕方で読むことである。そしてまた、最終的にわれわれの「対象」へと（再）到来するために、アウフヘーブングを別の仕方で読み、書かなければならない(12)。（われわれはさきほど予防措置を講じることを放棄したが、これは決して、ヘーゲルを恣

(11) *Phänomenologie des Geistes*, S. 222.〔W3 228／前掲『精神の現象学（上巻）』三〇一頁／［ちくま版（上巻）］四七〇頁〕

(12)（この計画がすでにジャック・デリダのテクストのふとした折に書き込まれているのを見つけたとしても、驚きはしないだろう。「私はまさしくヘーゲルのアウフヘーブングのことを言っている。ある特定のヘーゲル的言説が解釈しているようなアウフヘーブングである。なぜなら、おのずから明らかであるように、アウフヘーブングの二重の意味は別の仕方で書かれうるであろうからだ」(Jacques Derrida, *Positions*, Paris: Minuit, 1972, pp. 55–56〔『ポジシオン』高橋允昭訳、青土社、一九九二年、五九頁〕――これはインタビュー形式のテクストであるため、明らかにほかのどのテクストよりも言説〔命題〕の秩序に属している。それゆえただちに言っておかなければならないが、デリダのこの発言をどれほど額面通りに受け取ってよいのか、われわれはわからない。他方で、この文言は『グラマトロジーについて』でヘーゲルに関して主張された定式――「エクリチュールの最初の思想家」(*De la grammatologie*, Paris: Minuit, 1967, p. 41〔『根源の彼方に――グラマトロジーについて　上巻』足立和浩訳、現代思潮社、一九七二年、五九頁〕)――に体系的に依拠している。この定式の「思想家」の語に注目しておいてもらいたい。われわれはまもなくこの注内で、類似のやり方で、「自己〔soi〕」と「意味」の語に注目する。）そうすると、このように問われるかもしれない。いったいなぜ、ごく単純に、デリダのこの計画から出発しなかったのか。その理由は第一に、ごく単純に、他人の計画を実行する者などひとりもいないからであり（それにどれだけ恩恵を受けていようとも）、また、実行しようと望んだ者が産出したものとは、結局のところ、学派という惨めな結果でしかなかったからである。しかし第二に、とりわけ、デリダのこの文言をいささかでも額面通りに受け取るならば、そこでは例の特異なヘーゲル的部分が演じられているせいでもある。すなわち、なにごとかが「おのずから〔*de soi*〕」明らかであり、またそれが「二重の意味」であるならば、もうそれだけで十分この計画はヘーゲル的経済に規制されているのである。それゆえこの計画においては、「ヘーゲル的」という付加形容詞をアウフヘーブングに並置する必要はないように思える。さらにまた、「ある特定のヘーゲル的言説」を指し示すことができ、その結果、少なくともそれとは別の言説に言及することができるとしても、この別の言説というものもやはりヘーゲル的な言説であり、あるいはヘーゲルの別の言説である。それでも、お気づきのとおり、意的に曲げて解釈したり利用したりしてやろうと、頭に血がのぼって直情的に決断しているわけではない。本書がそうした身振りとはまったくなんの関係もないことは、おそらく同時に確証されるだろう。）

そのように別の言説に言及することによって、ただちにある他性へと送り返される。この他性こそ、ヘーゲルのテクストのなかに読み取ろうと努めるべきものである。したがって、もしここでデリダを反復する理由があるとすれば、それはデリダがヘーゲルを反復し、あるいはヘーゲルの（なかで）なにかが（みずからを）反復するからである。それゆえわれわれは（みずからを）反復する危険を冒すことになるが、しかしおそらく、この反復を反復するようわれわれを促すのはヘーゲルである……。要するに、ここまでの一切はまさしく喜劇的な反転を起こすかもしれないということである。さきほど学派が惨めであることを思い起こしたが、それはこのことに気づくために必要だったのである。しかし、あまり急がないでおこう。）

（つけ加えておくと、本書の仕事は一九七三年三月にユルム街で開かれたＪ・デリダのセミネールでの発表にもとづいている。）

第二章

注目すべきテクストについて

「ヘーゲルは誤りを要約した。彼は誤りを体系化し、声高に発言した。それも、こう言ってよければ、たったひとことで丸ごと吐き出した。彼の標語はサタンの学校の正面に掲げられている。以来、サタンは模倣者たちを侮蔑し、彼らがそれ以上うまくできないことを嘲笑する。サタンはヘーゲルの標語のなかに自分を認め、それを自分の所有物として感嘆した。実際、〈傲慢〉とサタンとヘーゲルは同じ叫びを発する――「存在と無は同一である」。」

(Ernest Hello, *l'Homme* [1872], 20e éd., Paris, 1921, pp. 137–138.〔エルネスト・エロー『人間』栗野斎次郎訳、中央出版社、一九五三年、九八―九九頁〕)

「これこそ、ヘーゲルの体系の主要語 aufgehoben が表現していることだ。」

（Émile Boutroux, *Sur la nécessité, la finalité et la liberté chez Hegel*, Bulletin de la Société française de philosophie, avril 1907, p. 142.）

そういうわけで、われわれはまずヘーゲルのテクストに身を転位させることからはじめなければならない。というのは、われわれはヘーゲルそのひとによって、彼の読解に必須の冒頭句《インキピット》もしくは入祭唱にちがいないと見えるものから追い出されてしまったからである。この最初の（二番目の）読解は冒険的であり、われわれはそこで隠された入り口を探す（そのため読者は、少なくともさしあたり、ヘーゲルの言説の各部分の関係や言説上ならびに体系上の必然性について精密に考慮する読み方を――強制的に――妨げられるだろう）。この読解では、あるテクストが、むしろただそれだけが、すぐさま注目を集める――それもただちに、少なくとも二つの名目で。第一に、そのテクストはアウフヘーブングを扱っており、第二に、そのテクストはわれわれが序言で読まねばならなかったテクスト〔『精神現象学』〕から本一冊分だけ隔てられ、にもかかわらず、そのように隔てられた本に特定の仕方で属してさえいる。さて、問題のテクストとは、『論理学』においてアウフヘーブングに当てられている〈註記〉のことである。これは第一巻第一章最終節での、第四の（最後の）〈註記〉である。われわれは読むことを定められているのだから、まずはごく単純に、このテクストを読むことからはじめよう[13]。

問題の〈註記〉は目次では次のような記載で示されている。Anmerkung. Der Ausdruck: Aufheben ――〈註記〉、揚棄という表現。しかし、テクストの本体ではただ〈註記〉とだけ記載されている。以下、本文を引用するが、途中、われわれは角括弧によって、ヘーゲルが『論理学』第二版（一九三一年）で追加した文章を指し示すことにする。

揚棄することと揚棄されたもの〔(理念的なもの)〕という概念は、哲学のもっとも重要な［wichtig］概念のひとつであり、まったくどこにでも回帰してくる［die schlechthin allenthalben wiederkehrt］根本規定である。その意味は特定の仕方で把握され［auffassen］、とくに無［Nichts］から区別されなければならない。――自己を揚棄するものは、それによって無となるわけではない。無は直接的なものであり、それに対して、揚棄されたものは媒介されたものである。それは存在しないものであるが、存在に由来する帰結としてである。したがってそれは、みずからの由来である規定性［*Bestimmtheit*］をなお自己に即してもっているのである。

揚棄するとは言語において二重の意味をもっている。この語は保存する［aufbewahren］、保持する［*erhalten*］を意味するとともに、中止させる、終わりにする［*ein Ende machen*］をも意味する。保存するということと自体はすでに否定的なものを含んでいる。すなわち、あるものを保持するために、当のあるものからその直接性と、外からの影響に曝されている定在とが取り去られる。――したがって、揚棄されたものは同時に保存されたもの〔ein zugleich Aufbewahrtes〕である。それはその直接性を失っただけであり、これによって破棄されている〔vernichtet〕わけではない。〔――揚棄するということの前述の二つの規定は、辞書の上でも、この語の二つの意義〔*Bedeutung*〕として挙示され〔aufgeführt werden〕うる。しかしそうすると、ある言語が同じひとつの語を二つの反対の規定のためにもちいていることになり、それは驚くべきことであるにちがいない。思弁的思考にとっては、それ自体に即して〔an ihnen selbst〕[*1] 思弁的な意義をもつ語を言語のなかに見出すことは、喜ばしい〔erfreulich〕ことである。ドイツ語はそうしたいくつかの語をもっている。ラテン語 tollere の二重の意味（キケローの機知〔Witz〕「tollendum esse Octavium〔オクタウィアヌスを尊敬せよ／取り除け〕」によって有名になった語）でも、そこまでは達しない。〔この語の〕肯定的な規定でも、高めること〔Emporheben〕に達するにすぎない。〕あるものが揚棄されるのは、唯一、みずからの対立者との統一のなかに入り込んだときである。反省されたものとしてそのようにより詳細に規定されることで、そのあるものは契機〔*Moment*〕と呼ばれるにふさわしくなる。〔梃子の場合では、重りとある点からの距離とがその機械的なモーメントと呼ばれている。なぜなら、重りという実在的なものと単なる空間的規定である線という理念的なものとのあいだには、ほかにもあらゆる差異〔Verschiedenheit〕があるにもかかわらず、このモーメントにおいてそれらの効果の同等性〔*Dieselbigkeit*〕が生まれているからである（『エンツュクロペディー』第

（13） *Wissenschaft der Logik*, pp. 93–95.〔W5 113–115／〔上一〕一一四―一一六頁／〔1〕九七―九八頁〕

三版、二六一節の註記を参照)。]——ここからよりいっそう頻繁に浮かんでくるのは次のような指摘［Bemerkung］である。哲学的な人工語［Kunstsprache］は反省的に規定されたもののためにラテン語の表現をもちいている。［その理由は、母国語がその規定のための表現をもたないからであり、あるいは、ここでのようにそれをもっている場合にも、その表現が直接的なものをより多く想起させる［erinnert］のに対し、外国語は反省されたものをより多く想起させるからである。］

存在と無はいまでは契機であるため、それらはさらなる意味と表現［der nähere Sinn und Ausdruck］を獲得する［erhalten］。この意味と表現については、定在を考察するなかで明らかとなるはずである。定在は存在と無が保存されている統一であることが判明するからである。［…］[14]

〈註記〉のテクストはこのあと数行で終わるため、ここで止めても問題はないだろう（残りの数行ではこの章の簡単な要約と次章の対象——定在——の最初の規定がおこなわれる）。しかし、読解を中断する前に次のことは確認しておかなければならない。すなわち、最後の改行によって、この〈註記〉は同時に章から章への——より正確に言えば『論理学』の第一章から第二章への——移行あるいは過渡期としても機能しているということである。したがって、この〈註記〉は言説の補遺として、かつ契機として、同時に機能している。加えて、テクストのなかの注を読むこと、すなわちもちろん、テクストの註記のなかの言説を読むことは、それもひとつの制約ではあるが、この制約はここで従うべき諸制約の最低限のものにさえ含まれていない。ともかく、移行〔*passage*〕（すなわち弁証法的な結節あるいはヘーゲル的な意味での展開［Entwicklung］）と補遺（とおりがかりに〔*en passant*〕注や註記として付されるもの）が、また意味とその傍や余白につけられた徴表《マーク》とが、このように特異な仕方で接続される。おそらくこれによってわれわれの問いの、すなわちわれわれがそこへと身を転位させなければならないもろもろの問いの、もっとも一般的な形式が与えられることになる。実際、ただちに言っておけば、この〈註記〉が『論理学』の体系的な構成《エコノミー》に属していることが真であるとしても、次のこともまったく同様に真である。註記というこのいわば「取り外された」テクストがこのように〔言説の移行の契機として〕位置づけられることについて、この構成のなかではこれまで一度も明白に正当化されたことも基礎づけられたこともなく、また、今後もなされることはない。(15) これが、この註記のテクストが注目を集める第一の理由《モティーフ》である。

いずれにせよこの理由のために、われわれはなによりもまずこのテクストを、それが依拠する構成《エコノミー》のなかに「位置づけ」なければならない——もっとも、それはテクストを解説するさいの通例である。ここで

(14) この〈註記〉のドイツ語テクストもここで参照できるなら、それに越したことはないだろう。われわれはこれを翻訳したというよりむしろ転記しただけだからである。〔翻訳というものは実際には、テクストを知的に理解してこれを自在に扱えることを前提しているだろうが、ここでのテクストに関しては多くの点でそれは不可能である。問題のテクストはすでにドイツ語の内部で読解困難であり、言い換えれば、それはなおみずからの揚棄を待っている。われわれは本書の仕事全体において、これと同じような記述様式のテクストを探求し続けてゆく……。〕以下が原書の記述である〔訳注——ナンシーはここで問題の註記のドイツ語版を掲載しているが、本訳書では割愛する〕。

(15) ヘーゲルの多くの〈註記〉は同じ両義的な身分にある——が、すべてではない。とくに『論理学』では、多くの〈註記〉は「本当の」補遺であり、本来的な意味での展開へと結節されるものはひとつもない。〈註記〉の部門は確定されてはいない。だが、いずれここへ戻って来ることになる。

はしかし、お気づきのとおり、この通例の実行はとくに急を要する。というのも、この註記、この取り外された註記ともとの文脈とのつながりは、もうすでに疑わしく見えるし、あるいは不安定に見えるからである……（けれどもこの緊急の課題は、ただちに知らせておくほうがよいのだが、当の〈註記〉より以前のテクストのほぼ全体を無際限に経由するものとして示されてくる。極端に言って、われわれはこの〈註記〉に何度もくり返し到着することになるだろう。このテクストはそれほど注目すべきものである。それはめったに目にすることのない、あるいはまったくありそうもないテクストであり、そのためそれは数頁後には忘れられてしまったように見えるかもしれない。辛抱する必要がある……）。

最初に、このテクストが『エンツュクロペディー』の言語活動に関する諸節のどこにも属していないことに注目しておきたい。このテクストはそれどころか、ヘーゲルが言語活動をそれとして扱っているほかのどのテクストにも属しておらず、要するにそれはヘーゲルの言語論や、より広く言って、ヘーゲルの記号論の一部をなすものではない。ヘーゲルの言語論も記号論も体系のなかにみずからの場所をもっている一方で、問題のテクストがそこに属していないとなれば、とりわけ次のような逆の主張も有効であることになる。すなわち、言語活動に当てられたテクストは（これ自体も本質的には〈註記〉のテクストなのだが）、特定の諸語の思弁的な二重意味には注意を向けていない。アウフヘーベンの二重意味の理論は（それが理論と言えるものだとして――いずれにせよ、その実践だとして）意味作用の理論には結節されていない。前者は論理学に補遺として添付されている。[16] 論理学は周知のとおり、それゆえ手っとり早く言えば、

（16） この補遺はアウフヘーベンの分析として主要なものではあるが、唯一のものというわけではない。ヘーゲルはさまざまなテクストでアウフヘーベンの分析をおこなっており、しかも、アウフヘーベンの分析が明示される位置はそのつど変化し、安定しない。——ここで、ヘーゲルの著作集のなかでのこの語の「歴史」が、われわれの着手する注釈につけ加えられるべきだろう。おそらくその歴史は、とりわけ、それがヘーゲル的な歴史ではないこと——むしろテクストからテクストへの転位運動であること——を示すにちがいないだろう。（ジャン・ヴァールが『意識の不幸』（P.U.F., 1957, p. 98）で示したいくつかの指示から出発してもいいだろう。）目印として、ここでその数点を記しておこう。1．ヘーゲルはイェーナ期までにアウフヘーベンの二重の意味を漸進的に使用するようになってゆくが、これはシェリングとの関連から研究されなければならないだろう。シェリングのこの語の使い方はヘーゲルのそれに近いと同時に異なっており、シェリングの場合はそれをほとんどつねに差異の廃棄を指示するために使っている。——この研究で重要なことは、二つのテクストがそなえるもろもろの関係の検討だろう。2．『哲学入門』〔*Philosophische Propädeutik*, Sämtliche Werke, Bd. 3, Stuttgart: Frommanns, 1927／『哲学入門』武市健人訳、岩波書店、一九五二年〕の第三課程第二篇第一六節は、体系上、『論理学』の例の〈註記〉に対応する一節だが、そこではアウフヘーベンの語は言われておらず、それどころかほかのどの箇所でもこの用語は使われていない。3．『精神現象学』にはこの語の二重の意味に言及されている場所がある。それは「感覚的確信」から「知覚」への移行の契機で、この契機は『論理学』の〈註記〉の契機の類似項とみなすことができる。「アウフヘーベンは二重の意義を提示しており〔darstellt〕、これこそがアウフヘーベンの真の意義である。この意義については、われわれはすでに否定的なものに即して見たところだった。すなわち、アウフヘーベンとは否定すること〔*Negieren*〕であると同時に保存することである」〔W3 94／『ヘーゲル全集4　精神の現象学（上巻）』金子武蔵訳、岩波書店、一九七一年、一一一頁／『精神現象学　上巻』熊野純彦訳、ちくま学芸文庫、二〇一八年、一八六—一八七頁〕。——しかし、ここでのいくつかの用語〔提示する〔darstellen〕、意義〔Bedeutung〕、真の〔wahrhaft〕〕は『論理学』のテクストに対して隔たりを有している。4．『エンツュクロペディー』の「論理学」での対応節（四一節）は、この語について沈黙を保っている。代わりにここでは、存在と無の統一という概念の体系を計画し閉じるテクストである。さらにそれは、今度は経験的な観点で言えば（しかしこれは前述の観点とはなんの関係もないのではないか？）、一八三一年にヘーゲルがその第二版を公刊したテクストである。ところで、さきほどの読解の最中、ヘーゲルが第二版でこの〈註記〉に付与した補説の（さしあたり量的な）重さに気づかれただろうか。もしお気づきであれば、次のことを喚起しておくことが肝要である。追加部分ではドイツ語とその哲学的特権について述べられていたが、この同じ主題について、長い（そしてもっと有名な）テクストが第二版の「序文」にも見つかるのである。そしてこの序文はヘーゲルの書いた最後のテクストである。ヘーゲルは死の七日前にそこに署名している。そうすると、『論理学』第二版の序文はあのアウフヘーベンについての〈註記〉（それ自体も増幅された）にもとづいて書かれたことになるだろう。それでは、われわれもまたヘーゲルの時間軸で序文のテクストを読むことにしよう。ただし、単なる補遺の一主題がこのように特異な仕方で増殖していることを調査するにあたっては、その前にまずこの主題の体系上の位置づけに注意を向ける必要がある。

〈註記〉の最初の文言が示しているとおり、ここでの問題は第一にこの主題の概念［Begriff］を再検討することである。われわれは（注で）いくつか類似のテクストを喚起することができたが、それらと『論理学』のテクストを区別するいくつかの原理的な特質がある。そのひとつが、そこで宣言されているアウフヘーベンの概念性である。〈註記〉は「哲学のもっとも重要な［wichtig／重みをもっている、〔バランスを傾けて〕有利に取り計らう］諸概念のひとつ」について詳細に述べる。その概念は「まったく［schlechthin

／ヘーゲルのテクストでなければ「絶対に」と訳すこともできる語……」どこにでも回帰してくる」。——どこにでも。実際、アウフヘーベンはすでに第一章で機能していた。その〈註記〉は事後的にやって来る。当然のことながら、また、その最初の文言が示しているように、〈註記〉は〔揚棄の概念を〕あとから思い出させはするが、まえもって告げることはしない。アウフヘーベンは——この概念は——どのように

把握が思弁的命題に属していることが強調される。ヘーゲルはこの命題を第二版のテクストではよりいっそう強く主張している〔第二版では当該の節は八八節になっている〕。5.〔レオポルト・フォン・〕ヘニングと〔カール・ルートヴィヒ・〕ミシュレが『エンツュクロペディー』に設えた〈補説〉には、九六節（Dasein〔定在〕の第二の契機）に関して次のようなテクストが登場している。「ここで、われわれのドイツ語の表現アウフヘーベンの二重の意義を想起［erinnern］すべきである。アウフヘーベンの語によって、われわれはまずは hinwegräumen［排除する、廃止する］や negieren［否定する］と同様のことを理解し、それゆえたとえば、われわれはある法やしきたり等々が aufgehoben〔廃止される〕と言う。ところが、さらにまたアウフヘーベンは *aufbewahren*〔保存する〕と同様のことも意味し［heißt］、われわれはこの意味で、あるものが wohl aufgehoben［よく保存されている］といったことを語る。同じ語が否定的な意義と肯定的な意義をもつという言語使用上のこの二重の意味は、偶然のものとみなされてはならない。また、混乱［Verwirrung］を招くとして言語が非難されてもならない。そうではなくて、われわれはそこに、単に悟性的な「あれかこれか」を越え出る［hinausschreiten］、われわれの言語の思弁的精神を認識しなければならない」（trad. Bourgeois modifiée, p. 530〔W8 204-205／『ヘーゲル全集1　小論理学』真下信一・宮本十蔵訳、岩波書店、一九九六年、二六五頁。また、本書九〇頁も参照〕）。6．そのほかのテクスト、とりわけ『美学講義』には、ヘーゲル（あるいは聴講者のノート）がアウフヘーベンを否定的な意味でだけ使用している文脈が非常によく見出される。以上のすべての資料から気づかれるとおり、アウフヘーベンについてのヘーゲルのテクストには少なくとも一定数の変型《バリエーション》があり、言い換えれば、テクストはひとつではない。そのうちのいくつかのテクストを作動させる機会は来るだろう。

してすでにテクストのなかに回帰していたのか？

『論理学』第一巻は「存在論」である。「存在論」は規定性からはじまり（第一篇）、規定性それ自体は質として規定される。そして質の第一契機（第一章）は存在そのもの、つまり直接的で未規定の状態にある存在である。――かくして、第一巻の冒頭のテクストではじまりの要件が決められる（「学問はなにによってはじめられなければならないか？」）。哲学の出発点は単純な直接性でしかありえず、そして絶対者の表現［Ausdruck］はこの直接性のなかでは「単なる空虚な語」や「単なる存在」というもの以外ではありえない[17]。言い換えれば、直接的な状態にある存在は、みずからを規定できるかもしれない一切の語を欠いている空虚である。したがって、第一章の運動――冒頭のテクスト（これ自体はまだ本来のプロセスに属してはいない）から〈註記〉のテクストまで――は、存在と無の弁証法として、空虚な二語から過度に豊富なひとつの語への移行であることになる。この語は〈註記〉が言っているように同種のほかのどの語よりも遠くまで進む。しかし同時に、すぐに明記しておかなければならないが、かの二語に降りかかる運命は二つの「取り外された」テクストのなかで叙述されており、そしてこれと同様に、存在の弁証法は決して言語活動の弁証法として提示されているわけではない。それでも、だからといって言語活動や語が、あるいはいずれにせよ語に関する註記が、この第一章に登場しないというわけでもない――まったく反対に、それらについてもまもなく見ることになる。したがって、問題の〈註記〉に接近するためにこの章に読み取るべきは、原初の弁証法的プロセスのなかで機能している弁証法的でない、（厳密には弁証法的でない、明白に弁証法的でない）プロセスである。このプロセスが関わるもの――あるいはその本拠地とするもの――が言語活動もしくは語である。

存在の弁証法は本来、かなり簡潔な三段階で処理される〔第一章はこの三段落からなる〕。先行の二段階では、存在と無がそれらの直接性においては同一であること、つまり空虚で無区別な単一体であることが措定される。第三段階では、この同一性の真理が一方から他方への移行であること、言い換えれば、一方から他方への消滅［Verschwinden］――すなわち生成――であることが明らかにされる。生成それ自体は三つの契機に分節される。1「存在と無の統一」、2「生成の契機――発生と消失」、3「生成のアウフヘーベン」。――第一の契機には四つの長い〈註記〉が補遺として添付され（これらの〈註記〉の総量は、三段落からなる本章全体よりも長い）、そして第三契機でくだんの〈アウフヘーベンについての註記〉が補遺として添付される（この〈註記〉は先行の第二段落および第三段落よりも長い）。したがってアウフヘーベンは、それについての〈註記〉の前に、概念としてはすでに言説に導入されている。そのさいアウフヘーベンはMoment〔契機〕とも呼ばれる（Momentという呼称は、「あるもの」が「反省されたものとしてより詳細に規定される」とき、その揚棄されたあるものの、受諾可能でふさわしい――passend――名称である）[18]。この概念は『論理学』での最初の弁証法的手順の第三段階〔「生成」の節〕の第二および第

（17）*Op. cit.*, p. 63.〔W5 79／［上一］七三頁／［1］六四頁〕

（18）とおりがかりに指摘しておくと、Aufgehobensein〔揚棄された存在〕とMomentを連結して共通の概念へと形成する操作（言い換えれば、共通の隠喩へと形成する操作……）のはるかなる起源は、幾何学、天文学、機械力学（とりわけ梃子の）についてのヘーゲルの初期の仕事、とくにイェーナの最初の哲学の釣り合い論〔la théorie de la proportion〕に求められるべきだろう〔訳注――梃子の機械力学はG. W. F. Hegel, *Jenaer Realphilosophie: Vorlesungsmanuskripte zur Philosophie der Natur und Geistes von 1805–1806*, hrsg. v. Johannes Hoffmeister, Hamburg: Felix

三契機（下位段落）として（あるいはそのなかで）導入される。換言すれば、ようやく真理になりはじめているものの規定として（あるいはその規定のなかで）概念は導入される。「生成」の冒頭でヘーゲルがそう書いている。

真理であるものは、存在でも無でもなく、存在が無に、無が存在に——移行することではなく——移行してしまった〔übergegangen ist〕ことである。*2

アウフヘーベンはまもなく真理の運動という概念となり、もしくはより厳密に言って、真理としての移行という概念となる。ところで、ヘーゲルがここで語っているとおり、またいずれその他のテクストでくり返すことになるとおり、この移行の真理とは、移行〔passage〕はつねにすでに移行してしまった（起こってしまった）〔(s')est passé〕というものである。したがって、この移行は実のところみずからの真理の叙述に先行してしまっており、かつ、この叙述が生起するきっかけであるあの名称——アウフヘーベン——にも先行している。しかし、もしこの叙述が柔軟な叙述として真理の本当の場——思弁的提示——であるとすれば、その場合、アウフヘーベンの真理は生成の〈すでに‐移行した〔le déjà-passé〕〉によって理解されなければならないし、また同時に、このすでに‐移行した生成は、アウフヘーベンのうちで叙述される真理によって（あるいはこの真理として）理解されなければならない。

アウフヘーベンは過去〔un passé〕の真理であり、真理の過ぎ去った‐在り方〔l'être-passé〕である。けれども、ヘーゲルは自身の概念を明白にこの特質で規定しているわけではない。代わりに、まさしくこのつねに‐移行してしまっているものを旗印に、あるいはその法のもとで、アウフヘーベンはみずからの語を措定し、みずからをテクストのなかに書き込む。実際、〈註記〉の最初の文言の特異な統語法に気づくだろう。「揚棄すること［*Aufheben*］と揚棄されたもの［das *Aufgehobene*］は［…］もっとも重要な諸概念のひとつである」。ここでは複数形が単数形で機能している。(19) そして、ただひとつの概念が、ある動詞の不定詞（冠詞による実詞化さえされていない）ならびにこの動詞の過去分詞受動態で構成されている（いずれにせよこの二語によって指し示されている）。ヘーゲルのアウフヘーベンはヘーゲルのテクストではほとんどつねに（実詞アウフヘーブングとしてよりも）動詞として——とくに現在形および過去形で——使われる。あるいは、この動詞の二つの時制態は——問題が操作であるか（「自己を揚棄するものは、そ

Meiner, 1967, SS. 40–42（『自然哲学　下巻——ヘーゲル哲学体系初期草稿（三）』本多修郎訳、未來社、一九八四年、八八—九〇頁）、釣り合い論は同書の SS. 167–169（同前、三〇三—三〇七頁）を参照〕。この探求は——それ自体で深い学識を要するが——おそらく、ヘーゲル……さらにデカルトとプラトンにおいては数学的な釣り合いが哲学的に先行しかつ一般的であることについて、よくよく考えなければならないだろう。

(19) この手法はたしかにドイツ語ではよくおこなわれる〔訳注——この文言では、主語が二つ提示されながら、動詞「である（sein）」が単数形（ist）で書かれている〕。しかし第一に、もしそれがここではやはり特別なものである（われわれが相手にしている文言は、しばしばこの言い回しを要請するやや長めの文言あるいは積み重なった文言のうちのひとつではない）とすれば、第二に、われわれはヘーゲルとともに、またヘーゲルの意に反して、言語のなんらかの——思弁的な？——資源をここで受け入れる必要があるのではないだろうか。

れによって無となるわけではない」)、それともその帰結であるか(「揚棄されたものは同時に保存されたものである」)に応じて——まったくやむなく区別されたものであるのだから、むしろこう言えるかもしれない。アウフヘーベンの語によって指し示されているのは、この動詞が過去形と受動態へと永続的に移行するという事態である、と。実際、そうした操作は全面的にその操作の帰結のなかにあり、なぜならまったく同様に、この帰結は全面的にこの操作の維持から構成されるからである。この場合のアウフヘーベンの操作は二重であり、この操作によって前述の二つの側面が同時にもたらされる(この同時性はある独特の概念のもとにあるため、ひとつの共存性〔consubstantialité〕に帰着する)。一方で、操作としての揚棄がすでに‐移行したものの真理として与えられるのは、唯一、揚棄が二重の構成要素(あるいは二重の本性)をもつものとして与えられ、すなわち現実化されている場合にかぎられる。他方で、帰結としての揚棄されたものは、ただみずからの二重の操作だけを届ける。——結果、アウフヘーブングの語にかぎって言えば、あるいはより正確には、aufheben / aufgehoben という二重の形式もしくは二重の語にかぎって言えば、それはすでに産出されたなにものかであり、まったく同時に、なお産出されるべきなにものかである。この第一の「様相」が〈註記〉で最初に確認される最初の規定もしくは最初の結果である、ということは十分ありうるだろう。〈註記〉に従えば、この「重要な概念」は「どこにでも回帰してくる」。アウフヘーベンの「回帰〔Wiederkehr〕」はつねに過去の回帰であり、あるいは過去への回帰である。ただしこの回帰は、なお‐来たるべきもの〔un encore-à-venir〕の回帰ではない。アウフヘーベンの回帰とは、とにかく、過ぎ去った(起こった)移行としての回帰であり、あるいは過ぎ去った(起こった)ことになる移行としての回帰である。ある点では、アウフヘーベンはすでにそのようにしてみずからの現前についての問いを提起していたのである。

けれどもわれわれは、やはりなによりもまずこの語にだけ専念する。これから調査すべきことは、どのようにしてこの語から概念が産出され、テクストのなかで規定されるのかについてである。問題のテクスト空間は、生成の最初の真理とアウフヘーベンについての〈註記〉とのあいだに広がっている。

生成の最初の真理は、どの状況でも、形式的にはアウフヘーベンとしては与えられていない。それはむしろ auflösen ——あるいは aufgelöstsein ——として、つまり「解消すること」あるいは「解消されたもの」として与えられる。「［この］真理はそれゆえ［…］そこでは両者〔存在と無〕が区別され［unterschieden］ながら、しかし同時に、両者がただちに解消される〔sich auflösen〕、そうした運動である」[20]。区別とその解消についてのこうした関係は、それ自体で展開され（もっとも、それはここではまだ即自的に提示されているにすぎないが）、諸契機に分節されているが、のちに第三の契機（「生成のアウフヘーベン」）が示すように、この関係こそが生成を構成する——すなわち、少なくとも生成の最初の規定に従えば、その関係はアウフヘーベンそのものである。したがって、解消は直接性という最初の契機では揚棄の場所を占めている。そうすると揚棄はこの場所に回帰してくるはずだが、ここでもほかの場所でもやって来るものはなにもなく、揚棄と解消は結節されず、言い換えればこの解消は揚棄されない。この困難はさ

（20） *Op. cit.*, p. 67.〔W5 83／［上一］七九頁／［1］六九頁〕

らに次のように言明されてもいいだろう。すなわち、〔哲学の〕はじまりはアウフヘーベンの直接的な形式を要求するが、この形式はアウフヘーベンそれ自体に先行し、外面的である。ここから、Aufgehobensein〔揚棄された存在〕の〈すでに－移行した〉という性質もまた同様に、aufgelöst（解消された）という性質であることになる。こうしてアウフヘーベンは、この語と概念との多義性に反対するかのように、解消の一義性のなかに「回帰」する。[21] けれども、こうした困難は単に、はじまりと完成をめぐるきわめて一般的で論理的な困難の、ひとつの形式にすぎないかもしれない。要するに、いかなる言説であれ、なにかしらのそうした困難とうまく折り合いをつけなければならないのだ。しかし、ヘーゲルの言説の場合、事情は異なる。というのも、周知のようにヘーゲルは直前までの数頁をこの困難についやしており（「学問はなにによってはじめられなければならないか？」）、そこで直接的な存在と空虚な語とを結びつけて措定することで、当の困難を解決しているからである（それはこの困難の解消もしくは揚棄だろうか？[22]）。したがって、この最初の解決に従えば、はじまりは移行の前に生起してしまっている。するとその場合、はじまりが起こってしまっているというこの事態に照らして見たとき、移行が起こってしまっているという事態はいったいどうなるのか。お気づきのとおり、はじまりであれアウフヘーベンであれ、どちらか一方が、あるいは両方が、この問題を揚棄してそこから解放されるということにはならない。

　まさしくこれが理由でテクストは（叙述という在り方をするものとして）あたかも不可避的に、やがて〈第三の〉〈註記〉にて、はじまりについてふたたび検討する（そこへと回帰する）ことになる。そのさいの目的は、第一のはじまり（これはパルメニデスの直接的存在のことであり、ヘーゲルのそれと混同してはならない——すなわち、ヘーゲルの直接性はもはやすでに単なる直接的なものではないし、その語はもはやすでに単なる空虚な語ではない……）ならびに第二のはじまり（フィヒテのはじまり）をまったく同程度に遠ざけることである。このとき、第二のはじまりは第一のはじまりのアウフヘーベンであると言われている（*op. cit.*, p. 81）[*3]。このアウフヘーベンがどんな意味で使われているかと言えば、それはここでは「廃棄すること」ならびに「交代すること〔relever〕」である可能性が高いが、いずれにせよ、それの概念は示されていない。ところで、はじまりのアウフヘーベンというものはどちらの語義でも認められていない。この否認はそもそも第三の〈註記〉の長くまがりくねった議論を通じておこなわれており、そこでははじまりについてのすべての哲学素（パルメニデス、フィヒテ、スピノザ、ヤコービ、カント、プラトンの哲学素）が扱われている。一般的に言えば、この議論によって排除されているのは実際には、はじまりの問

（21）かりにアウフヘーベンが漸進的に auflösen を包括して自己へと揚棄するはずだとすれば、このことはおのずから明らかであるだろう。ところが、直前で述べたとおり、ここでも別のところでも事態はそうはならない——ここでのテクストで言えば、それはまもなく解消から揚棄へとすべるように進む。反対に、auflösen のほうこそまったく何度も、きわめて曖昧な仕方で、ヘーゲルのいくつものテクストに再来して取り憑くことを、われわれはもっとのちに認めなければならなくなる。解消もまた回帰してくる。しかしこの点について語るにはあまりに早すぎる〔auflösen については本書二三三頁以降を参照〕。

（22）実際、このテクストの最終段落はどちらの仕方でも読むことができる。「この洞察〔Einsicht ——「空虚な語」という見識〕はそれ自体としてはきわめて単純であり、つまりこのはじまりそのものはどんな準備もより詳細な導入も必要としない。それゆえ、はじまりについての議論のこの暫定性〔diese Vorläufigkeit von Räsonnement〕は、はじまりをもたらす〔herbeiführen〕ことを意図するものではなく、むしろあらゆる暫定性を遠ざけることを意図するものでしかありえない」〔W5 79／〔上一〕七三頁／〔1〕六四頁〕。

いであり、より正確にはどのようにして［Wie ?］の問いである。だが、このような問いは「反省の悪癖」であり、「理解しやすさ〔Begreiflichkeit〕」を問うているにすぎない。なぜなら「ここでの関心［Interesse］である総合は［…］内面的な総合［…］すなわち区別されたものの絶対的に［an und für sich］存在する統一［だから］である。生成は存在と無のこの内面的総合である」[23]。（ヘーゲルはさらに、総合という名称が〔別々に存在するものたちの〕連合すなわち外面性を指し示すため、この名称を拒まなければならないとつけ加えている。）この内面性、この内面的移行がここでの関心全体である。それはこのテクスト内のすべての哲学素さらにはもろもろの語そのものまでもとらえ、そして最後に、補足のような段落で、この〈註記〉全体の結論を示す。それはいわば〈註記〉への註記として次のようにはじまる。「存在と無の相互移行の規定については、なお注意して［bemerken］おくことがある。この移行は同様に、それ以上の反省規定なしに把握［auffassen］されなければならない[24]」。はじまりの問いは存在せず、それゆえ、アウフヘーベンはどのようにしてはじまるのか、そしてはじまりはどのようにしてアウフヘーベンされるのか、これらの問いも存在しない。在るのはただそれの fassen ——把握——だけである。われわれはこの把握と読解のアウフヘーベンとが共犯関係にあることをすでに序言から知っている（だからこそ序言に目を通す必要があったのだ）。まさしく思弁的言説のはじまりから——それどころか、おそらくとりわけ思弁的言説のはじまりでこそ——知はこの言説へと振り向いて、それを「把握」しなければならない。それゆえまさしく最初の地点で、つまり（論理の）学問がいわばまだひとことも発していない地点で（とりわけその過程の語であるアウフヘーベンを発していない地点で）、「把握」ということがおそらくもっとも純粋な仕方で差し出され、押しつけられている。すべてのはじまりとなる移行を、たとえその諸規定を反省的に構築できないとしても、fassenしなければならない。ヘーゲルを読むすべを——学問なしに——知らなければならない。この読解は耳を傾ける作業であり、必要なことは発される声を把握することである。実際、こうしたことがこの〈註記〉のテクストでの問い——ヤコービの問い——である。この問いに対してヘーゲルは最大の注意を払い、そして異を唱え、あるいは解消する。しかしそれは単に問いとして解消しているにすぎない。

どのようにして［自我の］純粋な母音［Vokal］は子音になるのか。あるいはむしろ、どのようにして自我の音のない［*lautloses*］中断することのない呼気［*Blasen*］は自分自身を中断して、少なくとも一種の母音［Selbstlaut］やアクセントを獲得するのか(25)。

ヘーゲルのテクストはこのヤコービの隠喩を——問いとしての問いではないにせよ——容認しており、それゆえテクストは次のように読解される（あるいは聴解される）。未分節の雑音はその内面性のなかで分節されて発される。声はおのずから声によって鳴り響き、声は声へと移行する。あるいは今日、場合によって言われているように（ひとはそのとき別のことを言っているつもりだが、いつもそうであるとはかぎ

(23) *Op. cit.*, p. 82.〔W5 100／［上一］九八—九九頁／［1］八四頁〕
(24) *Op. cit.*, p. 89.〔W5 109／［上一］一〇八—一〇九頁／［1］九二頁〕
(25) *Op. cit.*, p. 82.〔W5 99–100／［上一］九八頁／［1］八四頁。なお、この一節はヘーゲルが引用しているヤコービの文章である。〕

らない）、それが語る〔ça parle〕。実際、それが語る——とおりがかりに〔en passant／移行しながら〕。それは語りながら移行する。それはそのようにしてはじまり、そのようにしてみずからにアクセントを置く。揚棄がすでにはじまりの深淵に呑み込まれているかぎりで、アウフヘーベンのはじまりはひとつの声、ひとつの言語、あるいはひとつの語である。それはひとりでに、起源も文法もなしに、みずからを分節し、発声し、みずからにアクセントを置く。

けれども、揚棄がなおこれから産出されるものであるかぎりで、われわれはまだ、テクストのなかでアウフヘーベンの語がひとりでに産出されるのを聴き取る——あるいは読み取る——必要がある。その語はすでに発音されることなくはじまっており、はじまることなく発音されてしまっている。

第一章の最初の〈註記〉は無と存在と神についやされているが、この〈註記〉のなかでアウフヘーベンの語はまったく偶然に、あるいは少なくとも著者の単なる不注意から、ある成句のなかで発音されている。そうすると、それは成句である以上、著者によって逸脱した意味で使われているということはまずありえない。神の存在論的証明に対するカントの批判に関して、ヘーゲルはこう書いている。「Wenn nämlich ein Aufhebens von den hundert Talern gemacht wird...」——「すなわち、もし百ターラーでおおげさに騒ぐならば……」[26]。アウフヘーベンはここではもっぱら実際的な意味価しか表しておらず、その既成表現（ein Aufhebens machen〔おおげさに騒ぐ〕）はこの語の意味価をよりいっそう厳密に画定している。結論として、テクストに最初に登場したアウフヘーベンはただの偶発事《アクシデント》であり、純粋に機械的に書かれた語〔un pur mécanisme d'écriture〕にすぎない……。——そもそも、もしこの語がこのあともっと明瞭に位置づけられて登場していたとしたら、読者はこの一文に立ち止まることさえしなかっただろう。

実際はまったくそうではない。にもかかわらず、読者はこの語が（まもなく見るとおり、この語は第一に、どのようなものであれ、ひとつの語である）、正確かつ内容ゆたかなその概念とともに明瞭に示されることを期待するだろう。第二の〈註記〉では実際、生成における存在と無の統一を表すための特定のいくつかの表現が不十分であることが論じられる。まずもって不十分な表現は「存在と無は同一である」(27)という命題である。なぜなら「そこではもっぱら強調《アクセント》は同一であることに置かれている」からである。したがって、すでに知られているとおり、ここではただ一面的な規定だけが構成されており、言い換えれば、この命題は強調の欠落で――過剰で――苦しんでいる。それ《サ》はみずからに正しく強調を置いておらず、この強調は移行の強調ではない――そこでヘーゲルは、これを好機として次のように宣言する。「この点についてはまずはじめに一般的な注意［Bemerkung］をただちに与えておかなければならない。すなわち、判断の形式をとる命題は思弁的真理を表現する［ausdrücken］ことには向いて《デスティネ》［geschickt］いない(28)」。この定め《デスタン》は最初から命題の秩序全体に有罪を宣告しており、控訴も認めていない（この「最初から」というヘーゲル的な前置きにわれわれは慣れはじめている……）。反対命題を接続して措定することによってそれを改善する（ergänzen／補完する、補足する）など問題外である。なぜなら、二つの命題はそのようにして現実的に結合されない（unverbunden）ままにとどまるからである。――まさにこのとき、Satz〔命

（26） *Op. cit.*, p. 74.〔W5 91／［上一］八八頁／［1］七六頁〕
（27） *Op. cit.*, p. 75.〔W5 92／［上一］八九頁／［1］七八頁〕
（28） *Op. cit.*, p. 76.〔W5 93／［上一］九〇頁／［1］同前〕

題〕をその定めにゆだねることで、ヘーゲルはある語へと移行する。それは統一〔Einheit〕の語である。これは「不幸な語〔unglückliche Wort〕とも言うべき語[29]」である。すなわち、ふたたび定めが言語を襲う……。実際、統一の語が指し示しているのは二つの対象を比較して結合する外面的反省であり、さらにはそうした外面的行動でさえある。「それゆえ統一の語はまったく抽象的な同一性〔Dieselbigkeit〕を表現している。この語によって言い表されている対象がはっきり区別されたものとして示されて〔sich zeigen〕いればいるほど、その同一性はいっそう強固で突飛な〔auffallend／注目を集める、意外な〕ものとして聞こえる〔lautet〕[30]」。ところで、存在と無より以上にはっきり区別されるものは、ほかにはない。それゆえ両項の統一は、抽象へ陥らないよう、統一の名称も意義も使わずに示されなければならない。それはおそらく、いかなる名称にも頼ってはならない[31]。実際のところ、ほかに適当な語がありうるだろうか。まったくそうは思われない。ヘーゲルはただ次のようにつけ加えているだけである。「それゆえこのかぎりで、統一の代わりに非分離性〔*Ungetrenntheit*〕や不可分性〔*Untrennbarkeit*〕と言われるほうがよいだろう。ただ、これらの語の場合では、全体の関係の肯定的な内容〔*Affirmative*〕が表現されていない[31a]」。……適切な語のアンケートはもう締め切られている。ところで、ヘーゲルは命題とその組み合わせに関してある法を言明していたように思える。その法とは、「である」や「と」といった文法的繋辞がどれひとつとして思弁的には不十分であるというものである。かりに命題に関してそうしたことが言われているとしても、語に関しては反対に、語彙の網羅的分析の原理といったものはここではなにも主張されていない。代わりに、われわれは見本として二つの語を――いわばとおりがかりに――届けられる。だがその二語も、法としてアプリオリに措定されるわけでもなければ、なんらかの類推を開始させるわけでもなく、この両操作のあいだで宙吊りのままにとどまる。この身振りは同様にまた、「よき《ボン》」語が産出されるまで、悪しき語から身を離しておくものとしても聴き取れる。――しかし、事実上われわれが言えるのは唯一、ヘーゲルはいまや語と命題への関心を失っているということだけである。

〔結果として、ある点でここで次のように尋ねなければならないだろう。こうした条件において、どのようにして読解を続行するのか。あるいは、いかなる資格で、いかなる手段で、ヘーゲルを探査するのか。しかしまた、こう尋ねることもできる。むしろ、いったいなにへの関心を失わなければならないのか。読解？――もしくは読解への問い？　問いの形式？〕

---

(29)　*Op. cit.*, p. 77.〔W5 94／〔上一〕九一頁／〔1〕七九頁〕
(30)　*Op. cit.*, p. 77.〔*Ibid.*／〔上一〕九一―九二頁／〔1〕同前〕
(31)　したがってまったく明白なことだが、われわれはスピノザの index sui〔自己指標〕のすぐそば、「nullo egeat signo」の真理〔「いかなる記号も必要としない」真理〕のすぐそばに移る（*De Emendatione*, §36〔『知性改善論』畠中尚志訳、岩波文庫、一九三一年、二七頁／『知性改善論』秋保亘訳、講談社学術文庫、二〇二三年、三四頁〕）。だがここには立ち止まらない。むしろ反対に――またおそらくスピノザの指標〔index〕が書いているはずの本題をも度外視するために――すべては以下の身振りに起因すると言わなければならない。そうした指標はテクストの過程のなかに埋められ、あるいは本書の観点では、その指標はペン先で折り曲げられるのである。――以上についてはのちにふたたび語ろう。
(31a)　*Op. cit.*, p. 77.〔W5 94／〔上一〕九二頁／〔1〕七九頁〕

したがって語の調査《アンケート》は疲れ果て、仕上げられなかった。けれどもヘーゲルは、関心を失いながらも結論を出せてはいる。真理が最終的に語られる。真理はある段落の全体で言われる。その段落はこのテクストのなかでも第一級の段落であり、ヘーゲルの統語法と語彙に「真に」従っている。この段落を文学的に批評する者なら、それはまさしくヘーゲルの文体に属していると躊躇なく言うにちがいない。——そして、この段落でアウフヘーベンが発音され、あるいは書かれる。

かくして、ここで生じた全体的で真の帰結は生成である。それは存在と無の単なる一面的あるいは抽象的な統一ではない。生成はむしろ次のような運動からなる。すなわち、純粋存在は直接的で単純なものであり、それゆえまた純粋な無でもあり、このため、純粋存在と純粋無の区別は存在するが、しかしまたその区別は *sich aufhebt*〔みずからを揚棄する〕ため存在しない、という運動である。したがって、ここでの帰結は存在と無の区別を主張しているが、同時に、その区別が単に私念されたものにすぎないことをも主張している。(32)

お気づきのとおり、アウフヘーベンの語がここで言わんとしているのは、なによりもまず廃棄することである。区別は実在的または概念的な区別としてみずからを廃棄する（「区別」の原語は、能動的で産出的な差異としての Differenz ではなく、むしろ見分けや分離としての Unterschied である）。したがって区別は単なる私念として帰結に登場する。私念を越えて、すなわちアウフヘーベンのおかげで、真理が君臨する。

第一章のテクストはこれ以降、滞りなく読み進めることができる。第三の契機〔「生成の揚棄」〕の終わりまで、アウフヘーベンはもうほかの規定を受けとることはなく、その動詞はつねに区別の廃棄を指し示す。ここでの区別の廃棄とはまた、一般的に言えば、一面的な規定の廃棄である。ひとたび廃棄された規定は私念の身分をとることになり、容易に判明するように、テクストはもはや私念に言及しなくなる。私念についてもまた、ヘーゲルは関心を失う。――かくして、ヘーゲルはアウフヘーベンの運動を下層から上層への高揚として性格づけることを避け、けれどもまた、明確に定義された別のなんらかのやり方でこの運動を性格づけることも避ける。あたかも、存在-と-無の区別のうちの一方をアウフヘーベンすることによって、同等にアウフヘーベンの一方の性格――それがどのようなものでありえようと――もまたすでにアウフヘーベンされたにちがいなく、結果、アウフヘーベンを区別する可能性もまたアウフヘーベンされたにちがいないという事態のようである。アウフヘーベンは見分けられず、あるいはほとんど見分けられない〔se distinguer à peine／かろうじて見分けられる〕。このアウフヘーベンに気づくためには、テクストを読みながら、それに気づくことを欲し、もしくは気づくすべを知らなければならない。

ヘーゲルの言説はアウフヘーベンについてこのさきなにも言わない。けれども、この言説はそのようにして、あることを言うことに成功する唯一のものである。というのも、アウフヘーベンが廃棄する存在と無の区別というものは、言葉にならない区別だからである。実際、ヘーゲルは自身に向けられるだろう批

（32） *Op. cit.*, p. 77.〔W5 95／〔上一〕同前／〔1〕七九―八〇頁〕

判に対して、この区別がなんであるか言えるものなら言ってみろと挑発している。[33] ある不可能な言葉《パロール》、ある言語化できない区別を土台にして、アウフヘーベンが取り出される。この区別が言葉にならないのは、存在と無を定義することができそうもないからである。ひとはせいぜい一方を「純粋な光」として、他方を「純粋な夜」として表象することしかできない。[33a] ここからヘーゲルはただちに次のことを認めさせようとする。「絶対的な明るさのなかでは、絶対的な闇のなかと同様、まったくなにも見えない」[34]。したがって、「規定された光のなかでのみ――そして光は闇によって規定される――すなわち曇らされた光のなかでのみ［…］事物は区別されうる」[34a]。アウフヘーベンを見分けるのは難しい。なぜならアウフヘーベンは区別のあとに来るものではないからである――区別はつねにすでにアウフヘーベンに吸収されている。むしろアウフヘーベンが区別に先立ち、区別を可能にする。アウフヘーベンとは、薄暗がりのなかで高揚してくる可能な言葉である――それは哲学の声そのものであり、黄昏時のフクロウの鳴き声である。

こう言えるなら、この声はそれ自身の存在だけから規定される。あるいはいずれにせよ、それはなんらかの「自己自身」という事実やプロセスの存在だけで規定されている。実際、アウフヘーベンを見分けるいわば唯一のしるしは、おそらく再帰形式をとることである。この動詞はきわめて頻繁に再帰形式で発音される。さきほど読んだところにもそれは見つかり、アウフヘーベンは区別の sich aufheben であると書かれている。かりにこの動詞の内容がほとんど規定されないままであるとしても、反対に、テクストの強調全体はすべてこの sich に、つまりアウフヘーベンの自律性に向けられている。ひょっとすると次のようにさえ言うべきかもしれない。もし規定というものがそもそも外部の審級を前提し、それによって規定されることであるとすれば、アウフヘーベンはそうした規定をもたず、代わりにその未規定性は、まさしくアウフヘーベンの自存性〔aséité〕とでも呼びうるものによって埋め合わされる。アウフヘーベンの声はみずからの強調を sich のなかに見つける。アウフヘーベンの主体は、それがなんであろうと（たとえそれが、そもそもつねにそれであるところのもの……、つまりあの〔言葉にならない〕区別によって構成される言葉にならない主体であるとしても）、ただ sich aufhebt〔みずからを揚棄する〕かぎりでのみ、aufgehoben〔揚棄される〕。それはみずからを揚棄する。――生成の最初の運動がこうして完遂される。

しかしわれわれが弁証法と呼ぶものは、より高次の理性的運動である。この運動のなかでは、そのようにまったく分離されていると見えるもの〔solche schlechthin getrennt Scheinende〕も、自己自身をとおして、すなわちみずからがそれであるところのものによって、お互いに移行しあう。そしてこの運動のなかで同様にまた、「それらが分離されているという」前提がみずからを揚棄する〔廃棄する〕[35]。

（33） *Op. cit.*, p. 78.〔W5 96／〔上一〕九三頁／〔1〕八一頁〕
（33 a） *Op. cit.*, p. 78.〔*Ibid.*／〔上一〕九四頁／〔1〕同前〕
（34） *Op. cit.*, p. 79.〔*Ibid.*／〔上一〕同前／〔1〕同前〕
（34 a） *Op. cit.*, p. 79.〔*Ibid.*／〔上一〕同前／〔1〕同前〕
（35） *Op. cit.*, p. 92.〔W5 111／〔上一〕一一一―一一二頁／〔1〕九五頁〕

アウフヘーベンは本質的に、おのずから明らかであるもの〔ce qui *va de soi*〕であり、そしてまったく同時に、おのずから進んでゆくもの〔ce qui, *de soi*, va〕である。それは移行するものあるいは移行させるものである――そこでは存在と無の相互的で自発的な消失〔Verschwinden〕が起こる。消失させられる存在と無、あるいはより正確には消失してゆく存在と無は、いかなる安定状態ももたず、中間状態さえももっていない（とおりがかりに言っておくと、「状態」という用語に関してわれわれはふたたびヘーゲルと同意見である――「状態〔Zustand〕の語はここではふさわしくない〔unpassend〕野蛮な表現である」(36)）。存在と無はこれ以降（つまり生成の第二契機では）揚棄されたもの（aufgehobene）として、すなわち契機として言明される。「存在と無はさしあたり自立したもの〔Selbständigkeit〕として表象されているが、両者はこの自立性から契機へと沈み込む〔herabsinken〕。ここでの契機とは、なお区別されてはいるが、同時に揚棄されてもいる契機である」(37)。したがって、Moment〔契機〕の語は区別された項の名であり、ただしその項の区別はすでに廃棄され、あるいはむしろすでにみずからを廃棄している。アウフヘーベンとは、もろもろの状態が廃棄されて契機のうちへとみずからを揚棄する、そうした操作の名であり、これによって、あの言葉にならない区別が、すなわち単純に措定されたときにはそれとしては永久に言葉にならないままであったあの区別が――区別の概念が、とつけ加えてもいいだろう――契機へのアウフヘーベンという語によって言い表される。かくして、廃棄された区別が同時に保存されているということを、われわれはいまや理解できる。ところで、すでにお気づきだろうが、あえてここでもう一度言えば、このことを読み取るために、あるいはこのことが言われるのを聴き取るために、そうすることを欲するか、そうするすべを知る必要があった――きわめて繊細な聴覚が必要であり、あるいはあまりに繊細ゆえに、もはやいくつか特定の意味をまったく聴き取らないような聴覚が必要であった。こうした聴覚によってアウフヘーベンは規定作用に身をさらすことなく（規定として叙述されることなく）移行する。——以上の一切はおのずから明らかであり、この動きはテクストのなかで急速に進められる。揚棄はこれ以降テクスト内でたえず機能し、加速し続け、こう言えるなら、自己に即してその機能を最大限の正確さで凝縮してゆく。それはいわば、あたかも揚棄が自己性を——あるいはよりよく言って、この自己そのものの自己性の過程を——形成するかのようである。というのも、「両項はそれぞれ自己自身に即してみずからを揚棄し［このとき両項は倒れることなく、地面を支えとすることさえなく、お互いを揚棄するという］、それ自身においてみずからの反対項である(38)」からである。

したがって生成はアウフヘーベンによって、アウフヘーベンとして、おのずから進む〔aller de soi〕。お気づきになられただろうが、この〔両項の〕同一化においてはなにも産出されなかったし、厳密に言って、そこにはいかなる概念的な構築物も認められない。そこは一切の規定が欠けている場所であった。しかし、ここにある語がやって来て、それからまた別の語がやって来て、そこに概念が作動していること、統一の命題が作動していることを請け合った。言い換えれば、はじまりの法*4に従って、その場所はむしろ一切の規定を欠いていなければならなかった。そのために、アウフヘーベンは諸規定の戯れの側へと移行する、

(36) *Op. cit.*, p. 91. 〔W5 111／［上一］一一一頁／［1］九四頁〕
(37) *Op. cit.*, p. 93. 〔W5 112／［上一］一一二頁／［1］九五頁〕
(38) *Op. cit.*, p. 93. 〔*Ibid.*／［上一］一一三頁／［1］九六頁〕

あるいはそこで起こる必要があった。これこそが、まさにこの箇所で起こったことである。すなわち、アウフヘーベンの語がテクストのなかにすべり込んできたのだ。なにも言わずに。しかもその登場は概念にとってすでにあまりに遅すぎた。あるいはこう言うほうがよければ、概念が（語として定義されたり諸命題を結節したりすることで）規定されるためには、その語の登場はあまりに遅すぎた。要するに、規定は不可能であり、アウフヘーベンはこの不可能な機能と交代《ルレーヴ》したのである。同様にまた、この交代それ自体を規定するにあたっても、アウフヘーベンの登場は相変わらずあまりに遅すぎるか、あるいはあまりに早すぎた。十分理解されるとおり、この二重の不可能性そのものはおのずから明らかである。したがってまた、揚棄の論理全体がひとつの語のすべり込みによって産出されたということもおのずから明らかである。しかも、テクストはこの語に立ち止まることなく進んでゆく。このことはあらゆる意味できちんと理解されなければならない。実際、テクストはこの語のおかげですべるように前進してゆきながら（ただしこれは運動の一面であり、あるいはこう言えるなら、逃れ去る運動である）、この語に立ち止まることはなかった。テクストはこの語については驚くほど口が堅かった。まるで、それについてはわずかなほのめかしだけで聴き取るすべを知らなければならないかのように……。アウフヘーベンの必要性の一切は、これまでのところこの口の堅さのなかに位置づけられており、つまりこのすべり込みという事態のもとで理解されている。この事態はそれとしては知覚できない転位であり、もしくは出現と消失の戯れである。だが結局、テクスト全体はこの作用によって構成されてゆく。しかもそれは微積分的な仕方での構成であり、ヘーゲルは当のテクストでまさにその例を引き合いに出している[39]。それによると、無限に小さい量は「純粋概念」を構成し、言い換えれば、純粋概念の規定もしくは存在は「消失」と一体になっている。したがって揚棄は、概念としては、少なくとも無限に小さい量として——ふたたび移行期に——描写される。しかし、本来的に概念的な観点ではこの描写そのものはただの「消失してゆく量」の描写でしかない。[40] アウフヘーベンの言説がみずからの根拠を産出するのは唯一、別の言説との比較においてのみである。きわめて正確に言えば、それは計算の言説である。控えめに言って、アウフヘーベンはこの一連の計算的な量と等しいか、あるいは同質であるように見える。というのも、量の無限の減少は（数学的な）離散を無限に小さくしながらも、決してそれを消去しないからだ。しかし、それでもなおアウフヘーベンがこのテクストでは本来的に量的に計算されていると言うことはできない（この言い回しはこの場合、微分されているという言い回しと同じことになるだろう）。揚棄の計算とは——それが実在するとして——揚棄の語がすべり込むこと、もしくは「すべり込まされること」にほかならない。結果として、なにものも区別を消去す

（39） *Op. cit.*, p. 91.〔W5 110／〔上二〕一一一頁／〔1〕九四頁〕——さらに言えば、微積分は唯一の特殊な対象であり、事実、それはのちに『論理学』で分析される。ヘーゲルはこの分析を第一章からすでに予告しているわけで、微積分はそれほど法外な特権を与えられている。

（40） このため、十分お気づきのとおり、われわれはおそらく〔アウフヘーベンと〕微分計算のこの関係について、J－J・グーとは部分的に異なる仕方で読んでいる。グーの場合、彼の目標は微分係数とアウフヘーベンを意味の同じ経済のなかに取り集めることである（Jean-Joseph Goux, «Dérivable et indérivable», *Critique* 1970, repris in *Economie et symbolique: Freud, Marx*, Seuil, 1973）。——とはいえ、この隔たりはわれわれからすればグーの分析とのいかなる論争の種でもない。むしろグーの分析の妥当性は既定のものと見なされるべきだろう。ここでわれわれが関わっているのは、相変わらずアウフヘーベンの二重の妥当性である。

ることはできず、区別はおそらく無限に小さいままに残る……。[41] 区別は執拗にこのテクスト的計算と他なるものを分離し続ける。

けれども、この区別は二つの計算の接近を少しも妨害しないし、テクストの正確な計算もまったく邪魔しない。なぜならこの計算はそもそも達成されないからである。アウフヘーベンを規定するには遅すぎることを見たが、生成もまたひとつのアウフヘーベン「である」かぎりでは、生成を規定するにも遅すぎることになる。そうだとすれば、このことはまったく同様に次のことを意味しているにちがいない。アウフヘーベンは生成によって規定されてはおらず、また流量のようなイメージにも進展といった観念にも解消されることなく、[42] むしろ反対に、アウフヘーベンのほうが生成を捕まえて、解消してしまったにちがいない。実際、まさにそれこそが第三の契機「生成の揚棄」で生起することである。そこではあの区別〔存在と無の区別〕の消失がそれ自体で、「生成の消失もしくは消失そのものの消失[43]」として産出される。この運動は当然、無の空虚な規定（無という空虚の規定）へ回帰するためのものではない。それはむしろ反対に、定在［Dasein］への移行を引き起こす運動である——あるいはより正しく言えば、定在のなかにすでに－移行してしまった－在り方〔l'être-déjà-passé〕を産出する運動である。ここでのテクスト的計算の正確さは非の打ちどころがなく、いまだ弱まらない。実際、一方でアウフヘーベンは〔生成としては〕区別の廃棄としてたしかに廃棄されるが、これによってわれわれは当の区別へと再来する（われわれは、抽象的な仕方でないかぎり、かつて一度もこの区別から離れたことはない……）。言い換えれば、区別〔存在と無〕はここでそれぞれ契機として措定される。ただしこの契機は aufgehoben〔揚棄されたもの〕にほかならず、あえて言えば、そのものとしては廃棄されたものである（正当にも、ヘーゲル本人はあえてそのように言ってはいない。揚棄されたものがもつ「同一性」とは、揚棄を通じた移行から認与された同一性以外のものではない）。したがって、他方ではアウフヘーベンは廃棄されない。それは反対に、移行を規制する潜勢力となる。気づかれるように、この場合の移行とはいまやすでに次の審級ないし次の契機への移行である。言い換えれば、次章への移行がすでに本章〔第一章〕で達成されたのである。いまや、アウフヘーベンのこの二重の戯れが無限小の区別にもとづいて規制される。テクストは「消失の消失」と書いているが、「アウフヘーベンのアウフヘーベン」とは書いていない。テクストはまた「廃棄の廃棄」とも書いていないし（この語のもっとも日常的で単純な価値、要するにこの語が本章でずっと保持していた価値を考慮す

（41） 以上のことは、まさしくある一般的な問いを形成しているかもしれない。すなわち、哲学的なものにおいて数学的なものがどのように機能しているかという問いである。この問いに触れるのはこれで二度目になるが、この問いそれ自体にはおそらく数学系と隠喩系の特異な接続もまた含まれている。この接続に関して論じるには——少なくとも——カントへの迂回が不可欠だろう。つまりここではそのように指摘することしかできない。——ヘーゲルのテクストに関して言えば、われわれの話題を明らかにするために（あるいは複雑にするために）次のことを付言しておこう。ヘーゲルのテクストは微分計算と生成のプロセスをかなり多義的な仕方で接近させており（p. 91.〔W5 110–111／［上一］一一一頁／［1］九四頁〕）、だがそれは同一視ではないし、かといって比較でもない。ヘーゲルの明言するところによれば、微分計算と生成のプロセスはどちらも悟性の「同一の弁証法」（すなわちアリストテレス－カント的な意味での弁証法）に敵意を向けられている。したがって、微分計算と生成のプロセスを概念的でも修辞的でもない仕方で接近させることは、少なくともなんらかの効果をもたらしている。

（42） しかしこの語〔流量（flux）〕は単純ではない。周知のように、「微分計算〔calcul des *fluxions*〕」は微積分計算のひとつの名（ひとつの隠喩）であったからだ。

（43） *Op. cit.*, p. 93.〔W5 113／［上一］一一三頁／［1］九六頁〕

るならば)、「揚棄の揚棄」とも書いていない(これはなんらかの構成された揚棄概念を想定しているだろう)。テクストはきわめて正確に両者のあいだを移行してゆく。このことは少なくとも二つの事柄を含意している。第一に、アウフヘーベンはみずからを覆い隠さず、自己に閉じこもらず、そのようにして、みずからを同定する(同定させる)ことを代理的な仕方で避けている。第二に、アウフヘーベンはみずからを保護し、みずからを自己の外へと運び去って、テクストを次々とすべって進む。それはもとの姿のままに、いわば廃棄されることも保存されることもない。このことは、ある語ともうひとつの語のあいだの隔たりによって可能となっている。それはたったひとつの、おそらくほんのわずかな隔たりであるが、この隔たりを越えて、一方の語の場所に他方の語が一瞬ですべり込む。アウフヘーベンの代わりにverschwinden〔消失〕がすべり込む。verschwindenの消失において、アウフヘーブングの概念を規定する最後の可能性が消失する(44)――そして反対に、動詞アウフヘーベンの可能性と能力が提示され、あるいはすべり込み、保護される。

まさにここで、「アウフヘーベンという表現」と題されたあの〈註記〉に出くわす。われわれは、テクストがこの表現をどのように説明し、どのように位置づけ、そしてそれがどれほど成功するのか、わかっている……。ここまでの迂回のすべてはこのテクストに到達するためであった。とにかくこのテクストこそが呼び求められていたし(なぜならわれわれは概念を欠いているのだから――それにしても、概念を産出するのにこれほど待つ必要があったのだろうか?)、同時に、このテクストに注文することはなにもない（なぜならわれわれは語を手にしており、それによってすべては機能しているのだから）。〈註記〉のテクストはこの場所に位置することによって、こう言えるなら、次のような二律背反的な条件にうまく対応している。一方で、註記というものはそもそも余分なつけ足しであり、補遺として言説に添付されてはいても、言説の構成《エコノミー》のなかではほとんど重要性をもたないものである。しかし他方で、われわれが関わっている註記の場合、それは同時にこのテクストの構成全体のなかに地位を得ている。これによって註記はこの構成を二重化してさえおり、実際、すでに述べたとおり、この註記は次の章への新たな移行をなしている。註記は最後に生成の生成について叙述しており、すなわち生成は存在の──定在の──最初の規定あるいは最初の区別のなかでアウフヘーベンされる。〈註記〉のこの二重の機能は（とはいえこの機能はヘーゲルのテクストではそれとしては与えられておらず、そのためこれを判読するには、思うに、テクストの諸部分ならびに諸断片を特定の観点でつなぎ合わせる必要があるだろう）たったひとつの用語、「Ausdruck〔表現〕」という語によって説明される（それが説明であるとしてだが）。まず、この用語は少なくとも形式的には〈註記〉の対象を指し示している。一方でヘーゲルはここでわれわれに、

(44)　この箇所で──あまりに遅くあまりに早いこの箇所で──次のことを記しておかなければならない。われわれの読解はここでたえず、さまざまなかたちで、「入れ子状の〔en abyme〕」テクスト構造に出会っており、実際、われわれの仕事全体は強制的にこのヘーゲルの巨大な入れ子構造に従わなければならない。──われわれはそうすることで、そこにあの哲学的紋章学の奇妙な二重の特性を観察できることを期待している。それは、円環を閉じる法を狂わせ、常軌を逸した落下へ引き込む特性である。のちほどふたたび取り上げよう〔本書一七七頁の注134を参照〕。

彼がもちいた表現という語の特殊性に注目するよう促す。この語は日常でも使われているが、偶然にも、その使われ方は哲学的な使用にも適しているという。これは付属的だが幸運な巡り合わせであり、このことをとおりがかりに喜んでもいいだろう、と。他方で、〈註記〉はわれわれをDasein〔定在〉の段階へ連れてゆく〈連れ戻す〉。この段階の直前でSein〔存在〕の分析は締めくくられ、この段階からDaseinが存在の分析をさらに遠くへ引き連れてゆく。けれども実のところ、より正確には、これによってわれわれは〈註記〉は生成の表現について副次的に言及しながら、この表現を、存在がそれ－固有の－表現－になる〔へと生成する〕ことの議論へとつなげる（このつなげ方は明らかに合理的な資格をもっていない）。以上はDaseinにおけるSeinのAusdruck〔存在を定在にふくめて表現すること〕へと連れてゆかれる（連れ戻される）。次の一節に読むことができる。

存在と無はいまでは契機であるため、それらはさらなる意味と表現を獲得する。この意味と表現については、定在を考察するなかで明らかとなるはずである。定在は存在と無が保存されている統一であることが判明するからである。[*5]

したがって、表現（Ausdruck）の語はここでは単なる付属物として添えられているわけではない。〈註記〉はたしかにこの章のテクストになにものかを付加しており、この付加物とは、存在と無の保存である。これがとりわけ「意味－と－表現」という二語の接続を規制している。存在と無の保存はここまで、たとえ一切がおそらくそれをほのめかしていたとしても、形式的には問題ではなかった。かくしてわれわれは、本章を統治してゆく法を手渡された（一緒に、『論理学』の進展全体の法も）。言い換えれば、〈註記〉はわれわれを移行させたが、そこは、実際にはもう物事が起こってしまった場である。したがって、いまや問題はほのめかすことではなく、できるだけ正確に発言すること、正確な意味を把握させることである。〈註記〉は Ausdruck をめぐるものだったが、書かれていたとおり、目的はこの Ausdruck の意味つまりアウフヘーベンの意味を「特定の仕方で把握」[*6]させることであった。

ところが、少なくとも最初の読解では、この「特定の意味での把握」はもっとも単純な仕方で示されていた。それは次のように再構築してもよいだろう。たったいま使用されたアウフヘーベンという用語はひとつの主要な概念である（あるいはこの概念を表現している）[45]。この用語について、われわれはその否定的な価値——廃棄すること——をほのめかしていた[46]。いまや明言すべきなのは、この否定的価値がみずか

---

(45) ここで、われわれがたどろうとしている分析に並行する、もうひとつ別の分析を示しておこう。その分析の批判的視角はこうである。アウフヘーベンとは意味と概念に関する表現であって、それ自体で考察されるなら、それはひとつの語（Wort）である。〈註記〉は表現と語の関係についてなにも発言しておらず、すなわち、たまたま語で表現されているだろう内面や内容についてはなにも言っていない（すでに述べたとおり、われわれは記号論を議論しているわけではない）。すべてはあたかも Wort がおのずから Sinn〔意味〕と Ausdruck の関係に同等になったかのように起こる。この事情であれば、Ausdruck は「記号〔signe〕」と「翻訳する」ほうがよいのかもしれない。もっとも、この記号という語が、それ自体でとらえられた場合でも、いかなる恣意性ももっていないならばの話だが……。

(46) ここでふたたび、もうひとつ別の分析がありうる。ただしこの分析は、われわれがすでに選択している分析とならべて進めることができないため、その要約だけをピンで留めておこう。まず、かりにアウフヘーベンを「廃

らの肯定的な反対物を必然的に兼ねそなえていることである。すなわち、アウフヘーベンは保存する。この語はドイツ語では二つの語義を与えられており、まさしくそれがこの語の特徴《マーク》である。したがって正しく聴き解せば、この概念はわれわれを Dasein へと連れてゆく。Dasein は、存在と無をそれらの区別のなかで廃棄すると同時にその区別のなかに保存する統一だからである。

〈註記〉のこうした——明白な——読解は、結果として、この〈註記〉に先行するテクスト全体を二重化することになる（ここからおそらく、先行のテクスト全体を読み飛ばすことができなかった理由について、よりよくわかってもらえるだろう）。かくして、〈註記〉に直接的に標記《マーク》されてもいなければ、それとして表現されてもいないものを、〈註記〉から抜き出して主張できるようになる。すなわち、廃棄された区別の両項〔存在と無〕は、あるいは両項の区別は、保存されているのである。〈註記〉は、自分のところまで連れてきてくれた否定的なプロセスに、第二の肯定的な特徴《マーク》をつけ加える。言い換えれば、〈註記〉はこのプロセスを廃棄し、みずからが規定する概念つまりアウフヘーベンのもとに（あるいはこの概念として）プロセスを保存する。かくして〈註記〉はプロセスに相応の地位を与え、そうして『論理学』の第一章全体を揚棄する。言い換えれば、この『論理学』がそもそも存在と無の同一性という存在の空虚な直接性からはじまらなければならなかったかぎりで、〈註記〉はここで『論理学』の可能性そのものを揚棄している。同時に、この第二の特徴はアウフヘーベンの「特定の意味」を「把握する」ことを可能にし、そしてこの用語が（さらには、真のはじまりに関して言明されていた一切のことが）たえず被ってきた過剰や欠落——思い出されるとおりの——を消し去り、または限定する。この帰結を凝縮すれば、こういうことになるだろう。アウフヘーベンとは直接的なはじまりの廃棄であると同時にその保存である。はじまりの直接的な現れは、声が自己‐発声されることであった。ただし、その声が「どのようにして〔発声されるのか〕?」の問いに回答はないままだった（それゆえアウフヘーベンはつねにすでに発されている）。アウフヘーベンはこのはじまりを廃棄した。他方、この廃棄は二項〔存在と無〕の区別の廃棄でもあった。結果、すべての言説は足場を失い、その身を支える課題に直面する、はずだった。実際はそうはならなかった。アウフヘーベンがこの廃棄したはじまりを同時に保存したからである（アウフヘーベンはそれゆえ言説［の部分同士の関係］を支える。言説はさもなくば一面的な抽象化に陥ることだろう）。

なぜアウフヘーベンはみずからが廃棄するものを保存するのか。この問いに答えることはアウフヘーベンの概念を提供することである。〈註記〉はすぐさまそれに取りかかる。

棄する」の意味で（もっとも日常的な意味で）聴き取ったひとがいるとすれば、それは単にそのひとが以前喚起された『精神現象学』のテクストを忘れているからである。けれども、そもそもヘーゲル本人が一八一二年に〔『論理学』で〕一八〇七年のテクスト〔『精神現象学』〕を喚起していないという事実もある。それゆえ読者は、この二つのテクストを関連させることもできるし、そうしないこともできる。われわれとしては、本書では『論理学』のこの〈註記〉だけを読むことを選択した。その理由は、第一のテクストの「獲得物」が第二のテクストの諸問題を解決してくれるようには思えないからであり、それに加えて、もっとのちに見るとおり、アウフヘーベンとその「二重の意義」が一方のテクストから他方のテクストへと転位されたさい、事実上ずらされ、あるいは変容されたからである。

自己を揚棄するものは、それによって無となるわけではない。無は直接的なものであり、それに対して、揚棄されたものは媒介されたもの〔ein *Vermitteltes*〕である。〔…〕それはみずからの由来である規定性をなお自己に即してもっている。[*7]

したがって揚棄することとは媒介することである。揚棄の概念は媒介の概念の上に構築される。では、媒介――Vermittlung――とはなにか。本章全体を読み直してもらってかまわないが、この概念を規定している箇所はどこにもない。あるいは、Vermittlung が中間項や媒語――Mitte――による移行のことであり、また、すべての媒介が中間の操作あるいは境界線上の操作なのだとしても、本章のテクストがわれわれにとおりがかりに（つまり微積分との接近に関連して）教えていたのはむしろ、中間状態――Mittelzustand――は存在しないこと、状態の語はここでは「野蛮な表現」であるということであった（われわれはそのように読み取った）。状態としての Mitte や Mittel〔手段、仲介、平均〕というものは存在しない。中間項は存在せず、[*8] あるいはふたたび、ヘーゲルの譲歩した明言に従って、「反対者〔悟性〕の言語で言えば、存在と無の中間状態でないようなものは、なにひとつない」。(47)――しかし、「反対者の言語」はよい言語ではないし、その Ausdruck〔表現〕は哲学的ではない。反対者の使う表現は純粋な移行を「状態」のなかに凝固させ、絶え間なく自己揚棄する区別の運動を停止させる。したがって、わずかでも野蛮さを避けたいのであれば（野蛮な話し方は混乱していたり粗雑だったりするため、たいへん繊細な耳をもつ思弁的思想家には聴き取ることができない……）、Vermittlung を Mitte の規定にもとづいて設立するわけにはいかない。Vermittlung は Mitte という語のいかなる意味でも設立されえず、言い換えれば、それは揚棄の外では把握されえない。結局、「揚棄」概念の規定のなかにすべり込んできたこの Vermittlung（媒介）の語も、単にもう一度揚棄そのものに標記《マーク》しているだけである。そして、標記がこのように二重になったからといって、揚棄「そのもの」の身元が明らかになるわけではない。(48)

---

(47) *Op. cit.*, p. 91.〔W5 111／［上二］一一一頁／［1］九四頁〕

(48) おそらくここで次のように言ってみることもできただろう。結局のところ、Vermittlung の概念は『論理学』のもっと後半で産出されており、そこではある別の概念が登場してきわめて精密にアウフヘーベンを分節し、そのもろもろの特性をわれわれに提示している（第三巻、第二篇、第三章「目的論」）。ところでその概念は明確な規定をもっており、すなわち目的あるいはより正確に言って合目的的な活動と規定されている。このとき〈概念〉〔目的としての概念〕はみずからの自由な実存のなかにあり〔W6 438／［下］二二七頁／［3］一八五頁〕、この〈概念〉こそは、それ自体で揚棄する活動である（したがって目的は〈概念〉の最終的な規定であり、ここから〈概念〉は〈理念〉へと移行する）。さらに、目的の〈概念〉はある種の明証性や経験的な明白さも兼ねそなえている。『エンツュクロペディー』の「目的論」でヘーゲルは次のように明言している（二〇四節〈註記〉）。欲求と衝動［Trieb］にもとづく一切の活動（もしくは感情）は、目的論の概念の「もっとも手近な」例証である。それらは〔生きる主体の内部に生じる矛盾の感得であり、これが主体にそれ自身を否定させる働きとなるため、それらは〕有限者がみずからの乗り越えられない区別のなかに固定されているわけではないことを証明している。――かくして、もし目的というものがまさしく「思弁的な把握［Auffassung］を必要とする［erfordert］」（*Ibid.*〔W8 360／前掲『小論理学』四七五―四七六頁〕）ものではないとしたら、また、そのようにしてわれわれをアウフヘーベンへと連れ戻してこれを同定しないままであるとしたら、アウフヘーベンはまったく早急に（『自然哲学』でのもっとも単純な種のように）Trieb の合目的性と同一視されてしまうことだろう……（果実は芽を aufhebt...）。――ほかと同様、ここ『エンツュクロペディー』でも、アウフヘーベンは思弁的にしか把握されえない。言い換えれば、アウフヘーベンは、それを提示するもろもろの用語、観念、命題のアウフヘーベンによわれわれは堂々巡りしている。しかし少なくとも以下のことには気づいている。〈註記〉はアウフヘーベンの特徴を二重にしてしまっているが（賭け金を二倍にするように）、それは、この〈註記〉がアウフヘーベンの語の意味を規定するさいに、またこの語の意味を規定するものとして、それが添付されている本文のテクストの興味深い動作をくり返しているからである。どちらの場合でも、ひとつの語がすべり込み、この追加の一語のせいで今度は概念の構築がすべって逸脱する。二つの語の隔たりを通じて言説は定義に近づくが、しかしこの隔たりそれ自体は、消滅する区別である。それゆえテクストはその二語をすでに折り畳んでしまっていた。そしてそこにはまた別の独特な語が登場する。それは余分な一語であり、あるいはまだ足りない一語である。計算はまったく間違っていない(49)。

かくして、問題の〈註記〉はその最初の段落からもうそれ固有の概念的読解をすべらせ、脱線させる。〈註記〉は意味の把握（auffassen）の身振りを妨げ、あるいは禁止する。ここにはいかなる概念の特徴《マーク》も（第一のものであれ第二のものであれ）――直接的に――読み取ることはできない。けれども、そこにはテクストの特異な構成《エコノミー》すなわち〈すべり込む〉構成の痕跡が執拗に何度も標記《マーク》されるため、この痕跡をたどらないわけにはいかない。ところで、このテクストは――われわれが見渡してきたとおり――ひとつならずの規定を投入し、数多くの概念を使用し、何度も迂回していた。それらのすべてが〈註記〉の直接的な読解の妨げとなっている。本章〔第一章〕のテクスト――弁証法的はじまり（弁証法のはじまり）のテクスト――は、その最後の〈註記〉でようやく読解可能になったわけだが（そうなったとしてだが……）、これと同じように、今度はこの〈註記《ルマルク》〉のほうがほかのいくつかのテクストによって、あるいはそれらのテクストのなかで何度も標記《ルマルケ》されることで、ようやく読めるようになることだろう。それらのテクストはそれ自体で第一章のテクストにやって来て、その余剰と不足に結節されるだろう。さらなる迂回が必要であり、さらに辛抱すること（そして辛抱できなくなること）が必要である。

ってのみ把握されうる。

(49) おそらく次のことは喚起しておくほうがよいだろう。われわれは試みにテクストの動き方を分析してきたが、結局のところ、そこで見出された動作に新しいものはなにもない。われわれはパフ〔J. F. Pfaff〕が一八一二年にこの同じテクストを分析し、テクスト内でのアウフヘーベンの円環について素描しているのをみることができる。パフはヘーゲル宛の書簡でこう結論している。「もしあなたがご自身の円環のなかでは（数学者たちのように）直線に動く必要もなければ、彗星のように放物線に従って動く必要もなく、ただ惑星——神々の逗留地——のような閉じた曲線に従って動くだけだとすれば、その理由は、数学者が無言であるのに対して、あなたは言語を必要とするからでしょう」（*Correspondance*, I, 359〔*Brief von und an Hegel*, Bd. I, 1785–1812, hrsg. J. Hoffmeister, Hamburg: F. Meiner, 1952, S. 404〕）。——ヘーゲルの返答は失われているが、パフの手紙にその痕跡が見つかる。「あなたの指摘によれば、根拠〔Grund〕はすでにそこにあった事象であり、単に〔この事象の代わりに〕別の語〔ein anderes Wort〕が使用されただけです」（*Ibid.*, p. 361〔*Ibid.*, S. 406〕）。ある点で、本書はただひたすらにヘーゲルのこの「別の語」を注釈しようと努めている。この語は最初の語に取って代わるのではなく、すでに（語以前に？）そこに（語と語のあいだに？）あった「事象」に取って代わる。

註記

議論を続ける前に、少なくとももう一方の足取りを示さないわけにはいかない。テクストの同じ計算あるいは同じ作用が、その足取りをたどるよう強いている。それは問題の〈註記〉からもろもろのテクストへの足取りではなく、この〈註記〉のテクストからもろもろの〈註記〉への足取りである。実際、『論理学』の数々の〈註記〉はひとつの特質……注目すべき特質を提供している。すなわち、かなりの数の〈註記〉が表現の問題についやされ、それぞれの表現が思弁的言説に妥当であるかそうでないかが議論されている。このことはまた次のような仕方で言うこともできる。表現の問題は『論理学』ではほとんどもっぱら〈註記〉という補遺的テクストのなかだけで扱われている（あるいは場合によって、客観性の篇への——表題のない——導入のような、いくらか比較可能な地位のテクストのなかで扱われる——*Logique, op. cit.*, II, p. 357）[*1]。アウフヘーベンについての〈註記〉に加えて、目次では、Ausdruck〔表現〕を表題としている〈註記〉がある――「Ausdruck: Was für eines ?」（「Was für eines ?」は日常の使われ方では「それはどのようなものか？」を意味し、しかし文字通りには「それはひとつのものに対してなんであるか？」を意味する。ヘーゲルは対自存在の分析の最中にこの語の外見上の奇異さ（sonderbar erscheinend）に注目し、これを揚棄する。なぜならまさしく対自存在こそが〈一者〉に対して存在するもの〔l'être-pour-Un〕だからだ――Cf. I, p. 150）[*2]。ところで、ほかの多くの〈註記〉も表現にかかわっている。あるときは、表現を遠ざけるために。（すでにわれわれは「統一」の語に出合い、命題の批判にも出合ったが、これらはほかの場所でも出合うことになる――Ex. I, 163, II, 23[*3]。同様のことは herausgehen（外へ出て行く）のような語（I, 143）[*4]や総合の語（I, 202）[*5]についても妥当し、さらには語のみならず命題についても、たとえば同一性の「空虚なおしゃべり」（II, 78）[*6]についても妥当する。――さらに、同様のことはとりわけ数字を使った表現全体についても妥当する。すなわち数学的象徴や象徴一般による表現のことであり、ならびに文字のライプニッツ的観念である。これらに対する批判は執拗に再来する。I, 207, 246, 334, II, 257, 332）[*7]――またあるときは、表現を規定してその語義を揚棄するために。（たとえば無限（I, 141）[*8]、ラテン語から取られた Quantum〔定量〕（I, 178）[*9]、ニュートンの隠喩である「生み出された量」（I, 258）[*10]といった表現であり、また、「肯定的なものと否定的なものは同一のものである」（II, 54）[*11]という命題の表現である。より一般的な水準では、概念の徴表（Merkmal）についての註記（II, 254）[*12]がある。ヘーゲルはそこで言語についても論じており、徴表の観点から言語と人工的な象徴を対立させている。II, 259）[*13]

これら〈註記〉の構成《エコノミー》はそのようにして論理的言説の構成を二重にしているように見える。註記の構成、すなわち従位に置かれ、「取り外され」、離散的に配置された構成は、概念の厳密な進展には従っていない。

各註記はむしろ、作者が言語から得た財産〔諸表現〕とテクストとが幸運にも（あるいは不運にも）出合う、その偶然に応じてそのつど書き込まれる。――同様にまた、見たところヘーゲルはいくつかの主題を執拗にくり返さなければならないようで、各註記はこの必要に応じても書き込まれている。だが、記しておかなければならないが、それらの主題はいずれも『論理学』の対象ではなく、言い換えれば、『論理学』の言説の秩序（すなわち根拠）のなかで定義された一契機としてこの言説の過程をなすものではない。したがって各主題は――第一に思弁的言語の主題は――あたかも補遺や余白でしか叙述されえなかったかのようである。さらにまた、思弁的叙述の一般的主題〔読解と文章〕はあたかも〈序文〉で、つまり『精神現象学』の「部分的に物語風に語っている場所」で叙述され尽くしたかのようである。――しかしそうすると、同様にまた、あたかも思弁的言説はそれ固有の言語に注目しなければならず、すなわち、みずからの言語が自然な言語のなかに現存することを指摘し、あるいはみずからの言語とあれこれの言語（数学の言語のような）には隔たりがあることを強調しなければならないかのようである。あたかも思弁的言説それ自体は言語として、それ固有の各補遺のなかで、みずからを何度も標記し〔*se re-marquer*〕なければならないかのようである。

　われわれはさらにこの註記全体を『エンツュクロペディー』の類似のテクストにまで、つまり講義由来の〈註記〉と〈補説〉[50]にまで拡大できるかもしれず、そうすべきだろう。周知のように、そこではとりわけアウフヘーベンの語についてのテクストが見つかるだろうし、われわれもすでにそれを引用している。[*14] また、同じく『エンツュクロペディー』のいくつかの〈註記〉では、記号と言語活動についてのヘーゲルの理論がわずかに展開されている（われわれはいずれ、もっとのちに、これらのテクストのいずれかに必ず戻ってくる)[*15]。われわれはまた、ヘーゲルのテクストのなかで、Anmerkung〔注記《ルマルク》〕からmerken——標記する《マルケ》、注目する《ルマルケ》——一般へと移行することさえできるかもしれない。たとえば、「神の現存在の証明についての講義」の一節で、ヘーゲルはMerkmal——徴表、注、特色——というAusdruckを批判している。なぜなら、その表現は「主観的目的」を示しており、この主観的目的を追求しているかぎり、われわれは対象からもっぱら「われわれの注意［Merken］」(éd. du Jubilée, XVI, 373)[*16]を引くのに役立つ規定しか取り出さないからである。merken〔気づく、注意を払う〕一般は、みずからの主観性と語のなかに閉じ込められており、一面的で円環的である。そこには対象が欠けており、まったく同程度に論証も欠けている。結果として、ひとはmerkenの水準で(論理の)学問の言説をはじめることはできず、それゆえそれを進めることも、完成させることもできないだろう。にもかかわらず、ヘーゲルのテクストはmerkenなしで

---

(50) ただし、次のことは付言しておくべきだろう。複数の註記を盛り込まれ、さらに注釈されることも決まっている教科書(『哲学入門』、『エンツュクロペディー』、『法哲学』)、ならびに、ヘーゲルの死後に公刊された、聴講者の覚え書きを組み込まれた講義ノート(『哲学史講義』、『歴史哲学講義』、『宗教哲学講義』、『美学講義』)、これらヘーゲルの「著作」の大部分を占めるテクスト群は、実際のところどのような地位にあるのだろうか。テクストはどこで止まり、註記はどこではじまるのか。さらに、いったいヘーゲルは自身が公刊した数々の〈註記〉をどのようなものとみなしているのか。それは一八二七年の『エンツュクロペディー』「序文」で彼が書いているような「一般向けの」補完物だろうか〔W8 14/前掲『小論理学』二七頁〕。それとも『法哲学』「序文」が強調するような、それによって当の書物がありふれた「概説書」という性格を脱ぎ捨てることになるという、「テクストの抽象的内容［abstraktere Inhalt des Textes］」の本物の展開と解明だろうか〔W7 11/『ヘーゲル全集9a 法の哲学(上巻)』上妻精・佐藤康邦・山田忠彰訳、岩波書店、二〇〇〇年、一頁〕。

済ますことはできず、Anmerkungen〔数々の註記〕でみずからを何度も標記する。これこそはヘーゲルのテクストの注目すべき特質であり、その興味深さであり、さらにはその奇異さ――Merkwürdigkeit――である。

第三章

思弁的な語

「なにぶん多くの人々は、いま論じられているようなことが実際に行われる〔genoménon to nûn legoménon〕のを一度も見たことがないのだからね。彼らがはるかによく聞き分けているのはむしろ、ちょうどいまの僕の言い方のように、各語が共鳴関係〔homoiôména〕[*1]になるよう、わざと工夫した文言なのだ。いまみたいに偶然の結果〔apo tou automatou〕として一致したのではなくてね。しかし人々は、徳の理想に一致し共鳴する〔parisôménon kai ômoiôménon〕人間を〔…〕かつて一度も見たことがないのだ。」

（Platon, *République*, VI, 498 d-e.〔「国家」『プラトン全集第11巻』所収、田中美知太郎・藤沢令夫訳、岩波書店、一九七六年、四五五—四五六頁〕）

第一章とその最後の〈註記〉は、それゆえわれわれにそこでの言説を鵜呑みにさせる。「重要な概念」はわれわれにそれとしては届けられなかった（それどころか、それはさらに別の語 Vermittlung〔媒介〕に置き換えられた）。その代わりに「言語」が、そのもっとも日常的な使い方に即してこの「重要な概念」をわれわれに与える。すなわち、アウフヘーベンは保存することと中止することという二重の意味をもっている――（それゆえ、もし Vermittlung がアウフヘーベンの肯定面である保存を「説明する」とすれば、その否定面を「説明する」のもふたたび Vermittlung である。なぜなら「あるものを保持するために、当のあるものからその直接性［…］が取り去られる」[*2]からである。vermitteln とはまさしく、中間的なものや間接的なもののなかに入り込ませ、それらになるよう仕向け、直接的なものを否定することである。けれども同時に、次のことにも気づかないわけにはいかない。一方で、もしわれわれが本当にこの説明を活用しようと望むならば、われわれは中間「状態」あるいは媒介そのものといういう難題へと連れ戻されることだろう。他方で、例の〈註記〉のテクストはここではもはや概念の秩序だけでなく、比喩の秩序でも作動している。「あるものを保持するために、当のあるものからその直接性と、外からの影響に曝されている定在とが取り去られる」。この一文は、保存〔缶詰〕という操作のまったく経験的なやり方を見事に再現している。けれどもそれは、まったく厳密な仕方で概念に適合するわけではない。なぜなら概念こそが sich aufheben を実行しなければならないからである。たとえ理由がそれだけであっても……)。

以後、この語がすべてを担ってゆく——こう言えるなら、なによりもまずアウフヘーブング「そのもの」が。まるで誤解を避けるためであるかのように(あるいは概念の探求の一切をより確実に狼狽させるためであるかのように……)ヘーゲルはこの語に固執し、第二版ではあの〈註記〉を手直しする。ヘーゲルはこの語に関する少なくとも四つの文言をつけ足している。それらの文言によれば、まず、ひとはアウフヘーベンのもつ「この二つの規定」を「語彙の観点から」たしかに「二つの意義〔Bedeutung〕として」提示することができる。この提示のやり方はここでは aufführen であり、つまり挙示すること、上演《ルプレザンテ》すること、公演すること〔mise en scène/舞台に上げること〕である。この語彙の舞台とはたとえば辞書のことである。辞書はアウフヘーベンの語の二つの意義を区別しつつ連続で——必要とあらば番号を付して——与えてくれるだろう。ただし、この公演はひとつの可能性でしかない(「……することがたしかにできる」)。語彙の観点〔辞書〕はここでは限定された形象であり、しかもそれはあまりに限定されているため、おそらく、思弁的思考がアウフヘーベン（の意義）に見出すものを形象化するには不十分である。このことは少なくともこのテクストではほぼ確実であり、というのも、テクストはこのあとかなり興味深い仕方で理解困難になるからだ。実際、こう続いている。「しかしそうすると、ある言語が同じひとつの語を二つの反対の規定のためにもちいていることになり、それは驚くべきこと［auffallend／驚嘆させること、スペクタクル的なこと］であるにちがいない」。この一文は二つの仕方で聴き取ることができる（が、両者は対立してもいる……）。一方でそれは、辞書の舞台上でのこの語のスペクタクル的な性格を強調すること、そして言語がみずからに携行しているいわば過剰さに注目することが望ましい、と聴き取れる。この点はまさしく日常で忘れられていることであり、思弁的思考がいまから専心するところのものである。他方で、それはまた次のようにも聴き取れる。語彙的舞台はとても真理とは思えず、同時に不十分である。言語は語と意義を連結させる機能をもち、このかぎりでは、そのような隔たり〔反対する二規定〕に身をゆだねることなどできないし、そうなったら意味作用の機能そのものが転覆することにさえなるだろう。いずれにせよ、このさき思弁的思考はまさしくこの語彙的舞台の外で、言語を作動させる。気づかれるように、前述の一文をどちらの仕方で読むか、あるいはどちらの仕方で強調するかは、ほとんど決定不可能である。というよりも、そもそもこのテクストはどちらかに決定できるようには作られていない。要するにこの二つの強調の仕方は、対立するにもかかわらず両立不可能ではないのである。語彙の舞台で示され演じられるスペクタクル的な「衝撃」が問題であれ、この舞台を飛び越えることが問題であれ、あるいはなお、舞台の限界をこれまで聞いたことのない仕方で後退させることが問題であれ、問われているのは結局つねに、意義の例外的で常軌を逸した動作にほかならない。以上の一切は、続きの文言においても妥当し続ける（そして相変わらず決定されない）。

思弁的思考にとっては、それ自体に即して思弁的な意義をもつ語を言語のなかに見出すことは、喜ばしいことである。ドイツ語はそうしたいくつかの語をもっている。*3

ご覧のとおり、辞書が提供するスペクタクル的な驚きについては、もしくは語彙に関しては、なにも解明されない。それどころかむしろ、この驚きそれ自体が転向されて、「思弁的思考にとって」幸運な驚きへとひっくり返されている。この思考は語に「即して〔のなかに直接〕」みずからの意義すなわち「思弁的意義」を「見出す」。好機と好運がめぐって、言語の偶発物《アクシデント》あるいはその過剰が見つかる。しかもこの好運は二重でさえある。なぜなら、語彙の掘り出し物〔trouvaille／偶然の発見〕を見つけるという好運は、一般的には外見上つねに可能であり、そしてここではさらに、ドイツ語は思弁的な語をとりわけ豊富にもっているという好機も加わるからである。ヘーゲルがこの箇所に追加した最後の文言はそのことを強調している。

ラテン語 tollere の二重の意味（キケローの機知「tollendum esse Octavium〔オクタウィアヌスを尊敬せよ／取り除け〕」によって有名になった語(51)）でも、そこまでは達しない。〔この語の〕肯定的な規定でも、高めること〔という意義〕に達するにすぎない。*4

したがって、もしアウフヘーベンにきわめて近い二重の意味をもつ語が別のところで見つかるとしても、アウフヘーベンは最大の富の特権を保存している。言い換えれば――このように聴き取るべきである――tollereが二律背反的な二元性（廃棄し、隔て、あるいは高揚させる）を包含する一方で、アウフヘーベンは弁証法的または思弁的な二重性（廃棄し、かつ保存する）をうまく組み合わせている。（それゆえ極端に言えば、テクストがこの二語のあいだに立てている区別は程度の差であって、この差異の下に、本来の本性的な差異を聴き取る必要がある……。）かくして、まさしくtollereは「二つの反対の規定」を指し示すスペクタクル的な一語のままにあり、そのためこの二元性を舞台に出すには、機知や言葉遊びといった一工夫が必要である。ただし言葉遊びのほうは、おそらく真剣さに欠け（これについてはのちにもう一度

（51）この「語」――dictum〔格言〕――は、キケローの書簡のひとつが彼のものとして伝えているものである。彼はこれをオクタウィアヌスに不利益を被らせるために使用している。「laudandum adulescentem, ornandum, tollendum」という一文のtollendum〔tollere〕は、（名誉や至高の責務へと）「高揚させる〔引き上げる、称揚する〕」を意味するだけでなく、まったく同様に、「隔てる」や「廃棄する〔取り除く〕」も意味しうる――Cf. *Ad familiars*, XI, 20.〔『キケロー選集第16巻　書簡Ⅳ』大西英文・兼利琢也・根本和子訳、岩波書店、二〇〇二年、二八六頁。デキムス・ブルートゥスからマルクス・キケローへの書簡――「〔…〕つい先頃も、ラベオー・セグリウスが――彼はとても確かな人物です――私〔ブルートゥス〕に語ったところでは、彼がカエサルのもとに滞在した際、あなた〔キケロー〕について会話が多く交わされました。カエサル自身、あなたに対する不満は、ある言葉を除いて何も口にしなかったとのことです。それは、カエサルが言うには、あなたは「青年は称揚され、顕彰され、引き上げられる〔tollendum〕べきである」と語った、だが彼〔カエサル〕は自分が引き上げられるような事態をもたらしたりはしないだろう、と。私はこの言葉を、ラベオーが彼に伝えたか、あるいはでっち上げたのであって、あの青年のほうから持ち出されたのではないと思います。」〕

話題にする)[*5]、そのうえ、意義の二律背反によって機能する以上、混乱を引き起こすものでもある。実際、われわれが引用した『エンツュクロペディー』九六節の〈補説〉で、ヘーゲルは次のように言っていた。「同じ語が否定的な意義と肯定的な意義をもつという言語使用上のこの二重の意味は、偶然のものとみなされてはならない。また、混乱〔Verwirrung〕を招くとして言語が非難されてもならない。そうではなくて、われわれはそこに〔…〕われわれの言語の思弁的精神を認識しなければならない」[*6]。したがって、一方で、われわれの言語のなかに好運にもこの種の語を見つけることができるのは、そうした語を形成する「法」のようなものが偶然あるからではなく、そうではなくて、言語そのものに「思弁的精神」がそなわっているからである。他方で、アウフヘーベンは混乱しているわけでも、混濁しているわけでもなく、あるいはまた、誰かが混乱をもてあそんでいるわけでもない。そこは機知〔le trait d'esprit〕がひとつの多義語を設置している場であり、ここにおいてアウフヘーベンの語やその類似語はそれら自体によって「思弁的精神」の明晰さと判明さをもち、あるいはその明晰さと判明さそのものである(52)。そしてこの「思弁的精神」それ自体はドイツ語に住まっている。

実際、われわれがさきほど立ち会ったヘーゲルの「論証」は、まさしく思弁的なものの明晰さそのものをそなえている。そこではすべてが思弁的なもののおかげで、思弁的なもののうちで解決する。思弁的なものこそは、語彙的舞台から判明に区別されたある空間を呼び起こしたり生み出したりする。思弁的なものこそは、あれこれの語の思弁的意義を認識することができる。「われわれの言語」に住まっているのはまさしくこの思弁的なものであり、好機と好運はまさしくこの思弁的なもののために存在する。したがって、例の〈註記〉がはじめから急き立てるようにアウフヘーベンの意味を把握するよう勧めていたのは、その背後にすでに思弁的なものが隠されていたからである。言い換えれば、〈註記〉は最初からほかの誰でもない思弁的な読者へと宛てられている。〈〈註記〉はここでおそらく、補足的な特質でもって性格づけられている。もっともそれは、この〈註記〉が「一般向け《エクソテリック》」にはほど遠く、まったく「秘教的《エソテリック》」であり、なおかつ「把握する」人々のためのもの、もっとも繊細な耳にささやかれるものであり、さらには、ヘーゲルが数頁前で書いていたように、思弁的思考を信頼しない人々あるいはその秘密にあずからない

---

(52) デカルトをほのめかしたが、これはおそらく想像されるほど的外れではない。実際これを機に、『精神指導の規則』「第三規則」の一節を——mutatis mutandis〔必要な変更を加えて〕——再読すべきだろうと、本書において指摘することができる。「もっとも、私はこのように直観［vox］の語を新しい仕方で使用するし、ならびにもっとあとでは、そのほかのいくつかの語も同じ仕方でそれらの通常の意義から逸脱させて［removere］使用せざるをえなくなるので、そのことに不安を覚えるひともいるかもしれない。そこで、それを避けるためにも私はここで、全般的な注意として、私がここ最近の学校での言葉の使い方［usurpata vocabula］を少しも気にかけていないことを伝えておく。理由は、同じ名称を使ってまったく別の見解《サンチマン》をもつことはきわめて困難なことだろうからである。私はもっぱら各々の語がラテン語としてどんな意義をもっているかを考慮するのみである。したがって、固有の語［propria］が欠けているときには、私がもっとも適切だと思う語を私の意味に転用して［transfero ad meum sensum］使用している」（J・ブランシュヴィック訳（「精神指導の規則」大出晁・有働勤吉訳、『デカルト著作集第4巻』所収、大出晁ほか訳、白水社、二〇〇一年、二〇頁））。ひとたびヘーゲルのテクストとの差異と類似が分析されれば、ひとはおそらくその他の哲学者たちのテクストへと導かれることだろう。それら一連のテクストは、哲学がつねづねなにか余分な語へと訴えていることを詳細に例証している。哲学の概念はなんらかの語によって、また言語はなんらかの未聞の意味によって、過剰積載となっている。周知のように、意味の過剰は意味の条件である——しかしまた、語の過剰はテクストの条件である。

人々には禁じられているかぎりでだが。[53]）この読者のために、いまや思弁的なものがすべり込むことができる。それは余分な一語としてすべり込み、やがてテクストの決定をもぎ取ることになる。すなわち、テクストは〔この余分な多義的な語の導入によって〕不確実さ、驚き、さらには混乱に巻き込まれるが、やがてそれらの混乱から——なんの苦労もなしに——助け出される。というのは、導入された多義的な語は最終的に、その意義〔Bedeutung〕に「思弁的」という資格が与えられ、それによって意義の決定は免除され、落ち着くからである。あたかも、この付加形容詞を獲得することで、意義が言語の通常の地位——ひとつの語に対してひとつの規定という関係——からその身を引き離したかのようであり、同時にまた、あたかも二つの意義を舞台に出すことがもはや驚きではなくなったかのようである。実のところ、問題はもうひとつ別の意義である——それは意義の別の様態であり、あるいは意義とは別のなにかであるが、それについて知るにはまだあまりに早すぎる。[*7] いずれにせよ、「思弁的意義」というのは特異なものであり、思弁的なものの特異な特異性である。

この思弁的な特異性が特異であるのは、なによりもまず、それがわれわれをただちに、しかも逆説的に、多数性のなかへ巻き込む点においてである。思弁的なものへの移行において、アウフヘーベンについての言説の縦糸は突然、複雑な網を織りはじめるようになり、しかもこの網の内面的な複数性はすぐには解決されえない。実際、さきほど語った「決定」が形式上はテクストの未決定を取り除いていないのだから、語彙の観点は思弁的思考の観点と並列に置かれたままになる（あるいは組み合わされる？）。そしてまた、ある語を「二つの意義」で「使用する」場合、その二つの意義は、当の語が「それ自体に即して」もっている「ひとつの意義」と並列に置かれたままになる（あるいは組み合わされる？）。こうした掘り出し物は言語一般に見つかるように思えるが、ドイツ語はこの点に関してとりわけ豊富である。すなわち、われわれは言語の複数性のなかに存在し、ドイツ語にはアウフヘーベン以外にも同種の語が存在する。実際、〈註記〉のテクストはこの多数性のさらにもっと奥まで踏み入り、aufgehobensein〔揚棄された存在〕を「より詳細に規定する」ために、Moment〔契機〕という「ふさわしい」(passend、及第点の〔passable〕、受諾可能な)呼称をアウフヘーベンにつけ加える。この用語〔Moment〕の使用は結局のところ、ドイツ語では、あるラテン語の逐語的な転記にすぎない。また、ヘーゲルはこの用語について第二版で、それが梃子の原理から借用したものであると明言している。われわれはのちほどこのテクストの結末をふたたび検討することにする。目下、われわれはこの多数性に専念しなければならない。それは急にテクストに撒き散らされたところだ。

　思弁的意義とはなにか、この問いが多数化する。言い換えれば、われわれはこれまでヘーゲルを読みながら、この問いを何度もくり返してきた。実際、思い起こされるように、序言でわれわれはヘーゲルの読み方について本人に尋ねた。そのときの彼の答えはこうであった。命題の通常の文法のアウフヘーベンが「表現」されるならば、それこそは「思弁的提示」であり、ただこれだけがわれわれに「現実的に思弁的なもの」を与える。*8 それは、アウフヘーベンという語それ自体がただそれだけでこの提示であるというこ

(53) Cf. *op. cit.*, p. 76.〔W5 93/〔上一〕九〇—九一頁/〔1〕七八—七九頁〕「思弁的思考になじみ〔Vertraut/を信用している、に安心している〕がない人々にとっては、近代哲学の多くの事柄は逆説的で奇異な光のもとに現れるが……」。

とだろうか。おそらくヘーゲルはあと少しでそう言うところだった。ヘーゲルはいずれにせよ、われわれがすでに引用した『精神現象学』の一節で次のように書いていた。「アウフヘーベンはその真の二重の意義を提示している［darstellt］……」[*9]。この提示は〈註記〉の主張――特定の語には「思弁的意義」が「それ自体に即して」（an ihnen selbst）そなわっている――に対応している（同一視されるわけではないとしても）。けれども、さきほど見たとおり、特定の語にそなわるこの思弁的意義は「思弁的思考」に対してしか姿を見せないし、その場合も、代わりに意義の――たとえ「二重」の意義であろうと――通常の規律が清算され、あるいは清算されずに曖昧なままである。さらに、前段落で読み直したとおり、思弁的なものはさまざまな言語にそなわっており、アウフヘーベンの専用というわけでは絶対にない。最後に、同じく前段落で注目したように、アウフヘーベンはその規定のために結局また別の語――Moment――をつけ足されることになった。この語はこの語でまた、その意義の規律はわずかに異なっている。したがって、思弁的意義というものは結局、ひとつの語によって二つの意義を提示することではない。また反対に、思弁的 Darstellung〔提示〕は意義のいかなる特定の様態によっても――単一の様態であれ二重の様態であれ、本来の様態であれ比喩の様態であれ――成り立たないように思える。思弁的 Darstellung の意味は、意味の提示という在り方に存するものではない（少なくとも、厳密にはそうではない）……この用語の思弁的意味を除いて。したがって、なお確立すべきものとして思弁的意味が残っているだろう。――以上からして、前述の『精神現象学』の文言が想定しただろうほどには、事態は単純ではない。むしろ、ほかでもないヘーゲル本人が当の文言――たとえばアウフヘーベンを思弁的なものの提示として単純に特徴づける文言――に満足していなかったことに気づく必要がある。ヘーゲルはかえってアウフヘーベンの命題を（この用語のあらゆる意味で）何度もくり返し転位させ、複雑化し、多数化したのである。

ヘーゲル的アウフヘーベンを把握する――auffassen――ための努力は、おそらくここでこそ重大な障害に出合い、あるいは突如として足場を見失う。アウフヘーベンはまさしくヘーゲル的言説の語そのもの〔*le mot*〕であり、思弁的思考の機知に富んだ語〔le *bon* mot〕であり、そのパスワードである。しかし、この語はみずからの意味を――思弁的意味もしくは意味としての思弁性を――語の純粋で透明な現前のなかで提示するわけではなく、つまりその意味論的で語彙的な位置を明示するわけではない。ヘーゲルのテクストは、この解決――これは実際われわれのすべての困難の解決であるとともに、当のテクスト自体の困難の解決でもあるだろう――からほど遠いところをとおりすぎてゆくものではないにしても、だからといって立ち止まって解決に注意を向けるわけでもない。言い換えれば、テクストは完璧な語や絶対的な語といった形而上学的あるいは魔術的な解決には注意を向けない（少なくともこの場合では形而上学と魔術は同じことだろう。なぜなら、その種の解決は記号と事物の隔たり全体をたった一語に吸収してしまうからだ）。おそらく次のことは言っておかなければならない。思弁的な語としてのアウフヘーベンの規律が意義の規律や意義の舞台から区別されるものとして提示されるまさにそのかぎりで、アウフヘーベンの規律はまた意義の伝統的な極点にも対応しない。すなわち、記号が極点にいたるとき、記号の外面性と回付機能は事物の現前と透明性のなかでそれ自体で消え去ると伝統的に考えられてきたが、アウフヘーベンはこの伝統に属さない。この伝統の開祖のカテゴリー――プラトンの『クラテュロス』のカテゴリー――を使用して、次のように言われることになる（にちがいない）。もしアウフヘーベンが思弁的観点ではいかなる慣習的な語（thesei）でもないとしても（語彙的舞台〔辞書〕に驚くべき慣習が採用されていることはあっても）、それはまたいかなる自然的な語（phusei）でもない。哲学的な記号論の二極〔thesei か phusei か〕に対してアウフヘーベンは「……でも……でもない」の戦術を採用する、と言ってもいいだろう。（これによってヘーゲルはさらに、一方の極と他方の極を代わるがわる同時に支えとすることができる。見てきたとおり、この特別に複雑な運動によって、その過程で、テクストは混濁し、意義から隔てられ、語のさまざまな意義のほうへと送り返される(54)。）

したがって、もしアウフヘーベンがなによりもまず――われわれが記したとおり*10――動詞《ヴェルブ》の形式で与えられるとしても（そしてそれがたしかに偶然によるものではないとしても）、アウフヘーベンは御言葉＝キリスト《ヴェルブ》ではない。アウフヘーベンは神の〈息子〉ではないけれども、すでに読んだとおり、それは偶然の子どもでもない。まさしくそれゆえ、ヘーゲルがアウフヘーベンに関して表明していることは、彼が神に関して言明していることと正反対である（この言明と同じ年の一八三一年、ヘーゲルは『論理学』の例の〈註記〉を手直ししている）。ヘーゲルはこう書いている。「啓示されたこと〔le révélé〕はまさしく、神とは啓示されたものであるということである(55)」。ここでヘーゲルは次のように言っているわけではない。「揚棄することの意味（すなわち、思弁のなかでアウフヘーベンによって揚棄されたもの〔le *relevé*〕）はまさしく、すべては揚棄されうるということである」。アウフヘーベンは Offenbarung〔啓示〕ではない――啓示を探求する読者はここで、自身が読んでいるテクストか、あるいは自身のその探求か、どちらかを放棄しなければならない。ヘーゲルのテクストはわれわれになんの恩寵も与えてくれない。――したがってまた、ヘーゲルのこの語を報告することも物語ることもまったく不可能である。笑い話としても、〈福音〉としても。

したがって、語の全行進に耐え従わなければならない。思弁的意義の問いは多数化し、あるいはそれは問いとして多数である。その問いは特定の手続きを経てひとつの回答を生み出すよりむしろ、その問いに固有の形式と予測を増殖させる。

換言すれば、はじめるために（あるいは再度はじめるために）、思弁的意義の問いはテクストの多数化を引き起こす。実際、一八三一年にヘーゲルが〈註記〉につけ加えた一節は――すでに予告したように――ただそれだけで機能するわけではない。また、ヘーゲルは同年に二つ目の「序文」も作成しており、

（54） 次のことは記しておくに値する。ジェラール・ジュネットによる『クラテュロス』読解に従えば、こうしたヘーゲルの「立場」は実のところこの対話篇でのソクラテス（プラトン）の立場とおそらく無関係ではない（Gérard Genette, « L'Eponymie du nom », *Critique*, déc. 1972〔*Mimologiques: voyage en Cratylie*, Paris: Seuil, 1976, pp. 11-37／「名の渾名学」『ミモロジック――言語的模倣論またはクラテュロスのもとへの旅』所収、花輪光監訳、書肆風の薔薇、一九九一年、一五―五四頁〕）。というのも、少なくともヘーゲルはソクラテスと同様、「名の正しさ」〔『クラテュロス』の主題〕を――それが thesei であろうと phusei であろうと――信じていないように見えるからである。単純に言えば、ソクラテスにとっては名称製作者が間違えるということが時折ありうるのに対して、ヘーゲルにとっては、いわば事例が頻発するうちにある逆転が起こり、そこで言語が成功するということが時折ある。両者にとって問題はもろもろの語の真理ではなく、特定の語用の真理である。あるいは問題は、言説で戯れる言語を最良の仕方で利用することである――たとえこの戯れもまた真理の戯れにちがいないとしても。

（55） *Preuves de l'existence de Dieu*, trad. Niel, Paris, 1947, p. 247.〔W17 534／『ヘーゲル全集17　宗教哲学（下巻）』木場深定訳、岩波書店、一九八四年、四〇六頁〕

しかもそこでは〈註記〉のいくつかの主題がすでに主張されているため、結果として（第二版の読者にとって）〈註記〉はこの「序文」のくり返しのように見えてしまう。(56)――「序文」の開始早々ヘーゲルは次のことをかなり力説している。「思考の形式はまずは人間の言語活動［あるいは言語／*Sprache*］のなかに［…］貯えられている［niedergelegt］」(57)。それゆえ言語活動あるいは言語は「外部へと働きかけられて産出された［herausgearbeitet］」論理そのものである。にもかかわらず（あるいはそれゆえ？――この動揺はいずれ保存されるが、しかし揚棄はされない……）、

言語が思考のさまざまな規定そのもののための論理的な表現すなわち特異で特有の表現を豊富にもっているとすれば、それは言語の利点である。*11

したがって、論理的財宝は一律に分配されているわけではない。あるいはむしろ、財宝を言語のなかに預託し「貯える」操作は、あらゆる言語で平等におこなわれているわけではない。(58)どの言語も利点――Vorteil、追補部分、より大きな資源や利益――をもつことはできる。この利点の本性や出所について、ヘーゲルは同時に二重の言説を述べている（この言説もまたやがて保存されるが、揚棄されない……）。一方で、ある言語が論理的に富んでいるか貧しいかは、まったくもってその言語論的な体系のおかげである（「序文」は不変化詞、接尾語、名詞、動詞について語っている――とおりがかりに中国語を哀れんで……）*12。他方で――別のところですでに読み取ることができたように*13――ある言語が論理的に富んでいるのはそこで「思弁的精神」が作動しているからであり、それゆえまさしくこの「思弁的精神」をそこに認

めなければならない。けれども、思弁的精神と言語論的体系の関係については、前者が後者に先行する――あるいはその内面性である――と決定されるわけではない。したがって、開始早々、言語を浮き彫りにすることにすべてが投じられ、あるいは限定される。これによって、言語についての伝統的な一定数の問い、とりわけ哲学的著作の水準での問い（たとえば表現の問い、定義の問い、言説部門の問い等々）は宙吊りにされ、あるいは延期される。しかしその直後、まさしくドイツ語がもっとも際立った仕方で浮き彫りにされる。

この点でドイツ語はほかの現代語に比べて多くの長所［viele Vorzüge］をもっている。しかもドイツ語の

---

(56) 第二版の「序文」は通例そうであるように『論理学』の手直しについやされている。そのためそれは内容よりも提示〔叙述〕ということについて紙幅を割き、とりわけ後半では提示の「柔軟さ《プラスティシテ》」について言及している（p. 19〔W5 30／［上一］一九頁／［1］一九頁〕）。「序文」は最後の段落で、〔プラトンは『国家』を七回も書き直したのだから〕現代の作品は「七十七回」（p. 22〔W5 33／［上一］二二頁／［1］二二頁〕）手直しされる必要があると述べる（それゆえこれは完了ではないかもしれない）。その一方で「序文」は冒頭で、伝統が届ける素材の不十分さについて取り上げ、「周知の思考形式」は「骸骨」であると述べる（p. 9〔W5 19／［上一］七頁／［1］九頁〕）。――もし第一版の「序文」が概論への序文だとすれば、第二版の「序文」は書物への序文である。ここではその言語と文体について論じられている。

(57) *Op. cit.*, p. 9.〔W5 20／［上一］八頁／［1］一〇頁〕

(58) のちほど見るように、「母国語」に関してヘーゲルはみずからこの主張を和らげたり複雑にしたりせざるをえなくなる。

多くの単語はさらなる特性を有しており、すなわちそれらはさまざまな意味をもつだけでなく、正反対の意義さえもっている。したがって、そこには言語の思弁的な精神さえも［selbst］が認められるにちがいない。そのような語にぶつかること［stoßen auf］、そして、対立する意義をもつひと、つ、の語を素朴な仕方ですでに辞書のなかに発見することは、思考にとって喜びでありうる。なぜならこの反対物の一致は思弁の産物だからであり、しかもそれは悟性にとっては無意味［widersinnig］である。(59)

ご覧のとおり、〈註記〉のテクストがくり返されている。原文通りに、あるいはむしろ〈註記〉のそれぞれの語を強調しながらくり返されるとさえ言えるだろう。たとえそれらの語のひとつ、〈註記〉そのものであるあの語、アウフヘーベンが欠けているとしても。ドイツ語の一般的特権は――あらかじめ「序文」で――アウフヘーベンの語の特性に先行し、それを複数化する。あるいはよりよく言えば、最初に思弁性が――本の冒頭で――ドイツ語の「思弁的精神」として登場する。アウフヘーベンはこの思弁性の概念であり、アウフヘーベンの語はこの思弁性の語である。だが「序文」はアウフヘーベンの名を挙げていない（一方で、アウフヘーベンの概念を先取りしている――この「序文」もまたおそらく「部分的に物語風に語っている場所」である）。理由は、アウフヘーベンはここではドイツ語の全単語のなかでも独特の語の階級に分類されるからである。すなわち、アウフヘーベンは「反対物の一致」という「さらなる特性」を有するドイツ語のひとつである。アウフヘーベンは揚棄を指し示すが、しかしドイツ語は揚棄に類する単語を複数もっており、のちほど知るように、アウフヘーベンはそのうちのひとつである。あるいはむしろ、ドイツ語はあたかもそれとしてはすでに――あえて言えば――思弁をおこなったかのように動いている。もちろんそれは「素朴な」思弁であるが、のちほど知るように、その「素朴さ」はアウフヘーベンの概念と同質のものである（なお、素朴な思弁という観念はこのさきも決して解明されることもなければ、揚棄されることもない）。——以上の一切の理由で、「思弁的精神」は本来的には言語の「根底」としても、その「起源」としても、その「構造」としても顕現しない。同時にまた、「思弁的精神」はみずからの名となるだろう語をひとこともそこでは発していない。したがって、「思弁の産物」がドイツ語の「特性」であるとしても、それは特異な特性であると同時に語彙のなかに分散した控えめな特性であり、それゆえこの特性との出合いは、ときおり運よくぶつかる、というものとなる。

ヘーゲルの読者は、リスクを承知でこの特性をひととおり見て回る必要はないが、けれども、その危険を避けることはほぼ無理である。というのも、周知のとおり、読者は何度もその種の語にぶつかるからである。おそらく、骨は折れるだろうが、一度はその目録を作成する価値はあるだろう——言うまでもないが、それは完全なカタログである必要はなく、いくぶん詳細な一覧表で十分である。なぜなら、こう言えるなら、ここでまさに同時に考慮に入れなければならないのは思弁的な複数態〔le pluriel spéculatif〕だからである。——したがって手はじめに、アウフヘーベンにもっとも近しい語、つまり反対の意義をもった語をいくつか列挙しておこう。（なお、次の点にも注目しておきたい。実のところ、語の意義の対立という点では、列挙する語のどれひとつとしてアウフヘーベンの「精確さ」にはかなわない。ここから今度は次のように考えざるをえなくなる。ヘーゲルは、そのような語が実際にはたったひとつしかないにもかかわ

（59） *Op. cit.*, p. 10.〔W5 20–21／〔上二〕八—九頁／〔1〕一〇頁〕

らず、「序文」ではそのことを隠蔽し、そのような語が複数あると告知しているのではないか……。）Abgrund［最後の根拠、底無しの深淵[60]］、Sinn［この「驚嘆すべき［wunderbar］」語は一方で「直接的な把握の器官」を指し、同時に他方で「〈事柄〉の意義、思想、普遍的なもの」を指す[61]］、そしておそらくまたGeschichte［事実と物語、歴史の「客観的側面」ならびに「主観的側面[62]」］。しかしまた、「長所」の語〔Vorzüge〕がヘーゲルの原語では複数形であることからして、二重の意味についても考慮する必要がでてくる。ここでの二重の意味はたしかに反対の意味ではないが、やはりそれもまた「思弁的精神」を証言している。たとえばUrteil［判断、根源的分割[63]］、Erinnerung［記憶と内面化[64]（この内面化はそれ自体アウフヘーベンの過程に属している）[65]］、Gesetz［法〔掟〕、措定されたもの[66]］、Meinen［意見を言う、私のものにする[67]］、Sein［存在、同時にまた、その過去分詞形（gewesen）によって本質（Wesen）でもあるもの[68]］、erklären［説明する、明るみに出す[69]］、begreifen［概念的に理解する、把握する、手でつかむ[70]（それゆえbegreifenはつねに同時にひとつのfassen〔把握する、つかむ〕であり、だがその逆は成り立たない。この点でfassenはまさしく思弁的了解の「極点〔le dernier mot〕」である）］、Sitten［習俗、すなわち倫理的規定であると同時に一般的慣習でもあるもの[71]］等々。——これ以降、われわれはあらゆる種類の多義性をも考慮せざるをえなくなる。あらゆる種類の意味論的な類縁性が喚起され、あるいは反対に、そうした類縁性が発明される（同時にまた、すでに見たとおり、[*14] 財宝〔語彙〕のそれぞれを規定するための唯一の原理など存在しないのだから、ある点では、意味を戯れさせるものはすべてよいもの《ボン》である……）。ヘーゲルは忘れずにwirklich［現実的なもの《エフェクティフ》］をwirken［効果《エフェ》を産出する］に[72]、Reflexion〔反省〕をその光学的な意味[73]に近づける。さらには、偶然的なもの［Zufall］は崩落する〔fallen〕ものであること[74]、原因［Ursache］は

(60) *Op. cit.*, II, p. 104. cf. aussi p. 100.〔W6 128, 122–123／［中］一四二、一三五頁／［2］一一九、一一四頁〕

(61) *Esthétique, op. cit.*, I, p. 133.〔W13 173／『ヘーゲル全集18b　美学（第一巻の中）』竹内敏雄訳、岩波書店、一九六〇年、三五七頁〕

(62) *Philosophie de l'histoire*, trad. Gibelin, Vrin, 1963, p. 54.〔W12 83／『ヘーゲル全集10a　歴史哲学（上巻）』武市健人訳、岩波書店、一九五四年、九九頁〕

(63) *Encyclopédie*, § 166〔W8 316／前掲『小論理学』四一六頁〕; *Logique*, II, 267.〔W6 304／［下］七四頁／［3］六二頁〕（見た目に反して、この言葉遊びは語源上は正しくない。）

(64) *Histoire de la philosophie*, éd. du Jubilée, XVIII, p. 204, etc.〔W19 44, usw.／『ヘーゲル全集12　哲学史（中巻の一）』真下信一訳、岩波書店、一九六一年、二二〇―二二一頁〕

(65) *Propédeutique*, § 140, sq.〔W4 45–46／『哲学入門』武市健人訳、岩波書店、一九五二年、三一七―三一九頁〕

(66) *Logique*, II, 126.〔W6 151–152／［中］一六九頁／［2］一四一―一四二頁〕

(67) *Encyclopédie*, § 20.〔W8 72／前掲『小論理学』九六頁〕（イェーナ時代、ヘーゲルは Meinen と Sein を対立させていた。）

(68) *Logique*, II, 3.〔W6 13／［中］三頁／［2］四頁〕

(69) *Encyclopédie*, § 467.〔W10 285／『ヘーゲル全集3　精神哲学』船山信一訳、岩波書店、一九九六年、三九〇頁〕

(70) *Logique*, II, 407.〔W6 462／［下］二五七頁／［3］二〇七頁〕

(71) *Du droit naturel*, trad. Bourgeois, Vrin, 1970, p. 78.〔W2 504／「自然法の学的な取り扱い方、実践哲学における自然法の位置、および自然法と実定的な法学との相関について」『ヘーゲル全集第3巻　イェーナ期批判論稿』田端信廣責任編集、田端信廣ほか訳、知泉書館、二〇二〇年、六九五―六九六頁〕

(72) *Encyclopédie*, § 153.〔W8 297／前掲『小論理学』三九〇頁。「wirken」は自動詞としては「働く、仕事をする、作用を及ぼす、印象を与える」を意味し、他動詞としては「を織る、編む、おこなう、引き起こす」を意味する。〕

(73) *Logique*, II, 16.〔W6 27–28／［中］二二―二三頁／［2］二〇頁。また、以下も参照。W9 112–113／『ヘーゲル全

根源的事柄〔ursprüngliche Sache〕であることが喚起され[75]、同様に、Gedächtnis〔記憶〕とGedanke〔思想〕の親縁性にもとづいて、「われわれの言語はすでに記憶に、思考との直接的な類縁性という高次の地位を与えている」[76]と強調される。ヘーゲルはテクストの進行上そうした語に偶然出合ったときも、これ幸いと解説する。たとえば、なぜアルコール度の高い蒸留酒がまさにスピリッツ（geistig）と名づけられているのか[77]、あるいはまた、どうして「そらんじる」（auswendig）ことが〈私〉の内部から（aus）抜き取られてくることであるのか[78]、あるいはまた、どうして「素朴さ」（unbefangen）が反省に「とらわれていない」ものであるのか[79]、同様に、どうして「冷静な」（nüchtern）思考が「食前の」思考でもあるのか[80]、ヘーゲルは説明する。また、こうした偶然の出合いのなかにも、それに乗じて個別の論証を組み立てることができないようなものがある。しかし、そのことで言説が自制して、とおりがかりにその出合いの副次的資源を使用しない、ということにはならない。たとえば言説は次のような語で戯れる。例の戯れ（Bei-spiel）[81]、思い込む私念〔la pensée du *Meinen* qui meint〕[82]、be-zwungen〔抑制される〕とge-zwungen〔強制される〕[83]、Demonstration-Monstration〔論証-開示〕[84]、beweisen-weisen〔証明する-指し示す〕[85]、Zeugen〔証言〕とzeigen〔示す〕[86]、Qual〔苦痛〕とQuelle〔源泉〕といった語である*15（最後の二語は別のところですでに取り上げられた[87]）。あるいはさらにDinge-Denken〔事物-思考〕の語——増え続ける枚挙を（一時的に）中断するチャイムの音。*16事物と思考は言語のなかで共鳴しており、われわれは少なくとも『論理学』のテクスト上で偶然この語に

集2a　自然哲学（上巻）』加藤尚武訳、岩波書店、一九九八年、一三五—一三六頁〕

（74）*Preuves de l'existence de Dieu, op. cit.*, p. 123.〔W17 420／前掲『宗教哲学（下巻）』二七八頁〕

(75) *Ibid.*, p. 181.〔W17 495／同前、三六二頁〕

(76) *Encyclopédie*, § 464.〔W10 282／前掲『精神哲学』三八六頁〕

(77) *Ibid.*, § 373.〔W9 530／『ヘーゲル全集2b　自然哲学（下巻）』加藤尚武訳、岩波書店、一九九九年、六九三頁〕

(78) *Ibid.*, § 462.〔W10 279／前掲『精神哲学』三八二頁〕

(79) *Preuves...*, *op cit.*, p. 68.〔W17 377／前掲『宗教哲学（下巻）』二二八頁。「in et^{3} befangen sein」で「et^{3}（という考え・信念・偏見）にとらわれている」の意味になり、この「befangen」に否定の接頭辞「un」がついた「unbefangen」で「とらわれていない、こだわりや偏見のない」つまり「素朴な」という意味になる。〕

(80) *Histoire de la philosophie*, Introduction, trad. Gibelin, N. R. F., p. 34.〔W18 36／『ヘーゲル全集11　哲学史（上巻）』武市健人訳、岩波書店、一九三四年、四五頁。「nüchtern」には「冷静な、感情を入れない、現実的な、客観的な、無味乾燥な」といった意味に加えて、「酔っていない、なにも食べていない、胃が空っぽの」といった意味がある。〕

(81) *La raison dans l'histoire*, trad. Papaïoannou, 10/18, p. 79.〔*Die Vernunft in der Geschichte: Einleitung in die Philosophie der Weltgeschichte*, hrsg. v. Georg Lasson, Leipzig: Felix Meiner, 1920, S. 35／『世界史の哲学』岡田隆平訳、第一出版、一九四九年、四三頁〕

(82) *Droit naturel*, *op. cit.*, p. 89.〔W2 516／前掲『イェーナ期批判論稿』七〇八―七〇九頁。「die Logik des Meinens meint, ...」（私念の論理は……と思い込んでいる）〕

(83) *Ibid.*, p. 52.〔W2 479／同前、六六四頁〕

(84) *Logique*, II, 272.〔W6 310／［下］八〇頁／［3］六七頁〕

(85) *Esthétique*, *I*, *34*.〔W13 41／『ヘーゲル全集18a　美学（第一巻の上）』竹内敏雄訳、岩波書店、一九五六年、七頁〕

(86) *Histoire de la philosophie*, Introduction, *op. cit.*, p. 160.〔W18 94／前掲『哲学史（上巻）』一一二頁〕

(87) J. Derrida, « Qual Quelle », in *Marge – de la philosophie*, Minuit, 1972 (cf. pp. 338–339).〔「痛み　源泉――ヴァレリーの源泉」『哲学の余白　下巻』藤本一勇訳、法政大学出版局、二〇〇八年、三〇二―三〇三頁（原注8）を参照。〕（記しておくべきだろうが、この例ならびに他の多くの例にもみられる半諧音によるこの種の関連づけは、ドイツ語ではふつうにおこなわれることである。多くの成句とことわざがこの慣行に由っている。）

ふたたびぶつかる。「Dingeとそれについての Denken は――われわれの言語〔ドイツ語〕が両語の類縁性を表現しているとおり――即かつ対自的に共鳴する〔übereinstimmen〕*17〔…〕」(88)。

実際、ヘーゲルは節約しない。この経済は多義的なものと多音的なものにあふれ、見たところ、いかなる制限にも影響されない。もろもろの語の特性（あるいは適切さ）の空間や規律は、いかなる明確な操作によっても限定されない。――ここでわれわれはこう予感しはじめる。もしこの空間と規律が本来的には決して語彙的舞台の空間と規律ではないとすれば、この経済内の多義性《ポリセミー》は実際にはそれ固有の隔たりを規制して統制するためのものではなく、むしろ「無－意義〔a-sémie〕」によって、あるいはまた他なる「意義《セミー》」によって刺激されている。同様に、多音性《ポリフォニー》は他なる声によって。――それにしても、ここでは偶然がずいぶん権勢をふるっているように見えるが、その理由は、この偶然が単なる偶然ではないからである。結局のところ、テクストの流れでたまたま多義的な語に出会うわけではない。この偶然はさらに――こう表現できるなら――語の意味をもつかさどっている。『論理学』では、判断の分析は「主語」や「述語」といった名の批判によって開始される。とりわけ、「神、精神、自然、あるいはなんであれ」、判断の「主語」の位置に姿を現しうる名である。名の批判が分析の端緒となる理由は、名を使用する人々はなお「単なる表象」のなかにおり、彼らが「名のもとになにを理解し、あるいは理解していないか」は、「偶然、あるいは歴史的な事実〔Faktum〕」の管轄下にあるからである(89)。

けれども、忘れないでおきたいが、われわれがここで列挙している思弁的特権はドイツ語の特権である。

そうすると、ヘーゲルの母国語はいかなる仕方でも偶然の管轄を脱け出せず、そしてまた（もしいましがた問題となった名が、語一般のパラダイムとしての価値をもちうるとすれば、）語の現事実性《ファクチュアリテ》と事実性《ファクティシテ》の管轄からも逃れられないのではないだろうか。なぜなら、ドイツ語はあちこちで——事実上、しかしまるでFaktum（ありのままの事実）に反するかのように——いくつもの言語的事実のなかに思弁的なものを見出し、そこで思弁的なものを現実的に意のままにしているからである。実際、ヘーゲルとは次のように書いたひとではなかったか。

> みずからの言語で語ることは、最高の教養契機〔Bildungsmomente〕のひとつである。民族が自分にふさわしいふるまいをすることである。ラテン文字〔Lettern〕までの奇妙さ〔Fremdartigkeit〕[90]！

（88） *Logique*, I, 26.〔W5 38／［上一］二八頁／［1］二六頁〕これは「序論〔Einleitung〕」のテクストである。ふたたび思い起こしてもらいたいが、私は本書のエピグラフに『美学講義』からの短い一文を掲げた。その文はたった一文で三つの語を組み合わせており、そしてそれらを戯れさせ、もしくは共鳴させている。以上の一切からすれば、本書のタイトルは「Eigensinn〔我意〕——わがままな特性——にもとづくヘーゲルの言葉遊び」というものでもよいのかもしれない。

（89） *Logique*, II, 266.〔W6 303-304／［下］七三頁／［3］六二頁〕結果、気づかれるとおり、われわれが話題にした〔本書九七頁の注54〕ヘーゲルのソクラテュロス主義〔*socratylisme*〕（ジェラール・ジュネットの語〔*Mimologiques: voyage en Cratylie*, *op. cit.*, p. 17／前掲、二四頁〕）を強調して複雑にする必要があるだろう。すなわち、思弁的な語を正しく指名する好機は唯一、名との偶然の出合いにおいてのみ産出される。

（90） *Wastebook*, in *Werke*, II, Suhrkamp, p. 557.〔W2 557〕

――自身の母国語の特権〔思弁性〕は、ヘーゲルにとってたしかに空虚な語ではまったくない。けれども、すでに見たように、その特権はつねづね偶然という気まぐれ〔我意〕に左右されている。言い換えれば、ここでの特権は法や血筋によって授けられたものではない（特権とは本来そうしたものだろう）。したがって、われわれはこの特異な「特権」をより詳しく検討しておくべきだろう。それはすなわち、思弁的な思想家の「喜び」を作り出す母の「豊富さ」について、その正確な本性を分析することである。これによって見えてくるのは、期待しうることに反対して、この本性が自然的価値あるいは語源的価値の理論には従っていないということである[91]――一般化して言えば、結局のところ、思弁的言語に関わるもののうち、一方通行で〔à sens unique〕機能しているものはひとつもない。

以下に分析結果の要約だけを記しておく。その分析は他の多くのテクストにも一貫して適用できるだろう（それゆえそれはまた別の仕事の対象となりうるだろう）。

1. かりにドイツ語が特権を有するとしても、学問を自分のものとする作業はやはりそれぞれの母国語

(91) コイレはこのことを正しく指摘していた。実際、コイレとともに次のことを思い起こそう。なによりもまず、ヘーゲルにはいかなる語源主義も存在しない〔語源学そのものは経験的である――これに関して、われわれがのちほど第五章で引用する『エンツュクロペディー』二三一節のテクストを参照されたい〔本書一八九頁の注146〕〕。それから、もしヘーゲルがドイツ語の財宝を惜しみなくふるまっているとしても、ヘーゲルはその財宝をフィヒ

テやシェリング、フンボルト、バーダー、シュライアマハーのやり方で資産に組み入れているわけではない（にもかかわらず、ヘーゲルはこれらの人物たちから頻繁に借用する）（cf. Hans L. Stoltenberg, *Deutsche Weisheitssprache*, Lahr, 1933, S. 29ff.）。少なくとも、もっとも「ロマン主義的な」ロマン主義者と比べると、ヘーゲルはドイツ語の資格を体系的に転位させて、絶対的な特権をもつものとして価値づけている。ひとことで言うと、ヘーゲルはドイツ語をフィヒテが望んだような仕方で理解することを拒む。フィヒテは『ドイツ国民に告ぐ』「第七講」の冒頭でこう述べている。「ドイツ民族は［…］みずからを端的に民族と称する権利をもっている。というのも、「ドイツの〔Deutsch〕」という語はその本来的な語義では、まさにいま述べたこと〔民族（への帰属）〕を表しているからである」（deutsch の語は実際、「民族」を意味する名詞から派生している）〔『ドイツ国民に告ぐ」『フィヒテ全集第17巻』所収、早瀬明・菅野健・杉田孝夫訳、哲書房、二〇一四年、一一七頁〕。これが理由でさらに、ヘーゲルはフィヒテと同じ仕方で哲学を理解してはいない。〔哲学に関して〕フィヒテは「第五講」でこう宣言している。「哲学〔Philosophie〕――これを指し示すのにわれわれは外国語の名称をもちいざるをえない。なぜなら、久しい以前に提案されたドイツ語の名称をドイツ人が受け入れなかったからである」〔同前、八二頁〕（フィヒテが念頭に置いているのはおそらく Weltweisheit〔世界知〕の語のことだろう〔訳注――邦訳者（早瀬）はナンシーとは異なって、一七九四年の講義ならびに著作の『知識学あるいはいわゆる哲学の概念について』の表題にもとづいて、「Wissenschaftslehre〔知識学〕」だろうと解釈している（同前、二七九頁）〕）。次の点も指摘しておこう。ロマン主義以前でまず第一に重要なのは、ヘルダーだろう。しばしばヘーゲルのものとみなされている着想、すなわち言語のなかの思考や母国語〔の特権〕といったものについての考えはすべて、もともとヘルダーのテクストでくり返し展開されていたものである〔『言語起源論』〔宮谷尚実訳、講談社学術文庫、二〇一七年〕、『近代ドイツ文学の断章集』等々〕。それらの考えは要するに、思考と言語活動の古めかしい階層秩序を――民族主義《ナショナリズム》に関連づけて――単純に逆転することである。ヘーゲルはもちろんこれらのテクストをよく知っていた。しかしヘーゲルはテクストの命題を変異させたり転位させたりする。この転位によっておそらく必然的に、ヘルダーの「理論」はヘーゲルのテクストのなかで折り曲げられ、分散することになっただろう。言い換えれば、その理論は諸原理の総体として建立されることはなかった。

のなかでなされなければならない。ヘーゲル自身も、偶然からそうしなければならなかった場合、ドイツ語とは別の言語で教えたことだろう。実際、ファン・ゲールト[*18]の招請に応じてオランダへ出発しようというとき、ヘーゲルはゲールトに宛ててこう書いていた。「オランダの大学の講義で普段使用されている言語を考慮して、私の講義は少なくとも最初はラテン語でおこなわれるべきだろう。その必要がないほど慣れてきたら、私はすぐに当地の言語で自分の考えを表現しようと思う。というのも、学問を真に自分のものとするためには、自分の母国語でそれを所有することが本質であるからだ[92]」。——したがって、思弁的思考はたしかにオランダ語も話すし、必要とあらばそうしなければならない（この必要時とはすなわち思考する者が教授であるような場合であり、それゆえこれはヘーゲルの場合では、周知のとおり、単なる偶発事ではない[93]）。したがって、まさしくすべての言語が母国語であり、それゆえ祖語〔langue-mère〕や原初語なるものは存在しない。もしドイツ人の母国語が特権的に言葉の独創性をもっていて、かなりの頻度で起源にまで深く潜るとしても（Urteil、Ursache、**Abgrund** 等のように）、この言語はそれによって代わりになんらかの根源的な本性を授かるわけではない。言語のなかに、あれこれの言語のなかに、それゆえドイツ人のためにドイツ語のなかに、起源が現存《プレザンス》することあるいはそのなかで起源を提示《プレザンタシヨン》することは、あえて言えば、それ自体が起源を混淆《バベル》にする——もちろん、このことに大した意味はない。

2．ドイツ語の特権の数とその重要性とがいかなるものであろうと、この言語はだからといって独占的にふるまうわけではない。ドイツ語は「思弁的意義」を産出することのできる唯一の言語というわけではない。たとえば、われわれが喚起したテクスト「自然法の学的な取り扱い方」では、ギリシア語 ethos はドイツ語 Sitte と同じぐらい多くのことを言っている。[*19] さらに、ドイツ語は思弁の全需要を満たせるわけではない。このことはアウフヘーベンについてのテクストそのものによって言明されている。もっとも、そこでの各定式はつねにいくぶん混乱しており、あるいはいくぶん困惑させられるものではある（この困惑はむしろ、ここではいかなる単純な解決も許されないということの目印ではないだろうか）。「序文」は実際、われわれが中断した箇所のあとも続いている。

したがって、哲学は一般にいかなる特殊な専門用語も必要としない。外国語からいくつかの語を借りなければならないが、しかしそれらも使用しているうちにいつの間にかそのなかに市民権を得ている。[94]

（92） *Correspondance*, trad. J. Carrère, N. R. F., I, p. 269.〔*Brief von und an Hegel*, Bd. I, 1785–1812, hrsg. J. Hoffmeister, Hamburg: F. Meiner, 1952, S. 299〕

（93） ただし、この旅行は実現しなかったため、とおりがかりにこう夢想することもできる。ヘーゲルは自身の学問をオランダ語で自分のものとすることに失敗した、と……。あるいはまた別の意地悪な言い方では、ヘーゲルが中国に招待されなかったことを残念に思う。

（94） *Op. cit.*, p. 10.〔W5 21／〔上二〕九頁／〔1〕一〇頁〕「そのなかに」（in ihr）の両義性を指摘しておく必要がある。この語は論理的には「母国語」を指すことになるはずだが、テクストは母国語の名詞を挙げていないため、それは文法的に「哲学」を指すことになる——あたかもこの二語が混同されているかのようであり、しかしまた、あたかも言説が行き詰まって困惑しているかのようである。

――しっかり記しておくが、「使用」によって獲得される「市民権」とは帰化のことではない。なぜならヘーゲルはさらに次のように付言しているからである。

言語純粋主義を装うこと［ein affektierter Purismus］――ひとは実際にはそれほどドイツ語純粋主義ではありえないので、ヘーゲルは遊んでいる」は、もっとも決定的な仕方で〈事柄〉［Sache］が問題となっているところでは、まったく場違いであろう。*20

〈事柄〉、事柄そのもの、あるいは思考の事案は、特権化された言語を混淆《バベル》にすることに貢献する。――すでに見たとおり、アウフヘーベンについてのあの〈註記〉それ自体は次のような補遺的註記で終わる。ただし、これもまたいくぶん困惑させられる註記である。

――ここからよりいっそう頻繁に［noch öfter］浮かんでくるのは次のような指摘［Bemerkung］である。哲学的な人工語［Kunstsprache］は反省的に規定されたもののためにラテン語の表現をもちいている。その理由は、母国語がその規定のための表現をもたないからであり、あるいは、ここでのようにそれをもっている場合にも、その表現が直接的なものをより多く想起させる［erinnert］のに対し、外国語は反省されたものをより多く想起させるからである。*21

したがって、アウフヘーベンの特権は少しも排他的ではなく、反対にそれは外国語に開かれ、そこから頻繁に必要な語を借用する。それどころか、「ここで」そうした借用がおこなわれている。「ここ」とはすなわち、アウフヘーベンが「より詳細に規定されるために」、アウフヘーベンそれ自体がまた別の呼称を必要としている場である。そうして呼び出されるのがMoment〔契機〕の語——ふさわしい、及第点の、受諾可能な表現——である。このラテン語（かつ／またはフランス語）は、「反省されたものを想起させる」ための用語として、ドイツ語の「市民権」を受けとる。この語は実際、sich aufheben の帰結としての aufgehobensein という「より詳細な規定」を構成する。そうすると、思うに、アウフヘーベンの語はつねに「直接的なものをより多く想起させる」危険があるのだろう。(95) そもそも、われわれがすでに言及したように、*22 母国語はつねに「反省されていない習慣」に脅かされてはいないだろうか。それゆえ反省性とは、

(95) 少なくともこのような仕方でこの不確定な文言を理解することは可能である。われわれはまた、「ここでのように」（wie hier）がアウフヘーベンの語を喚起していると想定することもできる。しかしその場合でも、アウフヘーベンは反省を欠いた言語表現から暗黙に区別されている。統語法と文体をある程度ゆるめるだけで、ヘーゲルには十分である——結局、そうしたものの別の例は彼のテクストのなかに数多く見つかるだろう。——いずれにせよ、ここでの一節に関して注目すべきことは、その論理がいくぶん混乱していること、そしてそれは物的に(?)二つの版の戯れに起因することである。この文言の前半——「ラテン語の表現をもちいている」まで——は第一版にも見られる。つまりそれ以降の終わりまでの一文は、第二版で追加されたものである。そしてまた、この一節の直前に書かれている契機についての機械的説明も、第二版での追加である〔本書三七頁を参照〕。どうやらヘーゲルはこの追記を急いで縫いつけ、叙述全体を十分精査することもなかったのだろう。それにしても、ヘーゲルの精査の欠落とはいったいなにを意味するのか。いずれにせよ、その痕跡こそは、まさしく読むべく与えられているものである。

思弁的言説が言明すべき事柄あるいは提示すべき事柄の――本質的な――性格であり、まったく同時に、この言説が必要とする語の取り扱いのさいに必須のふるまいや態度でもある。そしてこれによって、とりわけ、ある種の「母的」直接性に対して距離をとれるようになる。（けれども、忘れてはならないが、この直接性にもまた「素朴さ」がそなわっている。興味深いことに、素朴さは思弁する能力をそなえ、あるいはこう言えるなら（ただしヘーゲルはそうは言っていないが）、素朴さは思弁を模倣する能力をそなえる。[*23]）語の特権は母国語のものでさえ絶対的ではありえない。言い換えれば、思弁的精神は逆説的にも、みずからのもっとも好む言語への「純粋主義」を解消し、あるいはゆがめる。思弁的な語――アウフヘーベン――が言明されるやいなや、とりわけそれの言語のなかで思弁的な語が多数化される。思弁的な語の複数化は意図的なものではなく、おそらくまったくもって受諾可能であるだろうが、しかし増殖は避けられない。

3．さらに、母国語の特権化はまた別の動機《モティーフ》と対をなしている。その動機はそれ自体両義的である。というのも、それは哲学的言語と「自然な」語り口とを近づけ、かつ同時に、この哲学的言語を自然な言語につきものの不測の事態や不完全性にゆだねるからである。さて、この別の動機とは専門用語の排除である。母国語――あるいは自然な言語、あるいは大衆言語――はなによりもまず人工言語に対立する。さきほど読んだとおり、「哲学はいかなる特殊な専門用語も必要としない」。Terminologie〔専門用語〕の語（ドイツ語ではこれは借用語である……）はTerminiによる言説を、つまり専門的な諸用語による言説を指し示す。哲学の言説のなかで termini によって機能する言説と言えば、スコラ的言説（周知のように、カントが好んで復活させた言説）である。したがってヘーゲルの弁証法はこの言説を、とりわけその形式的推論を拒絶し、揚棄する。[96] termini は人工的な語であり、かつ、主語と述語の硬直した差異、両語が揚棄されていない差異である（言い換えれば、思い起こされるように、termini もまたとりわけ批判の余地のある名である）。かくして思弁的言説は termini から、それらの語義の一切から、それらの比喩《フィギュール》の一切から、断固として身を離す。にもかかわらず、これもさきほど読んだとおり、母国語の特権は絶対ではないし、その能力には限界がある。そのため、「序文」のテクストからあの〈註記〉のテクストへと移行する過程で、ある奇妙なすべり込みが起こる。すなわち、Terminologie が追放され、換わりにその語の適切《ボン》なドイツ語訳が置かれる―― philosophische Kunstsprache〔哲学的な人工語〕。それでも、この語をまったく口にしないということは不可能なままであり、ヘーゲルはこの語を少なくともひとつの事実として認めているように見える。Terminologie の語なしで済ませる権利を得たからといって、Kunstsprache の事実まで完全に取り除けるわけではない。Kunstsprache は、ドイツ語で言明されるとはいえ、皮肉な必然性によって今後もいくつかのラテン語の用語を内包してゆかざるをえない。[97]

（96） Cf. *Encyclopédie*, § 204, Remarque.〔W8 360–361／前掲『小論理学』四七四―四七七頁〕

（97） この一節には補足の注釈が必要である。ヘーゲルは philosophische Kunstsprache を導入することによって、一方で、他の人々とくに哲学を専門技術にしている哲学者たち――こう言ってよければ、悟性の思想家たち――の言語を喚起しつつ、そして他方で、そうした言語を彼自身が実際上このさき論理学のなかで折に触れて利用しなければならないことを示唆している。このことは以下のように聴き取られなければならない。一方で、思弁的かくして哲学的言語は、実際上、みずからが容認しないあるいは告発する当のものを利用せざるをえない。しかしそれは別の事柄を避けるためである。哲学的言語はこの別の事柄もまた同様に告発しており（より以上ではないにせよ）、われわれはその指摘をすでに見ている。すなわち、思弁性を一義的なものへ、つまり語（たとえば「統一」の語）の一面性へ閉じ込める危険である。したがって、われわれは思弁的言語の特性をひととおり見て回ってはいない。のみならず、あらゆる言語はあちこちで、その「論理的な」富がどれほどのものであれ、直接性、素朴さ、無反省なものによって一義性の危険にさらされている。これはつまりアウフヘーベンを失う危険もしくは禁止する危険である。したがって、いくつかの思弁的な語――Darstellung〔提示〕のいくつかの事例――が現存するというのは例外的なことである。おそらくこれゆえにこそ、思弁的な語はよりいっそう喜ばれるべきものとなる。ただし、それらが現存する根拠は示されないし、いずれにせよ、これら歓迎された例外は言語の根拠をなすものではない。「思考の形式」はおそらく言語のなかに「貯えられて」いる（この貯え――Niederlegen〔下に置くこと、書き記すこと〕――、この預託、この書き残されたものの地位を、なお認識しなければならないだろう……）。しかし言語は、だからといって思弁そのものであるわけではない。とんでもない。――したがって、われわれは思弁的言語の固有物をひととおり見て回ることもなく、むしろ行き当たりばったりに、そうした固有性を脱ぎ捨てた複数の言語の戯れのなかに巻き込まれてしまっている。それゆえ重要なことは、「反省された」アウフヘーベンがすべり込むあの Moment は、その言語のなかではよそ者であるばかりでなく、一種の隠喩としても使用されているということである。——とはいえ、ヘーゲルはMomentの比喩形象を中立的な仕方で言明しており、つまり〔アウフヘーベンとの〕同一性を示すと同時に〔アウフヘーベンとの〕比較をおこなう（そのため〔アウフヘーベンからMomentへの〕この転位はさらに複雑になる）。

梃子の場合では、重りとある点からの距離とがその機械的なモーメントと呼ばれている。なぜなら、重りという実在的なものと単なる空間的規定である線という理念的なもの(98)とのあいだには、ほかにもあらゆる差

哲学は他の哲学とはまったく別ものであり、それこそは思考し揚棄する唯一のものであるが、しかし他方で、思弁的哲学はこのさき純粋な思弁的言説を展開できるわけではなく、そのため人目を忍んで他の人々の語を借用し、その出自を容認しないまま導入する。したがって、概念の叙述は混ぜ物なしで進展するわけではない。しかもこの混ぜ合わせはアウフヘーベンの操作ではない。それはむしろアウフヘーベンの反対物（非‐弁証法的なもの）であり、そのカリカチュアもしくは偽造であろう。

(98) ここで次のことを取り上げておく必要がある。ヘーゲルは第二版でこの〈註記〉の冒頭、揚棄されたものという語の直後に理念的なものという語を丸括弧に入れて追加している。これは前者を後者によって明確にするためである——したがって、いま引用している梃子の理論についてのこの一節は、それも同様に第二版での追加であるため、まさしくアウフヘーベンの言説を明確にするためのものである。ところで、「理念的なもの」に関して言っておくと、それはideell〔理念的〕とideal〔理想的〕の差異にもとづいて分析する必要性があるだろう。だが、本書はその分析を断念する。代わりに以下の点だけ喚起しておく。一方の「理念的なもの」が「真の無限のなかにあるような有限なもの」であり、契機として保存された規定であるのに対して、他方の「理想的なもの」はたとえば美しいものの理想のように「より規定された意義をもつ」（*Logique*, I, 139〔W5 165／［上一］一七九頁／［1］一四九—一五〇頁〕）。この二語を分けているものは、ニュアンスもしくは陰影—— Schattierung ——で

異があるにもかかわらず、このモーメントにおいてそれらの効果の同等性が生まれているからである。[*24]

ここから聴き取れるように、梃子の理論はアウフヘーベンの契機の隠喩である。あるいはもっと言って、アウフヘーベンの過程で問題なのはつねに梃子の機械力学《メカニック》である（さらには、アウフヘーベンの過程とはつねにこの機械力学の過程である[99]。（このことは、一般的に機械力学が思弁のなかで作動しているということを意味しうるが、まもなくこのことを話題にしなければならないだろう。[*25]）

以上の躊躇いと不明瞭さがどんなものであれ（この態度は少なくとも、アウフヘーベンをより明確に区別すべきときが来たことの証左である……）、少なくとも確実なのは、アウフヘーベンの操作あるいはアウフヘーベンという事案《アフェール》は決してあるひとつの語の操作や事案ではないということである。アウフヘーベンは決して唯一の語でもなければ、決してそれ自体で独立した語でもない。言葉の思弁〔*spéculation verbale*〕というものは存在せず、[100] 存在するのはもろもろの思弁的な語である。この複数形はさらに、もうひとつ別の形式の多様性を引き込んでいる。少し前からわれわれは、そのもうひとつの形式がアウフヘーベンに関するいくつかのテクストの読解において妨害的に働いていることをたしかに認めはじめていた。すなわち、もろもろの思弁的な語はいずれも思弁的なものを提示するのに絶対的に有効というわけではない。言い換えれば、それらの語はひとつあるいは複数の統語法に即して配置し、組み合わせなければならない。同様にまた、われわれはヘーゲル読解という冒険に踏み出して以来、この読解が通常の命題的言説を放棄するよう要求していること、あるいはより正確には、そうした言説のアウフヘーベンを要求していることを「知っている」。同様にまた、なお次のことを確認する必要があった。アウフヘーベンの語は、註記を付されうるより前に、あるいはみずからに註記を付させるより前に、すでにすべての一義的な語を放棄しており、それから、あのもろもろの長い文言のひとつのなかで多数の逆転へとすべり込んでいた。それらの逆転は、ヘーゲルの言説のもっとも固有な統語法を知らせている。すなわち、もし語彙の舞台がわれわれになおアウフヘーベンの語の「素朴な」光景を差し出しており、つまりこの語のなかで戯れているものをそのまま示しているとしても、そうした舞台のもつ素朴さ（あるいはからくり）は、まさしくヘーゲルの統語法のなかで剝ぎ取られるにちがいないだろう。

もろもろの思弁的な語がそれらの思弁性に従って読解可能となるのは、ただ思弁的な統語法のなかでだ

ある。これについてはのちほどあらためて語ろう〔本書一九一頁以降を参照〕。

(99) 後半の仮説はむしろ『エンツュクロペディー』のテクストで示されていると考えられるもので、ヘーゲル自身も〈註記〉でその該当箇所を指示している。「たとえば梃子の場合、距離が質料の代理をし、その逆も可能であり、一定量の観念的契機はそれに相応する実在的なものと同じ効果をもたらす」〔W9 57／前掲『自然哲学（上巻）』六七頁〕。アウフヘーベンは梃子の「特性」であるように見えるし、逆もまた然り。

(100) これはつまりヘーゲルにはいかなるグノーシス〔霊的認識、神秘的直観〕も存在しないということである——かりにヘーゲルを、グノーシス主義の語彙や文字を使った思弁（たとえばマルコスや『ピスティス・ソフィア』の思弁）と比較するならば、また、この観点で一部のドイツ・ロマン主義に潜在的な（あるいは顕在的な）グノーシス主義全体と比較するならば〔ヘーゲルにグノーシス的なところはまったくない〕。どれほど頻繁にヘーゲルが神の御言葉《ヴェルブ》やヨハネの言葉《ロゴス》等々に訴えていようと、われわれはそのことを示せるだろう。なぜならそれらの訴えはすべて宗教的な表象を揚棄するためのものであるからだ。このもうひとつの過程にここで長居することはできないが、少なくとも、ヘーゲルがいくつか特定の語——たとえば「無限」——に対して「悟性の迷信」と批判している箇所を知らせておこう。cf. *Logique*, I, 269.〔W5 290／〔上二〕九九頁／〔1〕二七一頁〕

けなのだろうか。その場合、この統語法は最終的にわれわれがあの〈註記〉を残らず解読できるようにしてくれるのだろうか。いまやこれらの問いに向けて進路を変えないわけにはいかない。

第四章

思弁的な命題

「そのひとつひとつの木片の各面に紙が貼りつけられていた。その紙面には、この国の言語のすべての単語が、それもさまざまな叙法、時制、語尾変化等を示す単語にいたるまで、すべて書きつけられ、それらが順序にはおかまいなしに並べられていた。いまからこの機械を動かすからよく見ているように、と教授は私に注意を促した。弟子たちは、枠の端にぐるっと取りつけられている四〇の鉄のハンドルを、教授の命令で掴んだ。そして、急に一斉にハンドルを回した。単語のすべての配列は完全に一変した。［…］教授は、未完成の文章を集めてすでにできあがった数冊の大型二つ折り本《フォリオ》を見せてくれた。教授はこれらの文章をつなぎ合わせて山のような資料を作り、それをもとにしてすべての技芸と学問に関する完全な百科全書を世界に提供するつもりだった。」

（Swift, *Voyages de Gulliver*, trad. A. Bay, Gallimard, 1964, pp. 277–278.〔『ガリヴァー旅行記』平井正穂訳、岩波書店、一九八〇年、二五三―二五四頁〕）

当然のことだが、現時点での問題はヘーゲルの統語法の理論全体に関わることではない。ここでは、「思弁的命題」という指標で指示されている領野からいくつかの材料を取り出すだけである。われわれはさきほどアウフヘーベンとそれに連なる語彙によって問いが開かれるのを確認したが、これから取り出す材料はこの問いに回答するのに不可欠な材料である。この作業のためには、ヘーゲルの言説のもろもろの結節点を再構成すれば十分である。すなわち、統語法の単位である命題（Satz）の概念、およびヘーゲルの統語法における言語の学問と秩序としての文法（Grammatik）の概念の再構成である。しかし、すぐさま気づかれるとおり、この再構成を進めるにあたって（再構成と言っている時点ですでに、この対象についての主題的な叙述がヘーゲルのなかには見つからなかったことを暗に言っている）、ヘーゲルのテクストは言説の筋道をまっすぐたどらせてはくれない（思弁的な語の一覧表を作成するさいにそうであったのと同様に）。統語法の思弁的な、しかしきわめて必要な理論は、ここでもふたたび結節を解かれてテクストからテクストへと分散している。それは期待されるところには不在であり、予想外の文脈のなかで――つまり純粋に理論的な文体のなかでは決してなく――浮き彫りになる。

そもそもの可能性として、ここでは別のテクストという問題あるいは要求からすべてが（ふたたび）はじまっているかもしれない。つまり、別の書き方または別の文体の要求である。そうだとすれば、われわれはあたかも自分たちの出発点に戻って来たかのようである。すなわち、ヘーゲルの叙述の前提条件という出発点である（お気づきのとおり、以上は単なる仮定でもなければ、単なる類比《アナロジー》でさえない）。――ヘーゲルは一八〇五年頃こう書いている。

思想に関して大事なことはもうそれほどではない。よいものも悪いものも、美しいものも大胆なものも、われわれは十分手にしている。概念を除いて。思想がそれ自体を通じて直接的に価値づけられるのに対して、概念は概念的に把握できるようにされなければならない。そのためには書き方［Schreibart］の形式［Form］を修正する必要がある。そしてそのように体裁［Aussehen］を整えるためには、むしろ、プラトンやアリストテレスにおけるように、苦しい努力が要求される(101)。

思想は直接的に価値づけられる。それゆえ直接的な語（とりわけ母国語の語）はおそらく思想に適している。けれども、概念は書き方を変えるよう要求する。それは概念を表現したり前提示〔preprésenter〕したりするためではなく、まさしく概念を概念的に把握できるようにするためである。——概念と思想のちがいは（この用語の通常の論理的な意味での）概念によっても、イメージによっても、特定されていない（あたかもヘーゲルはここで、概念とは理解すること（verstehen）であるより把握すること（begreifen、fassen）であると言っているかのようである）。概念と思想のちがいはただひとつ、概念把握可能性〔la *concevabilité*〕そして第一に概念-存在〔*l'être-concept*〕とが形式となにかしらの関係をもっている、ということによってのみ特徴づけられている。この形式そのものについてはそれ以上なにも明示されていない——唯一、哲学の偉大な二人の家父長的人物が例示されるのみである（ちょうどラファエロの『アテナイの学堂』におけるように、自著をたずさえて……）。この偉大な二人は、彼らは彼らでまた相当に異なった二つの書き方である。一方で、プラトンの文学的な性質さらには文学的な探求は伝統全体が褒めそやすところのものであり、ヘーゲルも『哲学史』でそうすることを忘れない。他方のアリストテレスについても、ヘーゲルは思弁的概念へのアリストテレスの洞察力を非常に生き生きと称賛している。また、アリストテレスについての講義ノートや再編された論文の数々は、ヘーゲルの「作品」の一形式である。したがって、この二人との類比によって、また少なくとも両者の読解が「苦しい努力」を要求するかぎりで、概念はある特定の形式の書き方のなかで（そして場合によってはこの形式の書き方として）概念的に把握されなければならない。——この計画に関してわれわれは次のように言うことができるし、言わなければならない。

（101） *Wastebook, op. cit.*, p. 558.〔W2 557–558〕

ヘーゲルはやがて多くの点でロマン主義的なこの計画を、少なくとも規定された明示的な計画としては放棄することになった。けれども、われわれはまったく同程度に次のように自問することができるし、自問しなければならない（そのためには序言で読んだテクストをもう一度思い起こせば十分である）。ヘーゲルはこの計画を保存し、ある仕方でそれを実行したのではないだろうか。ご覧のとおり、問いはアウフヘーブングの形式をとっている――書き方の計画のアウフヘーベン、アウフヘーベンの書き方。この二つの主題をそのように絡め取ることができているこの奇妙な関係は、どのようなものか。形式的に書かれてもいなければ、厳密に揚棄されてもいない、この関係とは。

　この問いに答えはない。もしくは、ヘーゲルの言説がその問いに答えている箇所はどこにもない。しかしヘーゲルの言説は、まもなく見ることができるように、みずからの形式を変えることを自分で自分に課しているまさにそのかぎりで、まさしくその問いに対立して、あるいはその問いに沿って、あるいはその問いの縁に、みずからを設置し、そこで使用され、そして分散する。それはまるで、この言説の思想の手段と目的がそれ自体で転位し、あるいはみずからを越え出て、そうして形式を変容するかのようである。形式の変容は、概念に関するこの言説にとってみずからを書く一手法であり、テクスト――Schreibart――として存在する一様式である。テクストによって（テクストとして）概念の言説はみずからを「概念的に把握可能」にし、すなわちみずからを提示する。いずれにせよ――もう一度思い起こさなければならないが――われわれはまさしく言説の特定のSchreibartのなかで、アウフヘーベンが導入され潜り込んでくるのを見た。そこはヘーゲルの「偉大な文体」を実践する第一級の段落であり、テクストはその直前でいくつかの語を遠ざけ、命題一般を拒絶している。*1

この後半の点からこそ、ふたたびはじめなければならない。十分ご承知のとおり、そのように命題を非難する身振りは、思弁的言説のもっとも執拗で、もっとも増殖し、（それが登場するさまざまな文脈からすれば）もっとも場違いなテーマのひとつである。このテーマに関して、われわれはすでに本書の冒頭から少なくとも二つのテクスト（『精神現象学』の「序文」と『論理学』の第一章）を読まなければならなかったが、それは単なる偶然ではない。ヘーゲルの序文や序論はおそらくいずれもこの非難の跡をとどめており、そして非難は作品の本体でくり返される。はっきり規定された論理的機能とともにくり返されることもあれば（とりわけ判断論の折に）、体系のなにかしらの要素を叙述する状況の折には決まってくり返される。つねに緊急の不安な警告のように、あるいは、思弁的なものの不安そのもののように、非難はくり返される。まるで思弁的なものは、極度の緊張と引き換えに、命題を拒否する身振りのなかにみずからを聴き取らせようとしているかのようである。

ヘーゲルは一八〇五年頃にはすでにこの拒否を発言しており、その形式は他のすべての拒否をも適切に要約している。

哲学が命題をもつこと、ならびに、これはあるとかないとか言えてしまうことは、あまりよいことではない。(102)

(102) *Op. cit.*, S. 559.〔W2 559〕命題の原語は Satz である。これはフランス語と同様に統語法の単位であり、さらには理論的もしくは公理的な原理、あるいはふたたびテーゼである。以下に続く本文のすべては、こうした語義同したがって一般に、どんな主題〔主語〕についてであれ、それがなんであるかを哲学が言明したり、肯定したり、否定したりすることはよいことではなく、それは有害であるか、あるいは危険でさえある。より特殊な観点では、あるいは言明の型（と構造）の観点では、よくないことあるいは有害であるのは、存在または無の一方だけを言明することであり、すなわち、なにごとかについてアウフヘーベンを言明しないことである。なぜなら、こう言えるなら、命題のなかで哲学にとって障害や脅威となるのはまさしく主語そのものだからである。さらにまた、主語に必然的に同伴する述語や繋辞も、言い換えれば、言説の品詞も障害となる。それらを言説の品詞〔部分〕として（当然のごとく）規定することは、そのように規定されたものたちを一面的で相互に外面的な様態で固定してしまうことである。けれども、それらの（思弁的な）真理が構成されうるのは唯一、一方から他方への移行が起こってそれらの差異が消去されるときである。そして、差異の消去〔annulation〕——環〔anneau〕の構成[*2]——はアウフヘーベン以外のところでは形成されえない。アウフヘーベンは事柄の諸規定と言説の諸部分とを、それらを連帯させるかたちで、あるいはよりよく言えばそれらを同一化するかたちで、揚棄する。もしくはふたたび——もし揚棄が現実的であるのはただそれが表現されるかぎりでのみ、つまりAusdruck〔表現〕のなかに生起する〔*avoir lieu*〕かぎりでのみであるとすれば[*3]——アウフヘーベンは「それ自体である」ために、すなわち無ではないために（だが存在であるのでもなく……）、結局のところ命題のアウフヘーベンでなければならない。この命題のアウフヘーベンというものをわれわれはすでに読まざるをえなかったが、同時に、読むことを断念せざるをえなかった。なぜなら、Satz〔命題〕は論理と文法の二つの分野に同時に属しており、それゆえ命題の消去の構成《エコノミー》をたどるにはこの二つの分野にもとづかなければならないからである。したがって、問題は少なくとも三つある。第一に、論理の分野において命題はどのように消去されるのか。第二に、文法の分野においてはどのように。第三に、論理と文法の差異は（ひいては概念と統語法——あるいは文体——との差異は）どのように消去されるのか。少なくともわれわれの可能な範囲で、これらの問いを順に取り上げよう。

論理的なSatzというものは判断の形式をとる。(103)ヘーゲルの論理は徹頭徹尾、この形式を消去することに従事する。そこでの分析は対象となる語Urteil〔判断〕を、根源的な意味を負荷された思弁的な語として特徴づけ、同様にその分析はまた、述定的なあらゆる言明の形式主義に異を唱える。分析の最後で、ヘーゲルの論理は次のような帰結をもたらす。「主語と述語は〔…〕それ自体がそれぞれまったき判断である」[*4]、そしてその結果、述定的な言明は真理を欠くものとなり（なぜなら述定的な言明は二つの規定態を外面的につないでしまい、両項を動けなくするのだから）、みずからを構成する二項のそれぞれへと散らされる。これが論理的命題の最初の消去である。これはまたこの命題の最初のアウフヘーベンでもある。なぜなら

士の接続をふまえた上で聴き取られるべきだろう。——同様に、次のことも指摘しておこう。ヘーゲルはいくつかのテクストで伝統的な論理学およびカントにならってSatzと判断（Urteil）を分離しようと努力しているが、彼のこの——両義的な——努力をわれわれは分析するつもりはない。Satzはつねに本質として、本来的なurteilen〔判断すること〕の形式であり続ける。判断とは区別し規定する操作であり、この操作によって概念はみずからの抽象態から外へ出て、生成し（事柄になり）はじめる。

（103）以降の論述は全体的に一貫して『論理学』および『エンツュクロペディー』の、判断と推論に関する数章を参照している。ただし、そのすべての段階とテーゼを思い出す必要はない。

判断はここから推論へとみずからを揚棄する（あるいは、すでに認められたプロセスに従って、みずからをすでに揚棄していた）からである。

実際に措定されているのは、概念そのものとしての、主語と述語の統一である。概念は繫辞の空虚な「である」を埋めるものであり、つまり概念は主語と述語という異なる二項をみずからの契機として同時にもちつつ、それらの統一として、あるいは両契機を媒介する関係として措定される――すなわち推論として。(104)

さきへ進む前に、この一節を際立たせている語を取り上げよう。それは、述定的形式が乗り越えられる決定的な瞬間にすべり込んでくる動詞、setzen〔措定する〕である。setzen はなによりもまず反省の最初の特性である。『論理学』では、存在の直接的な論理から本質の論理への一般的揚棄は、この反省の身振りによって開始する。「反省は［…］単に回帰としてのみ、あるいは自分自身を否定するものとしてのみ存在する。しかしこの直接性はさらにまた、揚棄された否定および揚棄された自己回帰である」(105)。判断の真理は措定である。すなわち判断は否定されて揚棄され、判断の消去が措定される。言い換えれば、判断の同一性が命題の各部分〔各品詞〕でひっくり返されて措定される。Satz は setzen へとみずからを揚棄し、あるいはリスクを承知でドイツ語の動詞を造り出してもかまわなければ、sätzen は setzen へとみずからを揚棄する。ちがいはわずか一文字の母音、わずかな語感――Schattierung〔ニュアンス〕――、わずかひとつのアクセントだけである。まさしくここを命題のアウフヘーベンが通過する。

かくして推論のなかでアウフヘーベンが起こる。「推論〔syllogisme〕」の語はドイツ語 Schluss の翻訳だが、こう翻訳したのは専門用語の価値に従わざるをえなかったからである。言い換えれば、Schluss はこの意味に限定される語ではない。（Schluss は第一に、終わり、結論、演繹を意味し、これらの用語の全価値をそなえる。Schluss はまたドイツ語では伝統的にスコラ哲学の用語の代用として使われる。そのためこの語は、いわばヘーゲルの概念操作をいっそう容易にしている。）一方、推論の弁証法的構成《エコノミー》はアウフヘーブングの二段階または二側面に従って規制される。ただし、これから見るように、おそらくこのアウフヘーブングは――こう言ってよければ――他のものと全面的に同じというわけではない(106)。このアウフヘーブングは実際のところ、理性的なものの形式のなかに含まれる（判断の、Satz の）形式のアウフヘーベンにほかならない（「理性的内容が理性的でありうるのは唯一、思考を理性にする規定によってのみであるのだから、理性的内容がそのようなものでありうるのは唯一、推論という形式によってのみである」(107)）

(104) *Encyclopédie*, § 180 (trad. Bourgeois).〔W8 331／『ヘーゲル全集1　小論理学』真下信一・宮本十蔵訳、岩波書店、一九九六年、四三七頁〕

(105) *Op. cit.*, II, 15.〔W6 26／[中] 二〇―二一頁／[2] 一九頁〕

(106) ヘーゲルのプロセス（つまり『論理学』のプロセス、『精神現象学』のプロセス等々）におけるアウフヘーベンのさまざまな契機を比較する研究や、あるいは一方のプロセスのアウフヘーベンともう一方のプロセスのそれとを比較する研究は、一般的な観点から見て、多くのことを教えてくれるだろう。なぜならアウフヘーベンの操作はおそらく揚棄の各局面でまったく異なっているからだ。強調は一方の契機に転位し、あるいは他方の契機に転位し、同様にまた、廃棄に転位し、あるいは保存に転位する――作動中のアウフヘーベンはまるでみずからの概念（およびみずからの〈註記〉）の両側へたえず揺れ動いているかのようである。

(107) *Encyclopédie*, § 181, Remarque.〔W8 332／前掲『小論理学』四三八頁〕

――この推論という形式は、〔判断や命題とは〕別の形式あるいは別の統語法であるが、理性の形式あるいは理性の統語法であることにはちがいない。推論の争点は思弁的合理性の内容を推論の形式で現れさせることであり、それゆえまた思弁的意義を結節することである。したがって、ここでの争点は実のところアウフヘーブングを消去すること以外のなにものでもない――これはアウフヘーブングをそれ自体に閉じ込めることであり、アウフヘーブングを措定して、その語の不規則な分散を廃棄することである。あるいはそれは、例の〈註記〉で「どこにでも回帰してくる」と言われたあのアウフヘーベンの回帰をすべて回帰させることである。

推論は実際、消去することである――それは、この推論でおこなわれるアウフヘーベンの第一の側面である。「現実的なものは一者であるが、しかしまた、そこでは概念の諸契機は互いに分離している。推論はそれら諸契機の媒介の循環［Kreislauf］である。この循環によって現実的なものはみずからを一者として措定する」[107a]。ゆえに、ヘーゲルの推論とはまずは悟性の形式的推論の廃棄である。ヘーゲルの推論の行路全体は、推論そのものに認められているあらゆる規定を順番に廃棄することから成り立つ。この行路の終点で、理性的なものの形式の揚棄された真理として、統語法も比喩もない推論が措定されて終わる――これが各命題のSchluss〔推論〕であり、結論であり、目標または終わりである。推論の到達点は実際、推論自体の「客観」への移行である。理性的なものの形式〔としての推論〕は、客観の契機において、単に思考作業の予備的手段《オルガノン》として措定され画定されるどころか、むしろ思弁的叙述の揚棄の法に則ってそれ固有の内容へとみずからを揚棄する――この内容はそれゆえ当の形式の揚棄されたありさまであり、つまり当の形式が終わる（みずからを終わらせる）ために自分自身をみずからで揚棄した、その結果の姿にほかな

らない。推論の統語法は閉じられ、述定も結語もなしに、ひとつの客観として提示される。かくして、推論が客観となったとき、

この帰結を正しく表現するならば、それ自体では概念〔…〕と客観は同じものであると言うことができる。しかしまた、両者は異なっているということも同様に正しい。一方と他方が同じように正しいからこそ、一方と他方は同じように正しくない。このような表現方法では本当の関係を提示する〔darstellen〕ことはできない。(108)

この「表現方法」(Ausdrucksweise)とはなにか。それは肯定すること(または否定すること)であり、命題を一面的にのみ言明することである。ひとたび推論が揚棄されると、命題はさらなる厄介事をもたらす。すなわち命題は、区別のない正しさでもって、獲得されたものが言明されるのを妨害する。命題においては、差異が廃棄されることは――意味に関しては――正しいが、しかし――統語法や命題形式そのものに関しては――差異が維持されることが劣らず正しい。したがって、Satz〔命題〕はアウフヘーベンときわめて厳密に同じ内容あるいは同じ特性をもっている。しかしSatzは、みずからが言明するこの統一のではない以上、ただちにその内容や特性を失う。言い換えれば、ひとつの命題が存在するのではなく、

(107 a) *Ibid.*〔*Ibid.*/同前〕
(108) *Ibid.*, § 193, Remarque.〔W8 347/同前、四五八頁〕

複数の命題が存在する。命題は「本質」的に複数であり、結節される。推論そのものはまさしくいくつかの命題の結節態であり、それゆえそれら命題の外面性である。まさしくそのようなものとして、推論はみずからを aufgehoben した〔揚棄した〕。いまや、統語法上の複数性が命題の消去を消去する。あるいはむしろ――この二度目の消去はどうやらもう弁証法的ではないのだから――命題が消去されたにもかかわらず、統語法上の複数性がいまだ邪魔なものとして、不十分なものとして、執拗に残り続けている。概念の生は単刀直入の死〔une mort sans phrases〕のなかでみずからを揚棄する。しかし、どのようにしてこの死を「本当のかたちで提示する」のか。

少なくとも、意味論はここではなんの役にも立たない。なぜならここでのテクストには、命題の統語法の意味論的な揚棄や交代は存在しないからである。逆に言えば、ここには思弁的な語は不在であり、テクストはそうした語を援用するどころか、単に必死の身振りで命題の「凡庸さ」を拒絶し、全力でその凡庸さに注意を促す〔*faire remarquer*〕ばかりである。その突然の必死な文体に驚かされる。

> 思弁的同一性は、概念と客観がそれ自体で同一であるというような凡庸な同一性のことではない。――この注意は何度もくり返し言われてきたことだが、この同一性に関する陳腐で完全に悪意のある誤解に終止符を打つつもりならば、何度くり返されても足りないぐらいである。けれども、そうした誤解を失くすこともまた当然ながら期待できるものではない。(109)

もし言説が一瞬その教師然とした冷静さを失って、論理的叙述の中心で論争めいた脱線をするならば、おそらくそこに、その言説のある種の限界の痕跡を識別しなければならない。実際、この言説は直前でまさしくみずからを超え出て、みずからの限界を画定したばかりである。言説はまた、自分に対してわずかでも好意的でない者には、みずからを聞き分けてもらうこと、この限界の声——以後、言説の声となる極限の声——を聞き分けてもらうことをまったく期待していない。ところで、このことはまた間違いなく次のことも意味している。言説が憤慨しながらくり返す注意、つまり思弁的同一性は（命題が言明できるような）「凡庸な同一性」とは根底的に異なっているという注意は、読み方を知っている者にとっては実のところすでに書き込まれていた注意である。（読み方を知っている者とはまた聞き方を知っている者である。したがってまったく同様に、言説のこの「脱線」の二つの主題つまり論争的主題と論理的主題は最終的に混ざり合う。）この注意は推論それ自体によって、それも推論それ自体のなかに書き込まれている。言い換えれば、注意は諸命題の結節態のなかにそれら命題のアウフヘーベンの第二の側面として書き込まれている。推論——およびそこに含まれる諸命題——は実はすでに、思弁的真理が言明される形式を与えていたのである。——命題の揚棄が指し示されている（ことを確認できる）各テクスト——『精神現象学』の「序文」のような——に見られるヘーゲルの沈黙や機嫌は、ヘーゲルが言おうと望んでいないことの目印となっている。すなわち、本人が望んでいない一方で、彼の言説全体はそのことを言おうと望んでいる可能性がある（場合によっては実際そう見える）。いずれにせよ、言説はこう言っているように見える。命題の表現とは別の「表現」が存在するだろう、と。

（109）*Ibid.*〔W8 347-348／同前〕

ここでの別の表現とは語であるだろう。あるいはそれは、誰も知らないなんらかの純粋性もしくは意味論的な絶対者であるだろう。けれども、思弁的な語が増殖して統語法のなかに引き込まれたのと同様に、統語法は語への回帰と訴えを禁止する。Schluss〔推論〕は形式についての論理学の終わりであり、またそれは推論の保持であるとともに、推論のなかに命題を保持することである。ヘーゲルの論理的統語法はもはやみずからの他者あるいはなんらかの他者へと移行することはない。推論は実際、ひとたび措定されたなら、その後はもう移行しない。その後はむしろ、一切のものが推論を経由してゆく。これが形式論理学の結末である（形式論理学は概念の論理学に属し、古典的論理学に相当するものだが、さらにこの古典的論理学と討論し続ける論理学でもある）。この結末は『論理学』全体ならびに『エンツュクロペディー』全体の一般的形式を規定している。『エンツュクロペディー』のほうでは、自然哲学の全体がまさしく推論のかたちで言明され、〈理念〉や思弁的なものそのものが、あるいはよりよく言って、おそらく思弁的なものの思弁が、まさしく推論の最終的な三重性のなかで成就する。「推論」の語は思弁的な語ではない。それは通常の語である——が、Schluss はさらにここでは専門的な用語としても機能している。この語は形式を、形式なるものを指し示す。この語は思弁的なものをみずからの形式で、つまり言説の唯一可能な統語法で指し示す。それが命題の統語法である。ヘーゲルの Schluss はすべての命題を終わらせ、同時に、命題から抜け出すためのすべての試みを終わらせる。ヘーゲルの言説すなわち思弁的命題はきわめて厳密にこの場に身を持す（「この場から」発せられ、言明される）。これが理由で、『精神現象学』の「序文」で読んだように、「哲学的命題も命題である」[＊5]。これが理由で、「絶対的なものの定義はいまや、絶対的なものは推論であるという定義となる。あるいは命題としてこの規定が言い表されるならば、「すべては推論である」ということになる」[110]。（この後半の文言では、命題による言表はむしろ譲歩の役割を演じている。つまりその言表は凡庸な言語活動による説明である。それゆえこの言表は問題の絶対的なものの真理と比べれば代用品（Ersatz）[111]でしかない。けれども、われわれは同時にまた『精神現象学』の次の文言も思い起こさないわけにはいかない。「命題という形式のアウフヘーベンが……言い表されなければならない」、そして「このように言い表すことだけが現実的に思弁的なものである」[*6]。したがって「すべては推論である」の文言は、命題形式で述べられているにもかかわらず、絶対的なものの現実性を言っているだろう。しかし、この文言がこの現実性でありうるのは、それが命題の形式で言い表されているからである……。）

命題の揚棄——あるいは思弁的命題の本性——、これこそわれわれが序言で探し求めたものである。これによって、アウフヘーベンはテクストのなかで読めるようになる。これまでもわれわれはテクストを見続けてきたが、各テクストは霧に包まれていた。しかしいまや、われわれはおそらくこれまで以上にはっきりと見て取っている。すなわち、われわれはいまやどれほど読解の条件が実際には概念の条件そのものであり、テクストの条件そのものであるかを理解している。テクスト以外に読むべきものはなにもなく、テクストをくり返し読解する以外にするべきことはなにもない。言い換えれば、命題はどこでも哲学的命

（110）*Ibid.*, § 181, Remarque.〔W8 332／同前、四三八頁〕

（111）この語はまた、たとえばヘーゲルが古代の文化作品の役割を性格づけるために使っている語でもある。ヘーゲルによれば、これら古代の文化作品の研究を通じて、現代のわれわれの文化の不備が弁証法的に補足されねばならない。この補足の弁証法はまた、古代語の研究によって、われわれが無反省に使用しているわれわれの言語の欠陥をも補足する（のちほど引用する高校演説〔本書一五二頁〕を参照）。

題であり、また反対に、アウフヘーベンはどこにでも回帰する。これほど完璧でこれほど排他的な囲いが、一冊分の重厚な内容を自己のなかに閉じ込め、みずからの外部をすべて廃絶するというような事態は、おそらく今後も決して起こらないだろう。アウフヘーベンとは、そこから命題の論証が導出されてくるような理解可能な概念ではない。アウフヘーベンとは命題を読むことであり、「書き方の形式が修正されて」書かれたものを読むことである。これは実際には「苦しい努力」を要求する……

……なぜなら、まさしく「形式の修正」が残っているからだ。修正——Änderung——もしくは変異についてわれわれはなにも知らない。また、いずれにせよ、アウフヘーベンなしに(あるいは変異なしに?)知の形式に服従するようなものをわれわれはなにも知らない。この感知できていない修正が思弁的命題をもろもろの命題のなかで(によって?)作動させ、絶対的なもののSatz〔命題〕を絶対的なもののErsatz〔代用品〕のなかで(として?)働かせる。このような修正をいかなる手法で制御しているのかを探求するために、またこの修正の概念を試みに措定するために、われわれはまずこの探求の原理そのものが『論理学』のテクストによって妨害され挫折することを確認しておく。すなわち、修正作業は安定して進むわけではない。実際、ヘーゲルは第一章の〈註記〉のひとつで、命題の不十分さを強調する一節——本書がすでに引用した一節[*7]——に続けて次のように書いている。

思弁的真理を表現するための不備は、さしあたり反対命題を付加する〔…〕という仕方で補足される

［ergänzt］。けれども、そうすると今度はまた別の不備が現れてくる。それは、二つの命題が結合されておらず、そのために内容を二律背反のかたちでしか提示して［darstellen］いないという不備である。これが不備であるのは、二つの命題の内容は同一のものに関係するものであり、それゆえそれら二つの命題のなかで表現されている二つの規定は当然［schlechthin］結合されているべきものだからである。――このとき結合というものは単に、両立しえない二項の不安定［Unruhe］としてしか、つまり運動としてしか言い表されえない(112)。

このテクストは多義的で――しかもこの多義性は揚棄不可能である――、ここでは二重に読解できる。実際、第一に、最後の文言は命題による言表の限界を目指していると読める。命題的な表現は、もっともうまくいったものでさえ、ある種の不安定な動揺を克服することはできない（ここでのテクストはその冒頭から終わりまでシェリング批判を続ける）。第二に、これとまったく同様に、最後の文言は思弁的な表現の「真の」規律あるいは「正しい《ボン》」規律を教えていると読める。言い換えれば、思弁的な表現は不安定ならびに運動として与えられているだろう(113)。最後の文言をこの方向で読む場合、ふたたび、命題の揚棄とこのUnruhe〔不安定〕を同一視しなければならず（ただしUnruheの否定的な価値が当の揚棄を限定したり一部削除したりする危険がある）、あるいは（ヘーゲルが「このとき……としてしか言い表されえない」

(112) *Logique*, I, p. 76.〔W5 94／〔上一〕九一頁／〔1〕七九頁〕

(113) 以降のテクストはむしろこの方向で進んでゆく。ヘーゲルはそのさい、思弁的なものに関して少なくとも二つの反対命題を言明するのを忘れないよう要求している。にもかかわらず、なにも決定されない……。

と書いている以上）Unruhe は暗黙にアウフヘーベンを遠ざけ追い出しているとみなさなければならない。ここ、この揚棄の場所で、われわれはヘーゲルの要求する文体〔*style*〕のもっとも近くにいるだろう。それは不安定な文体であり、終わりのない修正と苦しい努力を要する文体である——われわれは一瞬、この文体をヘーゲルの「偉大な文体」と名づけてもいいかもしれないと思った——実際、おそらくこの文体は『論理学』のもっとさきの数行で突然アウフヘーベンを移行させることになる。（そうすると、文体という語がここで言わんとしているのはおそらく、言明の諸法に従った真理の言明でもなければ、思弁的な言明を補足するなにものかでもない（とくに、その補足が「不備」を悪化させるものであればなおのこと）。言説はそこでは真ではないし、真理の代理人でもないだろう。）——お気づきのとおり、結局どんな場合であろうと、アウフヘーベンがみずから消失する——verschwinden——にまかせるという条件のもとでしかアウフヘーベンを把握すること——fassen——はできないだろうし、そしてその結果、アウフヘーベンについてはなにも把握できないだろう。このことはおそらくまた、アウフヘーベンをまた別の場所あるいは別の仕方で把握することを期待できるということでもない。しかし、だからといって、アウフヘーベンは最終的にはまさしく狡知にたけた策略や一種の否定的公現《エピファニー》によって提示されると想像して、要するに、アウフヘーベンはヘーゲルのテクストの「運動」のなかに識別されうるだろうと想像して、とりあえずいまはただちに逃がしてやらなければならない、というわけでもない。なぜなら、ヘーゲルのテクストの運動は多義的で不安定なものとして到来し、まさしくみずからが提示され識別されるのを妨げるからである。したがって、ただテクストからテクストへと積み重なっていく動揺、転位、隔たりだけに（少なくとも可能な範囲で）辛抱強くとどまらなければならない。「不安定」はアウフヘーベンに名を付与するのでも異名を付与するのでもない。不安定はアウフヘーベンを不安定にする。

したがって、形式の修正に関してわれわれの手は及ばず、かといってわれわれは反対にもろもろの特異な変異〔altérations〕に従わないわけにもいかない。読解をくり返すなかで、ヘーゲルの論理のもろもろの言明のあいだで、すべての回帰するアウフヘーベンのあいだで、転位や混濁が生じる。そしてこの転位はおそらくなによりもまずアウフヘーベンの回帰のずれによって構成されている。アウフヘーベンは決して同じ仕方では回帰せず、語から語へとみずからを転位させ、テクストからテクストへとすべり込む。アウフヘーベンはそのようにして推論の論理の完成を禁止し、けれども、多義性と不安定をもって命題へと回帰するわけではない。――いまや命題の概念は奇妙な仕方で混濁している。命題の概念と思弁的真理とのもろもろの関係や隔たりがまったく見分けられないからである。ところで、そのようにしてアウフヘーベンの固有の概念をよりいっそう奇妙な仕方で混濁させ混乱させるものがある。それは実のところアウフヘーベンそれ自体である。アウフヘーベンはまるで、思弁的なものの形式やそれ固有の形式を探し求めて、みずからを歪曲するかのようである。というのも、命題は揚棄すべきなのか、修正すべきなのか、廃棄-保存すべきなのか、変異すべきなのか。あるいはふたたび、これらの同一視が可能だというのだろうか。だがその場合、アウフヘーベンと変異のあいだにいったいどんな特異な同一性がありうるというのか。この同一性は認識不可能ではないだろうか。言い換えれば、アウフヘーベンと変異というこの二項は、いかなる弁証法的揚棄によっても結節できはしないのではないだろうか。

以上の問いは、アウフヘーベンの概念――そして思弁的なもの一般――に照らし合わせて見るとき、ばかげたものか無意味なものとなる。かりにそうだとしても、テクスト――〈論理学〉のテクスト（群）

――によって整えられた数々の措置は、それでもなお拘束力を保ったままである。それらの措置は、推論の第一契機の結末――ここで質的推論が反省の推論へと揚棄される――を言明する定式のなかに要約されている。ヘーゲルはこう書いている。この操作は

　さしあたり形式に即して［an der *Form*］実現された[114]。

したがって「形式に即して」われわれは形式的推論を離れる。この推論のもろもろの「形式」と「結びつき」はアリストテレスが記述したものである。だが、アリストテレス自身はそれらを「思弁的概念」の「領域」へ「入り込ませることを許し」てはいなかった[115]。――われわれはいまやアリストテレスおよびヘーゲルとともにこの領域に入り込む。そこでは、「Schluss〔推論〕」の語を命名されているものにはもはや少しも専門用語的なところはなく、また命題的なところもない。反省の推論への移行は「形式に即して」おこなわれ、そのさい命題を離れることはなく、あたかも命題に沿ってすべり込むかのように起こる――「形式に即して」概念は概念的に把握可能になる。

　しかし、このような移行はどこでどのように起こったのか。いや、なぜわざわざ尋ねるのか。ヘーゲルはそのことをたったいま書いたばかりではなかったか。「形式に即して」と。そうであれば、論理的言説それ自体が全面的に推論の形式で進むものである以上、移行はいたるところで、論理的言説のさまざまな場面で実行される（あるいは概念的に把握される）。「形式に即して」起こる移行はアウフヘーベンのようにいたるところで生起する。――いたるところで、それゆえまずはまったく同様に、ここでのこの定式の

なかで、つまり形式に即して——an der Form ——という定式のなかで生起する。この定式は——アウフヘーベンの語とまったく同程度に——ドイツ語からフランス語へと翻訳することができず、そればかりかドイツ語からドイツ語への、あるいはフランス語からフランス語への翻訳もまた不可能である。実際、「に即して〔à même〕」とはなにを言わんとする文言か。なんらかの同一性でないことは確実である。そもそもドイツ語の原語〔「an（において、に即して）」〕はそのようなものをなにひとつ示唆しないからだ。では、ドイツ語 an はなにを言わんとする語か——のそばに、の間近に、に沿って、と同じ高さで、の寸前〔縁〕で。an der Form はなんらかの概念をなすものではない。（だが、かりに規定できるとすれば、それは少

（114） *Encyclopédie*, § 189.〔W8 340／前掲『小論理学』四四九頁〕——この定式は『エンツュクロペディー』の論理学のものだが、ここで言明されていることは『論理学』の同じ契機のテクストにも複数みつかる。『論理学』では問題の契機つまり反省の推論への移行の契機は次のように締め括られる。「それゆえ媒介は直接的または抽象的な形式規定に無関係なものとして、また一方の規定から他方の規定への肯定的な反省として規定された」（*Logique*, II, p. 328〔W6 374／〔下〕一五二頁／〔3〕一二五—一二六頁〕）。こうしてわれわれは反省の推論へ移行する。反省の推論は「形式の本来的な規定性」（p. 334〔W6 381／〔下〕一六〇頁／〔3〕一三二頁〕）をもち、これによって形式的推論の欠陥から解放される。この欠陥は次のように言明されている。「形式的推論の不備はそれゆえ推論の形式のなかには存しない——推論の形式はむしろ理性的な在り方〔Vernünftigkeit〕の形式である——。形式的推論の不備はそうではなく、それが抽象的でそれゆえ概念を欠く形式としてのみ存在するという点にある」（p. 330〔W6 377／〔下〕一五五頁／〔3〕一二八頁〕）。（最後の引用文はある長い〈註記〉からの一文である。この〈註記〉は形式的推論とその機械的な動作に対しての批判についやされている。）かくして、形式がそれぞれ区別されると同時に媒介され、それがまさしく形式に即しておこなわれる。

（115） § 187, Remarque.〔W8 339／前掲『小論理学』四四七頁〕

なくとも二つの概念をなしている。形式とその縁という二概念である。ただしこれには二つの条件があり、ひとつはこの縁が形式から解き放たれて、その後にふたたび形式へ適用されうること、もうひとつは、こちらは二律背反の条件で、縁と形式の区別が外側と内側の区別や形式と内容の区別等々ではないことである。）——an der Form はまた、なんらかの命題をなすものでもない。概念と命題のあいだで、ならびに形式と縁のあいだで、そしてこの二重の二項‐間のなかで、an der Form はこの隙間の経済によって、つまりこの近似の経済、このごくわずかな差異の経済によって、ただひたすら論理的に次の局面——推論の揚棄——へと移行させるばかりである。推論——理性的なものの形式——はみずからの形式の準‐同一性にもとづいて、みずから固有の境目で、ある変異された特異な書き方——Schreibart——にもとづいて、みずからを揚棄し取り除く（なお、この特異な書き方については、書かれながらもほとんどなにも言われていないため、余計に目立っている）。命題のアウフヘーベンはある箇所で確実に移行する、もしくは起こる——ここではまさしく、みずからを提示する［Darstellung］テクストに即して。テクストが定式を提示することによって概念は消失し、まったく同様に、命題は不可逆的に変異される（「これはそれである」は「これはそれに即して移行する（起こる）」へと変容する）。ヘーゲルのテクストのあちこちに見られる述語の型式のかすかな転位や、あるいは述語に控えめに刻印されている緩みや歪みは、おそらくそれこそが修正された書き方である。命題について言えば、それはある前置詞——an——のなかで修正される。（この前置詞に即して、とあえて言ってもいいだろうか。また、この前置詞それ自体は命題に即して措定され、あるいはすべり込まされる。）この小さな語はそれだけであらゆる厳格な内包関係や排除関係を、つまりあらゆる繋辞的規定を作動させ弛緩させるのに十分である。この前置詞 an こそが「である」

のもろもろの一義性をテクストのなかへ運び込み、あるいは引き込む。すなわち、アウフヘーベンのさなかで、これはそれであるのではなく、それはこれに即して起こり、まったく同様に、アウフヘーベン「それ自体」はこれであるのでも、それであるのでもなく、そうではなく「それ自体」に即してみずからの意義を移行させる（意義なしに起こる）〔(se) passer (de) sa signification〕。というのも、思い起こされるように、an の統語法上の作用はまた思弁的意味論の作用でもあるからだ。例の〈註記〉がそう書いていた。

〔思弁的思考にとっては、〕それ自体に即して［an ihnen selbst］思弁的な意義をもつ語を言語のなかに見出すことは、喜ばしいことである。*8

an はここで、その様態として、ある意義――この語彙の通常の（いくつかの）意義から区別される意義――をもつ語に帰属している。

思弁的意義、アウフヘーベン、命題の思弁的アウフヘーベン、要するに、いわば哲学の「柔軟な」叙述の全体的で適切な規定が、ある同じ前置詞――an――へと引き込まれてゆく(116)。ただし、この an の同定をほのめかすのは言い過ぎであり、もしくは間違いでさえある（たとえ、まさしくこの an によってアウ

(116) 確実にお気づきだと思うが、この an は an sich という表現で弁証法的過程一般の一要素を形成している。しかもそれは統語法的であると同時に意味論的でもある。―― an sich は残念ながら非常にしばしば en soi と翻訳されるが、ヘーゲルはその一方で in sich という表現もまた使用している。ある観点ではおそらくヘーゲル的な〈自己〉の aséité と ipséité もまたこの前置詞の側で戯れている。

フヘーベンがおのずから進む〔aller *de soi*〕のだとしても……）[*9]。この様態《モード》、書き方——Schreibart——のこの修正《モディフィカシヨン》は、単に「指のあいだをすり抜けてゆく」もの「である」にすぎないか（「である」がまだ問題だとして）、あるいはこのすり抜けるものを書き記しているだけである。この「すり抜け」はすべての規定に対して起こる。

主観性ならびに客観性という規定に馴染みがなく、これらの規定を抽象的なかたちで固持しようとする者にとっては、これらの抽象的な規定は気づかぬうちに指のあいだをすり抜けてゆき〔durch die Finger laufen〕、彼は自身が言わんとしたことのまさに反対のことを言ってしまうことになる。[117]

もし読むことが——アウフヘーベンのテクストを読むことが——fassen つまり把握することだとしても、この一節に見られるとおり（読まれるとおり）、それは統語法的で意味論的なあらゆる規定を「固持すること」ではなく、それらが〔指のあいだから〕逃れるままにすること、あるいはむしろそれらに馴染むことである。なぜなら、それらの規定はいつまでも流動的で捕らえにくいままであり、そしてむしろこの効力によってアウフヘーベンの意味論に到達するからである。ところで、この事態は特定の統語法すなわちan の統語法のなかでのみ起こる。つまり an の統語法こそがアウフヘーベンの意味論へと到達させるわけだが、とはいえこの統語法はただただ、言説に即して、言説の（命題の）アウフヘーベンを書き込むだけである。言い換えれば、そこで明らかとなるのは（といっても結局そこではなにも明らかとなっていないのだが……）、アウフヘーベンの論理は隠蔽するものであるということだ（といっても結局それはなにも隠蔽していないのだが――それはテクストに即して、つまり an der Form〔形式に即して〕起こる）。アウフヘーベンの論理はなかでもひとつの精緻な前置詞を隠蔽する。[118]（「なかでも」というのは、an は唯一のも

---

(117) *Encyclopédie*, § 194, Addition.〔W8 351–352／前掲『小論理学』四六四頁〕

(118) 一般的な観点では、ヘーゲルの言説での言語と言語活動はいつも精緻化されたかたちで見つかる。たとえば『論理学』でも、論理的（思弁的）表現の論理全体はこの精緻化の作業を通じて獲得される。そこでは、すでに示したように〔本書七九頁を参照〕、あらゆる形式の象徴化（とくに数学的な象徴化）に対抗して、とりわけ自然的言語の精緻化〔subtilisation〕がおこなわれる（これはどの〈註記〉にもそなわる固有の論理であり、それらの一貫した特性のひとつである）。そうすると、われわれはとりわけ以下のテクストに、すなわち言語を提示しなければならない運動のなかに、この（計算された?）精緻化の操作を感知できるだろう。「したがって、そのような内面的な全体性を把握する〔fassen〕ために数字と空間の関係を応用しようとすることは、まったく容認されない〔unpassend〔ふさわしくない〕〕ことである。数字と空間の関係においては、あらゆる規定は別々になる。数字と空間の関係はまったくむしろ、使用されうる最後にして最悪の媒体である。たとえば磁気や色彩の関係といった自然的な関係は、この目的においては無限に高くいっそう真なる象徴となろう。人間は理性に固有の指示手段〔das eigentümliche Bezeichnungsmittel〕として言語活動〔die Sprache〕をもっているのだから、より不完全な提示様式〔Darstellungsweise〕を好んで、みずからそれで苦しもうとすることは、無益な着想〔ein müssiger Einfall〕である。概念はそれとしては本質的にただ精神によってのみ把握される〔aufgefasst〕。概念は精神の所有物であるだけでなく、さらには精神の純粋な自己でもある。この概念を外部の眼のために、また、概念を欠いた機械的な取り扱い〔*Behandlungsweis*〕あるいは計算のために、空間図形や代数記号によって固定〔festhalten〕しようと欲するのは、無駄なことである。象徴として役立つかもしれない他のどんなものであれ、せいぜい神の本性に対する象徴と同じように、概念を予感させて類似点を呼び起こすことができるだけである……」（*Logique*, II, p. 259〔W6 295–296／〔下〕六三―六四頁／〔3〕五四頁〕）。この〈註記〉は最後までひたすら

のではないからである。an は多様な形式下で、あるいは多様な形式に即して増殖する。決してみずからの意味を規定することなく、われわれがテクストに読み取れたすべてのすべり込みのなかで、an は増殖する。an はそれらのすべり込みのなかでおそらく、控えめに、秩序を構成している。この操作をわれわれは計算と名づけることもできた。）

ひとつの前置詞――そうするとこれは文法の案件だろうか。たしかに文法はヘーゲルにとって、言語活動の資材にかかわる語彙群とは異なって、言語活動の形式に関係するものを表象しており[119]、そうである以上、いまや文法を問いたださなければならない。an der Form とは「文法に即して」を言わんとしているのだろうか。つまり、弁証法的プロセスの思弁的真理は文法性として顕現するはずだ、ということだろうか。確実にそうである――少なくとも、文法とはなんであるか、その固有の本性と規律がどのようなものであるかについて、われわれが正当に規定できる場合には。そしてわれわれは、本書のヘーゲル読解に着手して以来、アウフヘーベンが文法を――たとえそれが「もうひとつの文法」であっても――作動させていることを「知っている」。したがって、われわれはたしかにもろもろのテクストを通じてヘーゲルの文法論をささやかながら再構成することができないわけではない（けれども記しておくと、この文法論は再構成されるべきである一方、そもそも体系のなかに特定の場所をもっておらず、さらには、まもなく見るとおり、それはむしろ体系の妨げにさえなるだろう……）。しかし、この再構成を進めるうちに――たとえそれが非常に図式的なやり方であっても――われわれはすぐさま、なにものかがヘーゲルの文法のなかで抵抗していることに気づく。そのなにものかは、われわれがヘーゲルの文法のなかに探求しているもの、すなわちアウフヘーベンに抵抗している。あるいはまた、こう言うほうがよければ、そのなにものかは文法においてヘーゲルに抵抗している。

象徴の批判だけをおこなう。言語活動はここで措定されるやいなや精緻化される——言語活動はいつの間にか蒸発して見えなくなり、そして／あるいは「精神」と同じくらい精緻なものにされる。しかし、言語活動はほかの場所や彼方へ移行してしまったわけではない。すべてはあたかも言語活動がそれ自体で、みずからの定在の明証性のなかで、an der Form〔形式に即して〕、みずからを精緻化するかのように起こる。しかしながら、もしこの精緻化が錬金術的であるとしても、ここには「言葉の錬金術」といったものは存在しない。なぜなら言語活動がみずからを精緻化する場である媒体は、言語活動それ自体だからである。周知のとおり、媒体としての言語活動は化学における水の類例《アナロゴン》である（*Ibid.*, p. 379〔W6 431／〔下〕二二〇頁／〔3〕一七八頁〕）。水は、交換し、混ざり合い、移行するさいの中性の媒体であり、もろもろの規定態を解消〔溶解〕する（これについては後述〔本書二三三頁以降を参照〕）。「中性の水、そこにはすべてが内包されているが、しかしまだなにも分離されていない」（*Encyclopédie*, Add. §206〔W8 363／前掲『小論理学』四七九頁〕）。それはタレスの「思弁的水」である（*Histoire de la philosophie*, trad. Garniron, I, p. 47sq.〔W18 201／この箇所の数頁は、岩波版全集では訳出されていない〕）。「思弁的水」は言語活動の隠喩でもなければ、その公認の言い回しでも確定した言い回しでもない。そうではなく、よりいっそう精緻な言い方になるが、「思弁的水」は物質であり、「感覚的物質に対立する、形式のない物質」（*Ibid.*〔W18 202〕）である。言語活動が「問題」となるたびに、形式のない物質が形式に即して書き込まれる——あるいは逆に、概念の形式が水の上に書かれる。

(119) *Encyclopédie*, §459, Remarque.〔W10 271／『ヘーゲル全集3　精神哲学』船山信一訳、岩波書店、一九九六年、三七二頁〕

ごく単純に、このように言えるかもしれない。ヘーゲルの文法は乱雑で、混乱した、恥ずべきものである。それはいくつものテクストのなかで、手に負えない概念形成や言説形成を通じて与えられる（なぜならこの文法はそれでもやはり与えられるからであり、そして言語活動と言語の数々の特権を与えられている以上、与えられることを避けられないからである）。さらに、ヘーゲルはこの概念や言説の形成を毎回まるでとおりがかりにすべり込ませ、それゆえ詳細を見ることはない。たとえばさきほど喚起した『エンツュクロペディー』の〈註記〉。

言語活動の形式的なものはしかし悟性の仕事である。悟性はみずからの諸カテゴリーを言語活動のなかへ導入する［einbildet］。この論理的本能［logische Instinkt］はみずからにそなわる文法的なもの［das Grammatische］を浮き彫りにする［hervorbringen］。*10

体系はいくつもの入口と出口で信じられないほど混雑し（そしておそらく錯綜し）、各審級は混ざり合い、それらの論理的な配置は決定不可能なままである。こんな体系は無視してしまおう。ただし、文法的なものは「論理的本能」から作られたものであるという主要な「概念」は覚えておこう。「論理的本能」というこのカテゴリーはおそらくひとつのハパックスであり、*11 いずれにせよヘーゲルにおいては珍しいものである。「理性の本能」や「精神の本能」――生き生きした自然を揚棄するために配置された目的論的カテゴリー――なら、ほかの場所でもひとつならず見つかる。しかし、論理に関して言えば、それは一切の自然を人間的かつ精神的に揚棄したものである。そうするといったい「論理的本能」とはなにか。それはおそらくこの揚棄の定式そのものである。おそらくそれで間違いない。文法は見たところ精神（言語、統語法）への自然（母、民族）のアウフヘーベンである。ただし、ヘーゲルは決してそうは言わないだろう。「論理的本能」はまたとりわけ論理の予備的で初期段階の形式でもあり、そのようなものとしてほとんど指定不可能な形式である。――この指定不可能ななにものかは論理とつながっており、だがそのつながりは明らかにアウフヘーベンによるものではない。「素朴さ」が文法にも影響を与えている（われわれは「素朴さ」がそれでもなお言語の宿命であることを知っている）。

したがって、文法はむしろBildungの――外面的でずれた――側面から論理に結びつけられている。実際、文法はBildung――形成と教養――に属している。そこは〈序文〉というあの選ばれた地であり、言い換えれば、体系‐外のテクストあるいはほぼ体系‐外のテクストの地である（ここでは一切がこの〈およそ〔à-peu-près〕〉の範囲でおこなわれる）。あるいは、文法はまた「哲学的教養」のカテゴリーにも属している。ヘーゲルはときおりこのカテゴリーにもとづいて彼以前の哲学全体を整理したりする。[120] さて、Bildungはつねに経験的なものにかかわり、それゆえ文法も同様である。ヘーゲルが文法についやしたテクストのうちでもっとも展開されたものは、ある経験的で臨時的なテクストである。このテクストの目的は完全にBildungに関するもので、それは高校の演説である。われわれは次のように諭される。「文法の

(120) たとえば『信仰と知』。〔W2 289, 335, 431／「信仰と知」『ヘーゲル全集第3巻 イェーナ期批判論稿』所収、田端信廣編、田端信廣ほか訳、知泉書館、二〇二〇年、四二四頁、四八三頁、六〇八頁／『信仰と知』上妻精訳、岩波書店、一九九三年、五頁、五九頁、一六八頁〕

勉強」は「論理的教養の初歩を構成し」、さらには「哲学の初歩」をさえ「構成する」。われわれはまた同様に、「古典語の文法の習得」が「理性的な活動〔Vernunfttätigkeit〕」を構成することを教えられる。(121)この理性的活動は「母国語」の無反省な使用あるいはその「反省されていない習慣」に対立する。しかし、それでもやはり文法は、結局のところ本来的かつ厳密に論理的なプロセスの外側にあることに変わりはない。あるいはより正確には――少なくともここでなんらかの正確さが望めるとして――文法はただ相対的に外面的な様態でのみこのプロセスに属している。この様態の文法はわれわれにとって（われわれ読者にとって、そして思弁的なわれわれにとっての見地にある読者にとって）つねに部分的に読めないままにとどまる。それはともかく、文法は子どもたちのために作られており、その抽象化は彼らの年齢に適している。だが、文法はまだ本当の読解ではない。なぜなら文法の抽象的なものは

> いわば一字一字の字母〔die einzelnen Buchstaben〕である〔からだ〕。さらに言えば、それは精神的なものの母音であって、この母音とともにわれわれは一字一字の読み解き方〔buchstabiren〕を覚え、それから読むことを学ぶのである。*12

文法は精神の識字能力《リテラリテ》である。ここからはっきり聞き取られるように（聞き取らなければならないが）、字義通り、精神のテクストには文法的な所与以外のなにものもない――しかしテクストにはまた、それら所与に追加で（この追加は不可欠である）、よい読解というものもある。これは調子《トーン》や強弱《アクセント》をつける日常の読解である。実はさらに、子音が存在する。たったいま読んだとおり、文法は母音的である。文法はヤ

コーピの母音のようにつぶやき、明瞭には発しない。ところが、「命題の形式は特定の意味の現れであり、あるいは命題の内実を区別するアクセントである」[122]。文法――言語の形式上の境位――はまだ形式に即して作動していない。あるいは、形式――文法がそれであるもの――に即して起こることは、まだ論理的で思弁的な移行ではない。文法に即して起こることは、移行のなかへ余すところなく移行するわけではない。少なくとも、移行は明白でも判明でもない。雑音と明瞭な発語のあいだで、文法はもごもごと話す〔ânonner〕。われわれが an der Form〔形式に即して〕――柔軟な叙述を読むなかで――移行するとき、文法は見捨てられる。文法の本来的な意味でのアウフヘーベンは存在せず、文法のなかには本来的な意味でのアウフヘーベンは存在しない[123]。

(121) 一八〇九年九月二九日の演説。Ed. du Jubilée, III, p. 231sq.〔W4 322–323／『ヘーゲル教育論集』上妻精編訳、国文社、一九八八年、三四―三六頁〕

(122) *Phénoménologie*, trad. Hippolyte, I, Préface, p. 54.〔W3 59／『ヘーゲル全集4　精神の現象学（上巻）』金子武蔵訳、岩波書店、一九七一年、六〇頁／『精神現象学　上巻』熊野純彦訳、ちくま学芸文庫、二〇一八年、一〇九頁〕

(123) 文法のこの特異で未解決な身分に関連して、さらにいくつかほかのテクストを分析しなければならない。まずは『論理学』「序論」のテクスト。そこでヘーゲルは論理的 Bildung〔教養形成〕と個人との関係を示すために二重の言説をおこない、意外な論理に行き着く。1．ヘーゲルは論理と文法を比較し、どちらも抽象物から精神の富へと導く二つの類似した道程とみなしている（「これに対して、ある言語に堪能である〔mächtig ist〕と同時にその言語と比較しながら別の言語を知る者は、みずからの言語の文法のなかに民族の精神と教養を感じ取ることができる」〔W5 53／［上一］四四頁／［1］三九頁〕）。2．しかしわれわれは、この比較対照の真っ最中に、文法的教養の最終的な富が論理学そのものへと開かれていることに気づく（「そのようなひとは文法を通じて〔durch die Grammatik hindurch〕精神一般の表現つまり論理学を認識することができる」〔*Ibid.*／［上一］同前／

したがって文法は——ヘーゲルならびに哲学の伝統全体において(124)——アレクサンドリアでのその草創期からの不治の経験性を引き連れている。それはすなわち文字の学あるいはむしろ文字の技術であり、テクストの学あるいはむしろテクストの実践である。けれども、この経験的なものとしての文法が形式の契機であることは偶然ではない。この契機は言語活動についての〈註記〉(『エンツュクロペディー』の「構想力」の節に属する)で真に考察され論じられるが、そのために、「悟性の観点を先取りすること」*13が要請され、この観点から出発してひとはふたたび推論に入り込んでゆく(『エンツュクロペディー』四六六節、

〔1〕同前〕。「durch... hindurch」について記しておこう。durch 単体なら、それは「を通じて」という意味になるだろう。これが durch-hindurch となると、「を通過して」という意味になる。したがってこの一文は、ひとが森の奥へと踏み入るように文法のなかへと深く入り込んで、そして、光が透明な物体から出てくるように文法から出てくることを暗に意味している)。比較と帰結のこの混合はこのさきもまったく解決されない。——ところでまた、インド人の文法に関して書いているテクストがいくつかある。それによると、事実上、インド人の文法あるいはより広範に言って「原始的な」人々の文法は現代の文法よりも発達している。けれども、そうした文法の発達は当の文化のほかの諸要素の発達と釣り合っておらず、それゆえ歴史の論理に対立する。この事実は思想家ヘーゲルを困惑させる。彼はさきほど引用した『エンツュクロペディー』の〈註記〉〔W10 272／前掲『精神哲学』三七四頁〕や『歴史哲学』でのインド人に関する記述(*Philosophie de l'histoire*, trad. Gibelin, Vrin, 1963, p. 122 et 124〔W12 199, 202／『ヘーゲル全集10a 歴史哲学(上巻)』武市健人訳、岩波書店、一九五四年、二二五頁、二二九頁〕)のなかで、この事実を喚起している。同書ではまた原始的な人々——「無言かつ沈黙」のままにあって、書かれた歴史をもたない人々——についても同様の指摘がなされている。「言語が、それを話していた民族の未開の〔ungebildeten〕状態においても最高度の発達を遂げていたということ、悟性が賢明なかたちで発達してこの理論的な地盤に関して精巧に仕上げられていたということ、これらのことはあの記念碑群によって確立さ

れているひとつの事実〔Faktum〕である。〔彼らの言語の〕広大で整合的な文法は思考の労作であり、つまり思考は文法のなかにみずからの諸カテゴリーを目立たせている〔bemerklich macht〕。さらにまた、〔…〕文明が進歩するにつれて、悟性のこうした体系的精巧さがすり減ってゆくこともまた〔…〕ひとつの事実〔Faktum〕である。――これは特異な現象〔eigentümliches Phänomen〕である。というのも、それ自体としてはますます精神的になってゆく〔…〕進歩は、あの悟性的な精巧さと悟性的な在り方〔Verständigkeit〕を無視し、むしろそれらを阻害物とみなし、不要なものにしてしまうのだから」(p. 56〔W12 85／同前、一〇一頁〕。同様に以下も参照 *la Raison dans l'histoire*, trad. Papaïoannou, pp. 195–196〔*Die Vernunft in der Geschichte: Einleitung in die Philosophie der Weltgeschichte*, hrsg. v. Georg Lasson, Leipzig: Felix Meiner, 1920, SS. 147–148／『世界史の哲学』岡田隆平訳、第一出版、一九四九年、一六六―一六八頁〕)。注目すべきもの、奇異な(eigentümlich ――「固有の」、「特異な」を意味し、「ほったらかしのままにある特性」のこと)ものとして、文法は精神の進歩のなかでその場に残り続ける。けれどもわれわれとしてはここで、この発達し損ねたもののなにかが現代語の富のなかに(かつ現代語の文法の貧しさのなかに)残っていないかどうか問うべきだろう――たとえば、一貫性のある語源学も使わずにヘーゲルがみずからのテクストに散りばめている語源学的な残滓〔reliefs〕がそれである。いずれにしても、それらは豊富な起源の残り物ではなく、むしろ残り物の残り物、つまり未開の文法の逸脱部あるいは余分な突出部の残り物である〔本書一七九頁の注138も参照〕。

(124) この伝統もまたこれまでずっと文法を論理的に奪い取ろうと努めてきた。しかし、ポール＝ロワイヤルでさえ、その『文法――一般・理性文法』と『論理学』のあいだには還元不可能な差異が――それがどれだけ小さいものであろうと――なお存している。それでも、本来的な意味での文法は今後もずっとヴォージュラの文法書ならびにその二重原則――慣用と類似――である。そこでは「理性は少しも考慮されず」」、そのためそれはもはや信仰になぞらえられるべきである。どちらの場合でも、「われわれは理性を超える諸事物のなかになお理性的なものを見つけ続ける」(Claude Favre de Vaugelas, *Remarques sur la langue françoise*, Préface, 1647)。これに関して、ヘーゲルならむしろ隔たりを強調するだろう。「広大で整合的な文法」(前注で読んだ定式)は少しも「一般的・理性的な文法」ではない、と。

四六七節を参照)。文法はこの「先取り」の様態で弁証法的過程に属する。しかし、「先取り」はその後も決してそれ自体として解明されることはなく、要請されたきり、漠然としたままとどまる。いったい、どうして「先取り」は呼び出されるのか。言い換えれば、なぜ体系はみずからそれを産出しないのか。あるいはまた、なぜ、文法を論じるのに都合のよい契機(古フランス語やドイツ語で言われるような、重要な〔*relevant*／揚棄的〕契機)を待たないのか。実のところ、体系はむしろつねにすでにはっきり「先取り」していたのだ。この契機が来ないだろうことを。

実際、文法が弁証法的過程のなかに「入る」ことができるのは下層からでしかない(まもなく見るが、この「入り方」は隅からすべり込む方法のひとつにすぎない)。この下層とはいわば、精神——端的な精神、言語の思弁的精神——に対してもっとも外面的な契機が位置づけられているところである。その位置でなら、極度に外面的なものについて語り、その弁証法的であると同時に非弁証法的である本性を特徴づけることもできるだろう。ともかく、それはひとことでこう言明される——文法は機械的である。文法的メカニズム、言語一般のなかの機械的《メカニック》なものは、ヘーゲルの文法の混乱を(曖昧にだが)説明するものである。それはヘーゲルの文法をアウフヘーベンのなかで作動させ、ただちにこの揚棄の動作を停止させる。一八〇九年の高校演説で、ヘーゲルは次のように明言している。

> 言語の習得にともなう機械的な側面は、単なる必要悪より以上のものである。というのも、機械的なものは精神に疎遠なものでありながら、精神に対して次のような関心を引き起こすからである。すなわち精神は機械的なものにふれて、みずからのなかに投げ込まれた消化されないもの[Unverdaute]を消化すること

〔verdauen〕に関心を抱き、また、みずからのなかにあるまだ生気のないものを理解し〔verständigen〕、それを固有の特性にすることに関心を抱くようになる。
いずれにせよ、言語の習得のこの機械的な契機〔Moment〕にただちに結びつけられるのは文法の勉強〔das *grammatische Studium*〕である〔…〕[*14]。

したがって、文法という機械的なものはひとつの契機であり、結果としてひとつのaufgehobene〔揚棄されたもの〕である。けれども、状況は依然として混乱しており、それにはいくつかの理由がある。第一に、われわれはすでに知っているように、文法の契機へのこうした言及はもっぱらBildung〔教養形成〕の言説のなかでしかなされておらず、そしてそれは体系‐外の余白的テクストである。第二に、われわれはいま、この文言がどのような特異な隠喩的混沌のなかへ転位されてゆくのかを見ることができた。すなわち、機械の消化ということが言われている。一種の困惑または文体の行き詰まりが起こっており、弁証法はここでたしかに困惑している。あたかも言語の弁証法がその頂点で、言い換えればまたそのもっとも必要な契機（「疎遠なもの」と「精神」とのアウフヘーベン）において、自分自身を越え出てしまったかのようであり、もしくは、あたかも弁証法が言語のなかに、ある過剰な契機を認識してしまったかのようである。それは絶対的に疎遠な二項を経由する契機であり、すなわち、一方にはアウフヘーベンによる取り戻しがあり、他方には機械的なものの上での不動化がある。両項は揚棄されることなく、修繕不可能なまでに分断されている。いずれにせよこの点は、機械的なものをもう少し詳しく調べさえすれば、確実に認められるにちがいない。言い換えれば、機械的なものを調べることで、文法にはヘーゲルのテクストを計算する機械の故障《アクシデント》、混乱、沈黙がある仕方で執拗に標記されており、文法がそれらから立ち直らない〔ne s'en relèvera pas／そこからみずからを揚棄しない〕ということがわかるだろう。

そうした故障のひとつ——あるいは混乱のひとつ——がここで産出されている。われわれはまさしくここで、文法が機械的な契機であることを読み取った。Moment〔契機〕は反省されたアウフヘーベンに「ふさわしい」名称であったが、それ自体はもともと機械論に属する名——あるいは機械的境位の名——以外のなにものでもない。そしてわれわれは、このメカニズムがあのアウフヘーベンについての〈註記〉のなかでどれほど両義的に機能しているかをすでに見た[*15]。そのとき、Momentがアウフヘーベンの隠喩として単に借用されただけなのか、あるいはアウフヘーベンがそこへとすべり込んで同一化したものであるのか、絶対的には決定できなかった。結局、「Moment」の意義はその機械的身分を取り外される〔relevée〕ことなく、むしろ梃子「それ自体」がその諸契機の機械力学《メカニック》においてまさしく弁証法的揚棄を実施する。これによってわれわれは突如、ある特異な字義性に投げ込まれるだろう。その字義性は意外にも正当である——梃子が上げる〔le levier relève／梃子が揚棄する〕。結果、思弁的機械なるものが存在する。Contradictio in adjecto〔形容矛盾〕、非弁証法的な矛盾。なにかがここでうまく機能せず、移行しない。もしかすると、過剰あるいは機械的な（文法的な）停止がまさしく梃子によってアウフヘーベンのテクストそのもののなかに介入しているのではないだろうか。そして、もしかすると梃子は、なんであれなにかを持ち上げる〔soulever〕代わりに——しかも揚棄する〔relever〕のではなおさらなく——、停止ブロックのようなものとして、不規則に、まったく別の仕方で機能しているのではないだろうか。

〔「blocage〔停止〕」は組み版の機械的な制約とも関係しており、すなわちそれは印刷用語としては「裏返された文字」――「欠けている文字の代わりに暫定的に使用される文字」（『リトレ』）――を指す。ところで、印刷術は揚棄の〔役に立つ〕機械的な発明である。「印刷術は［…］理念的な仕方で人々を互いに関連づけようとする要求に合致した」（強調はナンシー――*Philosophie de l'histoire*, éd. du Jubilée, XI, p. 517）[*16]。たしかに、いくぶん文法と同様に、この発明は歴史の各所ですでに発達をやめ、停止したままにある。たとえば中国人において。実際、中国人は「相変わらず文字を木版に彫ってそれから印刷するという段階にとどまっており、彼らは活字についてはなにも知らない」（*Ibid.*, p. 189）[*17]。〕

実際、機械的なものは多かれ少なかれ、またどれほどわずかであろうと、つねに弁証法的過程のなかに残っている。概念はひとたび推論において消去されたなら、みずからを客体にする――これは「疎遠な」（fremdartig）移行であり、命題の統語法はこの移行を表現することができない[125]。この客体の最初の契機は機械的なものである。「メカニズムの性格を構成しているのは、結合されたもの同士のあいだの関係が、それがどんな関係であろうと、当の結合されたものたちにとっては疎遠なものであるということである。［…］つまりこの関係は単なる並置［*Zusammensetzung*］、混合［*Vermischung*］、堆積［*Haufen*］といった関係以外のなにものでもない。物質的なメカニズムと同様、精神的なメカニズムもまた、精神のなかで関

（125）*Encyclopédie*, §193 et Remarque.〔W8 345／前掲『小論理学』四五六頁〕

係づけられている諸項が互いに対しても精神自身に対しても外面的なままである、ということをその本性とする」(126)。メカニズムには、反アウフヘーベンや非アウフヘーベンとでも名づけられそうなもののすべての特質が堆積している（実際にそうした名称をつけられるのは、そこにあらゆる意味での停止を見ることがもはや正確ではなく、言い換えれば、この場合では、停止を見ることがもはやひとを狼狽させないようなときだろう）。その結果、もし文法が機械的であるならば、論理学の特定の形式と形成とは文法において停止の位置にあることになる。それどころか、より以上のものがある。もし言語と機械的なものが恒久的に交流しており、その特異な交流網をヘーゲルのテクストのなかではっきりたどらなければならないとすれば、故障の悪影響が増大し、混乱が拡大する。

もしメカニズムが言語の一契機であるならば、反対に、ある特定の言語使用はメカニズムの一パラダイムであり、それももっとも機械的なメカニズムの、言ってみれば、形式的なメカニズムのパラダイムである。

> 圧すことや突くことが機械的な関係であるのと同様に、われわれは〔語を〕機械的に知っており、つまり暗記している。そのとき語はわれわれにとって意味をもたず、また感覚や表象そして思考に対しても外面的なままにある。*18

『エンツュクロペディー』一九五節のこの〈註記〉は、その文脈（機械論の章）では突飛であるが、それだけではない。この〈註記〉はのちの契機、すなわち言語活動が思考へとアウフヘーベンされる契機（四六三節から四六五節）を準備しており、それと同時にこの契機に矛盾してもいる。というのも、この契機においては、「暗唱すること［Hersagen］」すなわち「機械的に記憶すること」のなかで意味が抑圧されるからである。[*19]この機械的記憶によって「思考の活動への移行」が構成され、それゆえ「思考はもはやいかなる意義ももたない」[*20]。記憶機械、語の意味を空虚にするこの機械は、思考の境位へ導入する。ヘーゲルがつねづねくり返すように、思考というこの「純粋な境位」[*21]のなかでのみ現実的な思弁は産出され結節される。この境位に到達するために、暗唱中、言説は停止されなければならない。言語の暗唱はメカニズムのパラダイムであり、おそらくメカニズムのパラダイムそのものである（同時に、あえて言えば、メカニズムの統語法である）。なぜならメカニズムとはおそらく弁証法的過程のなかでは暗唱というこの空虚において、またこの空虚の形式に即して、言説を停止させる機能にほかならないからである。――したがって、言説全体が思考へと揚棄されるこの移行のなかで、「揚棄」そのものが機械を経由する。もはや意義をもたないこと、これはアウフヘーベンにとって、もはや辞書上の二つの意義をもたないことであり、ただひとつの思弁的な意義だけをもつことである。

かくして思弁的意義――アウフヘーベンという語の「意味」であると同時にアウフヘーベンという過程の産物でもあるもの――はいかなる意味ももたないものである。けれどもそれは無《ノン》-意味《サンス》という否定的な様態ではなく（それは一面的な様態であろう）、かといって、揚棄された意味という様態でもない（「思弁的な意義」という表現ではあるが）――なぜなら、この機械は意味を揚棄したのではなく、意味を汲み尽

（126）*Logique*, II, p. 360.〔W6 409–410／［下］一九四頁／［3］一五八頁〕

くしたからである。機械は意味を廃棄して空虚な語を保存する。機械のこの操作は形式上アウフヘーベンと同じであり、それゆえそれは外見上アウフヘーベンの姿をしている。しかしそれと引き換えに、「本来的な」アウフヘーベンには容認されえない転位が起こっている。(ただし、機械的操作がそのようにひとつのアウフヘーブングであるのは唯一、語と意味が厳密に同じものである場合にかぎられるだろう。われわれは必要上ヘーゲルの「ソクラテュロス主義」について語ったが、[*22] その観点から考えれば、語と意味が同じものであるという事態はせいぜい思弁的な語に対してしか生起しない。しかもそのさい、代償として極端な歪曲や留保に着手することになる。要するに、この意味は「素朴」であるか、あるいはむしろいかなる意味でもない。) 揚棄された意味でのアウフヘーベンといったものは存在しない。存在するのは唯一、テクストのあちこちで暗唱されたアウフヘーベンだけである。このアウフヘーベンは意味をもたず、意味そのものをもっていない——あるいは、意味はアウフヘーベンをもたない。ひとはそこで記憶機械を経由する。この記憶という名詞は、ヘーゲルがただちに注目を促しているように、それ自体がひとつの思弁的な語である。

記憶 [*Gedächtnis*] については軽蔑的に語ることが先入見となっているが、われわれの言語はこの記憶に対してすでに高い地位を与え、思考 [Gedanke] との直接的な親縁関係を認めている。[*23]

しかし、機械を経由して思弁的な名詞へといたるこの移行、言い換えれば「記憶と思考の有機的な連関」は、「精神論においてこれまでまったく注意を払われてこなかった点のひとつであり、実際もっとも難解な点のひとつである」[*24]。――難解（schwer／重い……）、たしかにそうである。記憶はここで少なくとも部分的には、記憶の本性すなわち機械そのものによって解明されることが期待されてよいはずで、そのためには、さきほどの一九五節〈補説〉のメカニズムの契機に立ち返らなければならない。しかし、このやり方での記憶の解明は、正式な手続きを経ることなく一挙に禁止される。

精神的世界の領域のなかにもメカニズムはそれなりの位置をもっているが、しかしその位置はやはり同様に単に従属的なものである。機械的な記憶とか、たとえば読む、書く、演奏する等々のような、あらゆる種類の機械的な活動とかについて話されるのも、もっともである。これに関して、記憶についてより立ち入って言うならば、機械的な行動様式というのは記憶の本質にさえ属する。［…］それにしても、記憶の本性を究明するために機械的なものを頼みにするようなひとがいたとしたら、そのひとはまずい心理学者であることが判明するだろう[127]。

---

(127)〔訳注――W8 354／前掲『小論理学』四六七頁〕このような従属化によってメカニズムは奇妙な隷属的地位に置かれる。すなわちメカニズムは、それ自身は揚棄されず、揚棄されえない一方で、揚棄する機械を形成する。言い換えれば、アウフヘーベンはここで一種の未決定をこうむり、あるいは機械による停止をこうむる。こうした事態はヘーゲルのさまざまな箇所に見つかる。たとえば、目的論が客観から〈理念〉への移行を確実におこなう決定的な契機で。「この関係［目的化された活動における客観との関係］はいまや目的に役立つ機械論と化学論の領域であり、目的はこれらの真理と自由な概念である。主観的目的とは、客観的なものが互いに摩耗し［abreibt］揚棄し合うプロセスの力として、同時にそれ自体はこのプロセスの外に身を持しながら、このプロセスのなかで自己を保持するものである。これこそは理性の狡知である」（*Encyclopédie*, §209〔W8 365／前掲『小論理学』四八

思弁的な意味への移行、すなわち語に即してアウフヘーベンとアウフヘーベンがもつ複数の対立する意味とのなかで生起する揚棄は、機械力学《メカニック》の諸法則から切り離された機械によって操作される（だからといって、この機械が機械力学の別の法則を知っているというわけではない）。そのため、記憶は梃子の特異な諸特性をくり返す。記憶も梃子もどちらも技術者用の機械ではないし、けれどもまた、どちらも意味の生ではない。両者はむしろ古い意味での「メカニック」であり、つまり粗野な者や読み書きのできない者、さらには愚鈍な者やろくでなし、と言われていたものである。ここには言語のある種の「素朴さ」がふたたび見つかるだろう。それゆえ、可能であれば、記憶と梃子のために素朴機械という奇異な概念を造り出す必要があるだろう。——それでも、この機械は素朴でありながらも、思弁的な名詞——Gedächtnis〔記憶〕——をもっているというただそれだけで異彩を放っている。そしてGedächtnisの思弁性それ自体は言語のなんらかのバネ、機械的なもの、あるいは機械仕掛けから借用されている。

言語は文法と記憶のあいだで、みずからの形式に即して、メカニズムへと分解される。メカニズムはアウフヘーベンに抵抗する——逆もまた然り。どちらか一方が余分である。混乱し逆説的なかたちですべては起こる。あたかもあのアウフヘーベンの〈註記〉において控えめだが強力で麻痺をもたらす緊張が発生し、揚棄の二つの極および二つの名を、思弁的なものと機械的なものを、言語と梃子を、アウフヘーベンとMomentを、取り返しのつかない仕方で分断したかのようである。素朴機械は、規制された諸命題によってアウフヘーベンの結節作用を保証する類の言説装置ではない。それはむしろこの言説装置の結節を外してしまう。さらに、この素朴機械は巧緻なものではないゆえに、そもそも機械とさえ言い難い。それはむしろ不完全な、あるいは壊れたメカニズムである。それは半分しか機能せず、あるいはときどき言説を停止させ、つまり言説の緊張をほとんど維持できなくする。

この緊張を分解する——あるいは断ち切る——ことができるもの、それは語である。統語法に関するこれまでの全行路を通じて、われわれはすでに数頁前に語へと、とりわけ名へと否応なく連れ戻されていた。名だけが機械を避ける〔échapper〕ことができ、あるいは機械を再始動することができる（奇妙なことだが、この点はヘーゲルにおいても同じだろう。すなわちヘーゲルにおいては、機械についてなにかを「言う」ことができるのは「語」ただそれだけかもしれない。たとえば排気〔*échappement*〕という語。それは排出ガスを規制するメカニズムである……）。語が——統語法ではなく——Hersagen の内容を、つまり機械的暗唱の内容を形成している。ひとは「もろもろの語にいかなる意味も認めないとき」それらの語をよく暗記している。[*25] 命題は文脈から切り取られ、言説の各品詞は他の語との関係から抜き取られる。すべては

一頁〕）。かくして、1. 客観のアウフヘーベンは単なる摩耗によって規定される（いずれにせよ、摩耗に汚染される）。2. 主観的なものは磨耗とアウフヘーベンの外に、つまり機械の歯車が及ばぬところに保存される。3. 全体は理性の狡知であり、お気づきのとおり、それはなによりもまずヘーゲルのテクストの狡知として顕現する。しかもテクストはここで、アウフヘーベンにそなわる極度の機械的厳密さを主体には免除している。したがって、正しい思弁をおこなうためには、アウフヘーベンというこの「正しい《ボン》」語を適切かつ巧みに利用するすべを知らなければならない……。

っとも初歩的な文法を学ぶときのようにおこなわれる。ひとは「精神を一字一字読み解く」――まさにこれによってひとは立ち上がる〔se relever〕。一字一字読み解くこと、それが読むことであり、そして、暗唱すること、これが思考することである。けれども、このとき発される語は空虚であり、なおかつ語であることをやめない。(128) 語は意味をもたず、そしてよい読み方は調子《トーン》をつけないことからなる。この読み方はそれと引き換えに強弱《アクセント》を消失させる。少し前から認識されていたとおり、ここではどうやらすべてが強弱をめぐって演じられているにちがいない。

そのように暗記されたものは、それゆえ、おのずから〔von selbst〕強弱なしに〔akzentlos〕暗唱される。(129) 語は機械を避けない。これによって、意味論的なものが統語法に関するものの外に復元され、また、名に関する《オノマスティック》ものの純粋性や思弁的な渾名性《エポニミー》の純粋性さえもが抽出される――そこには言葉の思弁は存在しない。排気のメカニズムは強弱のない語を生み出し、言い換えれば、語は機械によって強弱をそぎ落とされる。アウフヘーベンは命題「のなかで」生起するのではなく、その形式に即して、強弱の喪失として、すなわち純粋な拍子系として生起する。(130)

命題一般の形式と、この形式を破壊する〔zerstören〕概念の統一とのあいだには衝突が起こるが、この衝突は、リズムのなかで拍子〔Metrum〕と強弱〔Akzent〕のあいだで起こる衝突に類似〔ähnlich〕している。リズムというものは、拍子と強弱のあいだに浮遊している中間〔die schwebende Mitte〕ならびに両者の統一から、結果として生まれる。〔…〕命題の形式とは特定の意味の現れであり、あるいは命題の内実を区別する強弱である。だが、述語が実体を表現し、主語そのものが〔述語の示す〕普遍的なものに帰着する場合、それは統一であり、この統一のなかではあの強弱の響きはやむ［verklingt］(131)。

(128) これらの語は実際には、「おぼろげで空虚な意識」の「ブラフマン」が「内面で」くり返す独特の音節――「オーム、オーム、オーム」――のような、無に等しい音節とひとつになるものではない（*Logique*, I, 83〔W5 101／〔上二〕八六頁／〔1〕八六頁〕）。つまり、暗唱される語のなかで語っているのは、内面的な声ではない。それはまだ声なのだろうか。もちろん。だが、その代補的構造を丁寧に展開するかぎりで、である（cf. J. Derrida, *la Voix et le phénomène*, ch. VII〔『声と現象』高橋允昭訳、理想社、一九七〇年、第七章〕）。したがってその暗唱はヤコービの原母音へと連れ戻すことはないし、みずからの強弱を待望しているわけでもない。ひとは「精神の母音」を一字一字読み解くが、しかし精神の母音は複数であって、そしてこれは起源の状況ではない。言い換えれば、強弱は失われる。言語活動を誕生させる代わりに言語が解体され、あるいはむしろ言語は行路を変更させられる。

(129) *Encyclopédie*, §463, Remarque.〔W10 281／前掲『精神哲学』三八五頁〕

(130) この韻律法より以前に、あるいはそれを追い越して、命題の機械的なもののまた別の形式が提示されている。それはより文学的か、あるいはより文学的でない形式であり、すなわち「反撃〔Gegenstoß〕」、述語の「質量〔Maß〕」、思考が「引きとめられる」「重み〔Schwere〕」といった形式である。これらはわれわれがこのあと引用している段落の直前の段落に見つかる〔W3 58／前掲『精神の現象学』五九頁／〔ちくま版（上巻）〕一〇七頁〕。

(131) *Phénoménologie*, trad. Hippolyte modifiée, I, p. 54.〔W3 59／前掲『精神の現象学』六〇頁／〔ちくま版（上巻）〕一〇八―一〇九頁〕

このテクストの一段落あとのところで、柔軟な読み－書きのために命題の形式を揚棄する必要があると言明される。[*26] 言い換えれば、このあとのテクストは最初から、われわれがヘーゲルの言説におけるアウフヘーベンを直接的に把握することを禁止している。したがって統語法のアウフヘーベンは——すなわちアウフヘーベンの統語法（アウフヘーベンの「叙述」）は——すでにzerstörenつまり破壊として規定されている。それは意味のためではなく、拍子のためである。拍子——Metrumというラテン語をそのまま転記した語——は強弱が消えてからもただひとつ存続し、あるいは暗唱のように強弱なしでもおのずから進む。アウフヘーベンは強弱なしにおのずから進む——理性的なものの形式である推論は、拍子系のなかで規制される。揚棄はリズムではなく、つまり二項ないし二極に交互に強弱をつける「中軸線の揺れ動き」ではない。揚棄とは、もしそれが「ある」ならば、詩のない拍子〔韻律〕であり、未完成の機械のメカニズムであり、強弱のない言説である。まさにこのようにして、揚棄の語は各語のあいだにすべり込まされる。そこはいわばもろもろの命題の曲がり角あるいは迂回点である。揚棄の語はこれによって、統語法も意義も言うことのできない事柄について発言する。この語——アウフヘーベン——は強弱のない拍子で言明され、あるいは強弱なしに自分自身を発音する。

かくして、アウフヘーベンのテクストは次のような仕方で読まれる。拍子にかかった機械的な仕方で、その形式に即して、水のなかで語る、中性の声によって。[*27]——「凝集を欠いた水は音をもたない。水の運動は、水のまったく流動可能な諸部分の単に外面的なだけの摩擦として、ただざわめき［Rauschen］だけを与える」(132)。

〔アウフヘーベンの声？――「私は動じることなく大きな声で次のような真剣で冷たい詩節を宣言し、それをあなた方に聞いてもらうつもりである……。それでも、もし可能であれば、それを読み上げる私と同じぐらい、あなた方にも落ち着いていてもらいたい。読み上げることを私はすでに後悔しているが……。

古の海、水晶の波……。

古い海、お前は同一性の象徴だ。[*28]」〕

（132） *Encyclopédie*, §300, Remarque.〔W9 171／『ヘーゲル全集2a　自然哲学（上巻）』加藤尚武訳、岩波書店、一九九八年、二一四頁〕

第五章

語、思弁的なもの

「統一と区別は貧しくみすぼらしい響きによって、たとえば壮麗な太陽に対して、東と西に対して、すべての事物がみずからの東と西をそれ自体でもっていることを伝えている。しかし、福音は貧しい人々に説かれ、それゆえ彼らが神を見ることになる。」

（*Wastebook, op. cit.*, p. 561.〔W2 561〕）

［おのずから明らかなように、かりに結論する—— schliessen ——ことができるならば、問題はいまやもう解決済みだろう。だが、こんな所業はいい加減である。中性の声は「貧しくみすぼらしい響き」などもっておらず、それはむしろたぶらかすような響きでよき言葉を告げる。］

アウフヘーベンという語。それは強弱なしに発音され、にもかかわらず、空虚な音節でもなければ、声以前のざわめきでもない。あらためてここであの註記を、その読解に適したより中性の調子で読んでみよう。

揚棄することと揚棄されたもの（理念的なもの）という概念は、哲学のもっとも重要な概念のひとつであり、まったくどこにでも回帰してくる根本規定である。その意味は特定の仕方で把握され、とくに無から区別されなければならない。――自己を揚棄するものは、［…］みずからの由来である規定性をなお自己に即しても っている。[*1]

もっとさきでは

存在と無はいまでは契機であるため、それらはさらなる意味と表現を獲得する。[*2]

もしこの〈註記〉が全体として――あるいはそれぞれに――意味の規定を消し去ったり混濁させたりする目的で動いているとしても、それでも意味の規定がなお端緒と終わりを形成していることに変わりはない。アウフヘーベンはもろもろの語を超えた一語ではなく、つまりそれは意味の無〔un néant de sens〕でもなければ、神的能力をもった、口に出してはいけない名でもない。アウフヘーベンは自己に即して――an sich――規定性をもっており、言い換えればそれは、命題が提出するものを自己に即して、統語法なしにもっている。

したがって、揚棄の語はみずから消え去ったりはしない。それはむしろ、こう言えるなら、それ単体で統語法を形成する。揚棄の語は特定の仕方で発音され、それによって統語法を形成する。それは各契機で発音され、つまりそれは哲学書のテクストのなかに書き込まれており、ひとはそこにこの語を読むことができる。かくしてこの語はテクストにおいて、これ以降、ある例外的な浮き彫りを手にする。浮き彫り〔*relief*〕は強調《アクセント》ではない。それはただの突出部であり、そしてまた残された部分である[*3]――気づかれるとおり、この二重の意味には思弁的なところは一切ない（ラテン語の語源によっても、ならびにわれわれのここでの使用においても、「relief」は「relève〔揚棄〕」の非思弁的なダブレットないしは分身である）。――アウフヘーベンならびにすべての思弁的な語はまさしく、形式とその強調が形式に即して、また前置詞 an の浮き彫りによって消滅するとき、なお残っているものである。さらに、そのように突き出ているもの――ざわめく水の波頭――はそのつど、分散した複数の思弁的な語であると同時に、それとしての語そのもの、注目すべき語である。この語（「アウフヘーベン」あるいは別の語――といっても結局アウフヘーベンだが）は思弁的なものであるが、しかしそれは統語法も繋辞もなしに思弁的なものである。すなわち、「語、思弁的なもの」（あるいはより正確には「語、コンマ、思弁的なもの〔le mot, virgule, le spéculatif〕」、あるいはふたたび命題の形式ではおそらく「語は思弁的なものにコンマを付す〔le mot virgule le spéculatif〕」となる。なぜなら、「virguler」はひとつの動詞であり、コンマを付すという行為であり、最小の停止だからである。思弁的なもののなかに一個のコンマが、短い一線が、短い差し棒が、余分に、斜めから挿し込まれている）。こうした語の浮き彫りにこそ、より厳密に言えば、つながりのない、控えめで、あるいは反目し合う一連の浮き彫りにこそ、なお関心をもたなければならない。

一連の浮き彫り全体は『論理学』の冒頭と終わりに見つかる（といっても、浮き彫りはそれですべてではないし、また全体に占めるそれの割合がそこで正確に計算されるわけでもない）。そこでは語の残り物が浮き彫りになっている。（言い換えれば、そこでは二つの規定が浮き彫りになって残っている。その規定の運動ないし仕組みは、おそらくあの〈註記〉の運動をきわめて厳密に反復している。〈註記〉の運動は概念の意味を規定することからはじまって、Dasein〔定在〕の規定態を措定して終わっていた。〈註記〉でのこの二つの規定と『論理学』での二つの規定とのあいだに――少なくとも――どのような対応関係が確立されるかは、容易に理解されることになる。周知のように、『論理学』は「もろもろの円環からなる円環」[133]である。そうすると、円環のなかでもっとも小さい円環――こう言いたければ、もっとも内面的な円環――は、おそらくこのアウフヘーベンの〈註記〉の円環である。この補遺テクストはそのようにして入れ子構造のテクストとなっている[134]。実際、思い出されるように、『論理学』のはじまりは「空虚な語」であり、つまり存在の直接性としての語の空虚さであった。そして『論理学』は最後に、語の消滅を提示するものとして自分自身を提示することで完成する。「論理学はそれゆえ絶対理念の自己運動〔die Selbstbewegung〕をただ根源的な語としてのみ〔nur〕提示する。この語はひとつの外面化〔*Äußerung*／発言〕であり、しかしそれは、それが存在するとき〔indem sie ist〕、外面的なものとしてただちにまた消失してゆく〔verschwinden〕ような外面化である[135]」。――おそらく、ここで〈論理学〉を限定する形式〔nur〕で言明されていることは、契機の身分に対して当てはまる。なぜなら契機の身分は〈論理学〉そのものの身分でさえあるからだ。実際、〈論理学〉は体系のなかで揚棄されなければならないし、結局のところ体系の形式を構成しているにすぎない。しかし、論理学的契機はまた――それが形式の契機であり、また、この形式の形式つまり推論の形式は「移行」しない、というまさにこの理由で――まったく同時にほかのすべての契機の揚棄の契機でもある。ヘーゲルは直前でそのことを書いている。「絶対理念の論理的な側面はまた、絶対理念の一様態〔*Weise*〕と呼ばれることができる。しかし、様態という語が特定のあり方を、つまり形式の規定性を指示する〔bezeichnet〕場合には、論理的なものは反対に、あらゆる特定物をみずからのなかへ揚棄し、包み込む〔einhüllen〕、普遍的な〔allgemein〕様態となる」[136]。――それゆえまったく同様に、語の外面性が消失することは普遍的で決定的な形式（もはや語ではないもの〔*plus un mot*〕）へと移行することでもある――消失して移行するこの契機の極点で、語は新たな外面性をまとって、あるいはこれまでの外面性を維持しつつ更新したかたちで、再浮上する（なおひとつの語、さらなる一語〔*encore*

(133) *Logique*, II, p. 504.〔W6 571／〔下〕三八三頁／〔3〕三〇五頁〕

(134) これによって、以前われわれが試みに主張したことがよりよく認識されうるだろう〔本書六九頁の注44を参照〕。この思弁的な入れ子構造はみずからのうちに光学的で鏡面的な入れ子構造を構成しており、そこでは無限の反射が戯れている――さらに、この入れ子構造〔abyme〕はあるいは紋章の中心点〔abîme héraldique〕である。後者は紋章の中央や中心にあり、また、紋章の両側面、諸点、諸区分のあいだ、へそより上にある。紋章部分や図柄がひとつだけのときは、その位置は中心になるよう義務づけられている（そのときこの位置は「en abîme」と言われる）。この場合にしばしば見られる――それほど頻繁ではないが――図柄は、紋章のほかの部分（たとえばその縁取り）の色（あるいは金属、あるいは毛皮）をくり返すものである。図柄自体が盾であることもある。背景に別の紋章を背負った入れ子構造の紋章もある――このような連続したくり返しはそれだけで見るに値するし、紋章学の対象ともなる（すなわち解読され、「専門用語で芸術的観点から説明される」――あるいは比喩的な意味で中傷されたり茶化されたりする）。哲学的光学のもっとも身近な分身として、この紋章学はつねに、深淵で浮き彫りになっているもの〔un relief dans l'abîme〕を読み取らなければならないだろう。それは〈絶対者〉の同一化作用のなかに含まれた隔たりもしくは暗礁である。

(135) *Logique*, II, p. 485.〔W6 550／〔下〕三五七頁／〔3〕二八五頁〕

(136) *Ibid.*, pp. 484–485.〔W6 550／〔下〕同前／〔3〕同前〕

un mot, un mot de plus〉)。ここで再浮上してくるのは、ほかでもない、あの「空虚な語」である（それゆえこの再浮上は復活であり、実際、ここでの一切は語「das Wort」の曖昧さを利用することによって、受肉し死して復活した御言葉《ヴェルブ》＝キリストを例にしている）。この語は、『論理学』がそこから「はじめる」必要のあった語である。これが〈論理学〉の、すなわち体系全体の一般的浮き彫りである。[137] 語の消失は同時にまさしく語の外面化であり、発語である。Verschwinden、verklingen〔消失する、次第に消える〕。消え行くアクセントはなおひとつの音を立てる――すでに音を立てている。最初の音、空虚な語の音を。最終的に、すべては暗唱する記憶の機械力学にゆだねられる。すべてははじまっている。なぜならずっと以前から、終わって以後、記憶はすでに語を暗唱していたからだ。

どんな語を？――すべての語を。ただし、それらの語のアクセントは消失している。暗唱されたのはそれゆえ御言葉――ただひとつのアクセントと意味をもつ語――ではなく、言語あるいは諸言語を越えて分散する複数性である。暗唱とは原初の発話《パロール》を把持することではなく、意味とアクセントを付与されているかぎりでの言語を消去することである。たとえば、思い起こされるように、〈論理学〉という学問が開始されるはるか以前から、ドイツ語は意味の空虚な（かつ充実した）かぞえ歌を暗唱していた――「Dinge-Denken」[*4]。しかし、すべての語のこの「前‐後」はつねにアウフヘーベンという語の形式をもち、あるいはつねにこの語の形式に即して起こる。アウフヘーベンの語が浮き彫りになる。この注目すべき語はどこにでも回帰してきて、語彙の消失を言い渡し、すなわち（対立する）意味を語彙の舞台上から追い落とす。かくして、浮き彫りのものあるいは注目すべきものはその到来や出来においてつねに、どこでも、アウフヘーベンの〈註記〉の形式――幸運な驚き――をとる。

思弁的思考にとっては、それ自体に即して思弁的な意義をもっている語を言語のなかに見出すことは、喜ばしいことである。[*5]

しかし同時に、だからこそ浮き彫りは複数であり、群島の形式にある。実際、幸運な驚きはいくつかの語にともなう。ヘーゲルはすぐさまこう付言する。

ドイツ語はそうしたいくつかの語をもっている。[*6]

言語全体をみずからのうちで揚棄するような語は存在しない。言語には複数の浮き彫りになった語が存在し、あるいはむしろ残っている。(138)——そうすると、もしそれら複数の浮き彫りの語のすべてがその出来《しゅったい》

---

(137)「哲学の特殊学」に関係する「ほかの」様態として宣言されているのは、直前のヘーゲルの指示によれば、少なくとも芸術と宗教である。両学が(お互いに)アウフヘーベンの文体とどのような関係にあるのかは、別のところで検討されるべきだろう。

(138) すでに指摘したように、未開の原始的な言語はそれほど貧しいものでも使い古されたものでもなかった〔本書一五四頁の注123を参照〕。けれども、この奇異な起源は哲学の歴史によって考慮されることはなく、同じく、思弁的な語についてこの起源が参照されることもない——とにかく、それはいかなる言語の起源でもないだろう。思弁的な語はその富も含めてせいぜい起源の残り物であり、その上、この起源それ自体も残り物である。それは、未開民族が分散し移住するなかで切り分けられ、半分だけ貪られて投げ捨てられた起源である(*Philosophie de*

〔événement〕にさいして、またまったく同様にその思弁性において、アウフヘーベンの形式をそなえるものであるならば、「アウフヘーベン」の語は結局のところあの常軌を逸した特権を授かるものではなくなる[139]。われわれはこのことをすでに知っている。事実、アウフヘーベンの語はこのあと、母国語の直接性と無反省とに脅かされて、Moment へと移行する（Moment の語はほぼラテン語であるが、別のラテン語 tollere はアウフヘーベン「までは達しない」と言われる）。

したがって、統語法はわれわれを意味論へと連れ戻し、この意味論のなかに、不完全で未完成でうまく機能していないひとつの意味論的なもの（および意味論主義）を見出させる。あるときは語が残り物としてあり、あるときは語が残っている。特定の諸語が思弁的な意味をそなえ、その幸運に驚くとしても、だからといって「この語は思弁的なものである」とまで言明することは許されない。この命題はほかの命題と同様に破壊され揚棄されなければならない。言い換えれば、われわれは思弁的なもののただひとつの語なるものを発することはできない。アウフヘーベンはおそらく正しい語〔un bon mot〕であるが、それは事態の真相〔le fin mot〕ではない。われわれはただ統語法と意味論のあいだで「語、思弁的なもの」とだけ書けるにすぎない。というのも、このように言明されたもの——まだこう名づけることができるなら——がそなえる特異な規律は、おそらくあの〈註記〉のテクスト全体の規律にほかならないからである。実際、〈註記〉は語の意味に〈または「概念」に——われわれはこの「概念」について、当の〈註記〉がそれを予告するのかどうか、あるいはそれを喚起するのかどうか、このさき決して知ることはなく、言い換えば〈註記〉はおそらくその両方をおこなっており、概念の構築を消去している）要約されはしないし、厳密な論理で再構成されることもない（そうではなく、〈註記〉はただ特異な集合体として、あるいはテクストからテクストへの移行として読まれるだけである）。

浮き彫りのこの規律《レジーム》（あるいは領域《レジヨン》と言ってもいいだろう）が形成するものこそ、おそらく、ヘーゲルにおいて語（あるいは諸語）の構成と使用を保証する当のものにほかならない。それら構成と使用の完全

---

l'histoire, loc. cit.〔W12 85–86／『ヘーゲル全集10a　歴史哲学（上巻）』武市健人訳、岩波書店、一九五四年、一〇一―一〇二頁〕）。話しているとき、とおりすがりに、ひとはたまたまこの起源に出くわすことがある。これはなんだ？――こう尋ねることさえできないのではないだろうか。

（139）　それゆえこの語は常軌に戻る。しかしそのとき、この通常の軌道は浮き彫り〔残り物〕から作り上げられているか、あるいはそれらの影響を被っており、そしてこれこそはヘーゲルの特殊性であるだろう。ヘーゲルに「コペルニクス的革命」は存在しない――おそらく存在するのはむしろもろもろの軌道が歪む事態だろう。あるいはまったく別の偶発事が存在し、それが軌道の純粋さを阻害しているのかもしれない。そうすると、ヘーゲルがヤコービ哲学の批判像として提案したもの――「この理性が提示する理性の象徴である円環には、手の皮一枚がくっついている。この一皮は、もし理性が学問的な関係をもって、概念とかかわる場合には、それなしで済ませたいと望まれているものである」（*Foi et savoir*, trad. Méry, p. 244〔W2 356／「信仰と知」『ヘーゲル全集第3巻　イェーナ期批判論稿』所収、田端信廣編、田端信廣ほか訳、知泉書館、二〇二〇年、五一一―五一二頁／『信仰と知』上妻精訳、岩波書店、一九九三年、八二頁〕）――と、ヘーゲル自身を比較すべきなのだろうか。あるいは、ヘーゲルのテクストのなかのそのような不安定にする像を――ほかのいくつかの像のなかから――選択していること（あるいはでっち上げていること）それ自体を問いただし、それゆえまた別の形式の常軌逸脱を問いただすべきなのだろうか。以上の問いについては別の場所で取り組むことになるかもしれない。

な分析に乗り出すわけにもいかないので、ここでは手短に、それらのもっとも突出した要素のいくつかを取り上げることにしよう。

Phantasie の浮き彫り

ご承知のとおり、ヘーゲルの記号論は構想力（Einbildungskraft）の契機に属する。構想力は記号を産出するものとして規定され、Phantasie〔空想〕の名をもつ（言語の観点から述べるなら、ここで問題となっている構想力には理論的‐技術的（専門用語的）な価値はほとんどなく、もっぱら活動的で自由な価値がそなわっている——すなわち、ヘーゲルの規定ではPhantasieは「象徴化し、アレゴリー化し、あるいは創作する［dichtende／文学的、詩的なフィクションを創作すること］構想力」である）[140]。空想はそのようにして構想力の第三契機にいたって、「Zeichen machende Phantasie」すなわち記号を作る空想となる[141]。——したがって、語は空想によって作られ（gemacht）、創作される（gedichtet）。ところで、空想はひとつのアウフヘーブングであり、つまり内面的なものと外面的なもののアウフヘーブング、より正確には「固有のもの」と（思弁的な語のように外部に偶然）「見つけられたもの」とのアウフヘーブングである。

空想は中点［der Mittelpunkt／中間、妥協点、手段（たとえば梃子）］である。ここにおいて一般的なものと存在、固有のもの［das Eigene］と見つけられた存在［das Gefundensein］、内面的なものと外面的なものは、完全にひとつのものに［in eins］創り上げられている［geschaffen］[142]。

---

(140) *Encyclopédie*, § 456.〔W10 266／『ヘーゲル全集3　精神哲学』船山信一訳、岩波書店、一九九六年、三六五頁〕

(141) *Ibid.*, § 457.〔W10 268／同前、三六八頁〕

(142) *Ibid.*, Remarque.〔*Ibid.*／同前〕――ここから次のように続けられる。先行の諸契機は同じ諸要素の総合であったが、しかし空想はもはや総合ではなく、また外面的な結合でもなく、それは「具体的な主観性」である。――とおりがかりに指摘しておこう。周知のように、この構想力論はある論点を表象しており、すなわち構想力の議論でヘーゲルはかぎりなくカントに近いところに身を持していると言うことができる（J・デリダが留意している点――*Le puits et la pyramide*, p. 39〔*Marges – de la philosophie*, Paris: Minuit, 1972, p. 90／「竪坑とピラミッド」『哲学の余白　上巻』所収、高橋允昭・藤本一勇訳、法政大学出版局、二〇〇七年、一五三頁〕）。あるいはこの議論はヘーゲルによるカントのアウフヘーベンであると言ってもよく、いずれにせよここではbewahren〔保持する、保管する〕がaufhören lassen〔終わらせる、やめさせる〕より優位に立っている。ところで、まさしくこの箇所において、Schema〔図式論〕によるBegriff〔概念〕のBedeutung〔意義〕がカントにおいて産出される。この図式論が特異な輪郭（「モノグラム的な」輪郭）と特異な地位（「間接的」、比喩的、修辞的、witzig〔機知に富んだ〕、「崇高な」、さらには怪物的でさえある地位）をもっていることを、われわれは別のところで示している（*Le discours analogique de Kant*、近刊予定[*7]）。すなわち、この図式論の輪郭と地位は哲学的なExposition〔叙述、導入、梗概〕を、ある不可能なDarstellung〔提示、叙述、上演〕が退去したあとになお残っているものとして規定する。そしてこの残り物としてのExpositionは、Bedeutungをもっぱらそれ「固有」の類比物《アナロジー》として機能するよう定める。したがって、この観点から見れば、カントの契機や主題はヘーゲルのなかにもしぶとく存続しており、そしてこのことはまったく同時に次のようにも考えられそうである。すなわち、ある異物がspekulative Bedeutung〔思弁的意義〕の過程そのもののなかにありながら、アウフヘーベンされることに抵抗している。カントは――機械のアウフヘーブングとしての空想は理性である。「この統一化〔Einigung〕の活動としての空想は理性である」――しかしそれは「単に形式的な理性にすぎない。なぜなら、空想の内実〔*Gehalt*〕そのものは無差別〔gleichgültig〕であり、それに対して理性そのものは内容をも真理へと〔*Inhalt zur Wahrheit*〕規定するからである」[142a]。――ここでこれ以上ないほど正確に書かれているとおり、アウフヘーベンの語に作用し、そこで作動する合理性〔rationalité〕そのものは、空想の合理性にほかならない。実際この理性は形式的であり、そのようなものとして少なくともさしあたり、論理的理性の一般秩序に属する。したがって空想の内容は当の内容にとって無差別であり、あるいはより正確には――そしてテクストに忠実に従えば、つまりGehaltとInhaltの近隣関係に、もしくは一方から他方へのすべり込み関係に身を持すならば（このすべり込みはヘーゲルの言語においてたしかに思弁的な性格をもっているにちがいない）――、空想の内容はその内実のなかでは当の内容にとって無差別である。この内実つまりGehaltは、釣り合い、含有量、パーセンテージであり、それゆえ価値〔数値〕である。あるいは記号の観点から見れば、それは規定態にそなわる意義である。したがって語彙的な内実〔辞書的意義〕もまた無差別であり、それゆえたとえば「二つの相反する意義」が同一の語のなかで共有されたり釣り合っていたりする（これはよく考えればありそうもないことである）。空想はこうした語彙的舞台を規制することもなく、その手前もしくは別のところで進行する。さらに、ここでのテクストは、内実の無差別〔indifférence〕がまったく同様に内容の未－差別〔non-différence〕（未－規定）でもあることを排除していない。そうすると、次のこともありえないことではないだろう。空想における形式と内容のある種の同一性は、特定の諸語「に即して」見出すことのできる「思弁的な意義」と等価（gleichgültig）である。——そうした語にひとはまったく偶然にぶつかり、そして空想はそれらの語を意義の「含有数」に関係なく揚棄し、思弁的内面性へ統一するだろう。もしそうなら、意義（規定された意義——とはいえ、規定されていない「意義」といったものはいったいありうるのだろうか）はすでに空想のなかで、あるいは空想によって、揚棄しつつ揚棄されており、意義をこのように措定することによって記号の理論は開始する。——空想の操作について言えば、それはアウフヘーブングであるよりも（言い換えれば、Phantasie の本性や構造がこの概念に包摂されるというよりも）、むしろアウフヘーベンの語との、すべての思弁的な語との、〈語、思弁的なもの〉との出会いそのものである。この出会いは、〈註記〉から〈註記〉へと各テクストが目立たない仕方で接続する結果として生じる。〈語、思弁的なもの〉は見つけられ、集められ、揚棄され、そうして記号を作る。

このことはある二重の浮き彫りを引き起こす。なぜなら、空想についてのこのテクストはそれ自体としてはアウフヘーベンについて語っていないし、またいかなる思弁的な語についても語っていないからである。もっとも、これは論理的な事態であり、というのも、もろもろの語の秩序全体はようやくこの段階で産出されるからである。さて、第一の浮き彫り。空想のなかではアウフヘーベンは来たるべきものにとどまっている。——だが反対に、あのアウフヘーベンの〈註記〉はと言えば、それはそれで空想についてはなにも語っていない。あるいは少なくとも、ある種の空想がいくつかの語に即して思弁的な記号を作り出

ように——同化できないままに残っているだろう〔本書一九七頁の注156も参照〕。

（142 a） *Ibid.*, Remarque.〔W10 268／前掲『精神哲学』三六八頁〕

しうることについては、なにも述べられていない。別の言い方をすれば、空想は「理論的精神」に属し、それゆえ言語活動はここで構成されるが、[143]〈註記〉の契機では、思弁的な思想家の「喜び」はこの精神のいかなる特定の能力とも活動とも関係がない。したがって〈註記〉は空想をもたず、いかなる記号にもかかわらない。〈註記〉は記号ではなく語にかかわり、だがこの語は分類された語彙体系もなんらかの記号論ももっておらず、それは、こう言えるなら、言語のなかではっきり指－名され〔dé-signé〕ながらも無－意義な〔in-signifiant〕語である。――〈註記〉での問題はなんとしても〔揚棄概念の〕「意味」を「特定の仕方で」把握すること（auffassen）であったが、にもかかわらず、この「意味」をそこで把握するために必要なものが〈註記〉には欠けている。すなわち〈註記〉では、〔思弁的な語の〕偶然の発見と把握と喜びとを可能にする、審級もしくは能力もしくは活動が規定されていない。ところで、ここで問題となっているのが語であるかぎりで、おそらくわれわれはその名を知ったところである。それは空想であり、思弁的思考のなかの空想あるいは思弁的思考の空想である。そしてまた、われわれはおそらく次のことも知っている。もし思弁的思考が言語活動のなかでかたちをなし、あるいは好運にもそこに固有の表現手段を見つけるとすれば、思弁的思考の Darstellung〔提示、叙述〕をおこなうものとはまさしく空想である。同様に、今度は反対に（あるいは前もって）、空想に対して思弁的な意味を想定しなければならない。空想はこの思弁的意味のおかげで、見つかるもののなかから偶然の発見を、つまり内面的なものと外面的なものを合一させるものを、取り上げること〔relever〕ができるようになる。――しかし、こうしたことは語られておらず、むしろ正反対である。アウフヘーベンの機能と概念を確立するにあたって、空想論〔la phantasiologie〕の出番はどこにもない。空想論は哲学のこれほど重要な概念には欠けている。語「アウフヘーベン」は、語としては、それでもなお記号の秩序のなかで利用可能なものとして（たとえこの秩序を越え出たり汲み尽くしたりするとしても）、その残り物にほかならない。そして、この語から浮き彫りになったものこそ、それの Phantasie である――名づけえぬ奇妙な spekulative Phantasie〔思弁的空想〕。

浮き彫りになった形象

記号と言語に関するここでのヘーゲルの言説はその後も続く。それは少なくとも、いくつかある軸のなかでもっとも本来的な、あるいはもっとも非本来的ではない、記号論の軸に沿って進められる。言い換えれば、ヘーゲルのこの言説はつねに、言語活動の外面性である表現とそれゆえ言語活動の慣習的性格という、きわめて古典的な主題によって運ばれてゆく。Phantasie は恣意的な意志《デクレ》によって稼働する。ただその前に、以前われわれが議論の流れでヘーゲルの「ソクラテュロス主義」に言及したように、[*8] ここで、言語活動のこの古典的主題がヘーゲルにおいてどのような転身を遂げているのかをより詳しく検討することが重要である。

『美学講義』において「象徴的芸術形式」を導入するとき、ヘーゲルはまず、芸術的象徴の型に先行する外面的な型として「単なる名称［blosse Bezeichnung］」を想起させる。これは「意義と名称の無差別

（143） Cf. *Encyclopédie*, § 445.〔W10 240／同前、三二九頁〕

[*Gleichgültigkeit*]」によって定義される。[144] 言語はここでは、単純に記号論的と言えるような仕方で使用され（なぜなら、まもなく注目するように、ここでは記号と象徴は『エンツュクロペディー』とは反対の順番で提示されているからだ）、そして「無差別」の恣意性に、すなわち経験主義に引き渡される。言語はこの意義の経験主義にとらえられて、教義的な形而上学の類の「素朴な」[145]思考を宿命的に背負わされる。ここではひとは自分のもっている表象の正確さについて、ただ経験的に、慣用に倣って（すなわち語彙と文法に従って）、なんらかの語のもとで、確認できるだけである。[146]

けれども、知ってのとおり、哲学の言語は別の言語になるわけではない。それはTerminologie〔専門用語〕にはならない。たしかにそうだが、しかし、言語のなかで機知に富んだ語にぶつかるという好機にめぐまれないときや、あるいはこの機知に富んだ語があまりに直接的なままであるとき、哲学の言語はKunstsprache〔人工語〕としても実行されざるをえず、また「いっそう頻繁に」外国語から借用せざるをえない。哲学の言語にそうするよう強いるのは、意義の経験性である。しかし、借用であろうと好運な発見であろうと、哲学は表象の恣意的な慣習と比べてひとつの権利を所有している。言語の使い方を自分で定義する権利である（このような使い方は不可避的に、哲学の固有言語の構成という考え——たとえばライプニッツ的な理念——に置き換わる）。この権利の本性について考察するには、その興味深い二重性を検討する必要がある。これから見てゆくが、この権利は実際のところ絶対的な所有権である。これはまた、この種の権利のローマ的定式に従って、jus utendi et abutendi〔使用し処分する権利〕であると言ってもいいだろう。つまりこれは過剰物についての権利であり、しかしまた同時に、まさに近似の権利——それゆえ〈おおよそ〉の権利——である。

『論理学』の「客観性」の導入で、ヘーゲルは次のように書いている。

日常生活の言語は表象の世界のために作られている〔gemacht〕。哲学はそうした言語のなかから〔aus〕概念の規定に近づくように見える〔*nahezukommen scheinen*〕表現を選ぶ権利をもっている。(147)

---

(144) *Esthétique, op. cit.*, I, p. 299. – cf. II, p. 28.〔W13 394–395／『ヘーゲル全集19a　美学（第二巻の上）』竹内敏雄訳、岩波書店、一九六五年、八三八頁、八三九頁〕

(145) *Encyclopédie*, § 26.〔W8 93／『ヘーゲル全集1　小論理学』真下信一・宮本十蔵訳、岩波書店、一九九六年、一二四頁〕

(146) *Ibid.*, § 33.「この形而上学の秩序立った形態のなかでその第一部をなしているのは、存在論すなわち本質の抽象的な諸規定に関する理論であった。これら諸規定は多種多様で有限な妥当性をもつが、そこには原理というものが欠けている。そのため諸規定は経験的にかつ偶然的な仕方で列挙されざるをえず、それらのより詳細な内容はただ表象にしか立脚することができない。つまり規定の内容は、ひとはしかじかの語によってまさしくしかじかのものをみずからに思い描いているという保証にしか、場合によってはまた語源にしか、もとづけられえない。このとき重視されるのは単に分析の正確さ、つまり分析が言語の慣用と一致しているかどうかということと、経験的な完全性ということだけでしかありえず、要するにそれら諸規定の即自的かつ対自的な真理と必然性は問題になりえない」（trad. Bourgeois〔W8 99／同前、一三三頁〕）。したがって——これから確認するとおり——言語の慣用に「一致する」数多くのやり方（教義的あるいは思弁的なやり方）がある。

(147) *Logique*, II, p. 357.〔W6 406／〔下〕一八九―一九〇頁／〔3〕一五五頁〕

思弁的な語を見つける好機は、ここでひとつの決断に転じているように見える。しかもそれは言語の特定の見た目や効果や反映（Schein）だけに関わってなされる決断である。事実、アウフヘーベンの〈註記〉でわれわれを驚かせ続けた隔たり、すなわち措定された概念と排除された意義とのあいだの隔たりは、いまやある仕方で正当化されている（語彙の舞台が思考において利用されるのはもっぱらその特定の舞台効果のためだけであって、それ自体として利用されるわけではない。「語、思弁的なもの」はまたこうも言明される――「思弁的なものの語（語は思弁的なものに近づくように見える）〔un mot（paraît s'approcher）du spéculatif〕」）。しかし、これにともなってある問題が生じる。われわれがいま読んでいるテクストと、〈註記〉のテクストが少なくともその動向によって期待させていたことの一切とが、形式上の矛盾をきたすのである。実際、ヘーゲルはこう続けている。

したがって、日常生活の言語から選ばれた語について、哲学がその語を概念のためにもちいる〔gebrauchen〕からといって、人々もまた日常生活でその語とその概念を結びつけている〔verbinden〕と、証明する〔*erweisen*〕必要はない。なぜなら、日常生活がもつのは概念ではなく表象であり、そして、ふだんは〔sonst〕単なる表象にすぎないものの概念を認識するものこそ、哲学にほかならないからである。[*9]

したがって、一方で、概念は言語ではなく哲学のなかにあり（われわれはすでに別のところで「素朴な」言語と学問的な思弁を分離する区別について見たが、[*10]ここでの言語と哲学の区別はそれよりも峻別された区別であり、さらには別の本性を有する）、他方で、表象から哲学的思考への移行はまさしく、語と概念の連繫——Verbindung——（記号論的規律）から、語にそなわる概念の（不明確な）認識——あるいは少なくともそのこと〔語に概念がそなわっていること〕の認識——への移行であるように見える。この認識は少なくとも、語と表象のあいだで逡巡しているだろう中立物を見分ける認識である。——ところで、問題はまさしくこの逡巡しているものである。思考するためには、ほかでもないこの揺れ動く浮遊物を利用しなければならない。実際、テクストは次のようにつけ加えている。

したがって、哲学的な諸規定のためにもちいられるもろもろの表現によって［bei］、それの区別(148a)の〈おおよその〉ところ［etwas Ungefähres〔なにか曖昧なもの〕］が表象に浮かんでいる(148)のであれば、それで満足し［genügen］なければならない。そのとき、それらの［jene］表現において［bei］次のことが起こっている可能性があるからである。すなわち、ひとはそれらの表現のなかに表象の影［Schattierungen〔濃淡、ニュアン

（148a）「それの区別」とは表象の区別のことだが、正確にはいかなる表象の区別だろうか〔訳注——ナンシーが「表象の区別」でとっている「それの区別」だが、邦訳は「それらの区別（諸規定の区別）」でとっている〕。テクストはここで行き詰まる。またそもそも、von ihrem Unterschiede〔それ（ら）の区別の〕は「それの区別にもとづいて」と翻訳できなくもないのだから、ここでは少なくとも概念的にも統語法的にもいくらか混乱が生じている可能性がある。

（148）「浮かんでいる〔flotter〕」のドイツ語は vorschwebt。これは sich vorschweben で「漠然とした考えをみずからに作る」の意となり、また、jemandem etwas vorschweben で「誰かになにかを思い込ませる〔en faire accroire à quelqu'un／「ひとをだます」の意となる慣用句〕」、「だます〔faire marcher〕」の意になる。

ス〕」を、つまり対応する概念により近い〔näher〕関係にある影を認識しているかもしれない。[*11]

もう少し進むと、ヘーゲルは存在と実存（existieren／いかなる言語純粋主義ももたない語……）の例を挙げてこう結論する。もし日常生活のなかでこの二語が同義語になりうるとすれば（すなわち――こう理解すべきだ――もしそれら二語の同義性がSchattierungの戯れを引き込むとすれば）、

哲学はとにかく〔ohnehin〕、それらの〔表現の〕区別のために、言語のそうした空虚な余剰〔Überfluß〕を利用する自由をもつことになる。[149]

したがって、哲学の権利は正確には所有権ではない。それはむしろ漂流物発明者[150]の権利のようななにかだろう。哲学は言語のなかに余分に残っているものを自由に奪い取ることができる。哲学とは残り物〔浮き彫りのもの〕を使用したり順応させたりすることである。残り物とはここではたとえば同義性である。それは語の無用な過剰物であり、それゆえ空虚な語である。言語は、こう言ってよければ、偶然の発見〔掘り出し物〕を用意して思弁的思想家を喜ばせるが、この発見は言語の厳格な経済に属すものではないし、語彙と文法にとっての「必需品」でもない。それはむしろ、言語のなかにあって当の言語の経済を免れているなにものかである。それは正確な表象のためには余分なものであり、また、思弁にとっては気前のよい施し物〔genérosité〕である。この空虚な語は――すでに見たとおり、〈論理学〉の過程そのものはこの語の浮き彫りにもとづいて規制されている――「存在」の哲学的分析によって空虚にされたというよりは（厳

密に言えば、そもそものような分析は『論理学』の冒頭には存在しない)、むしろ言語のなかに見つかった空虚であり、あるいは言語の空虚のなかに見つかった語である。言語の「思弁的精神」はあたかも、思弁存在〔l'être-pour-la-spéculation〕が言語のなかでは「存在」という語であり、この空虚で余分な同義語であると、理解することから成り立っているかのようである。この理解は、言い換えれば、思弁的過程は言語のなかでは過剰物に関わるということでもある――すなわち、思弁的過程は語「アウフヘーベン」に認められるべきあの二重の意義に関わる。この空虚のなかに――あるいはこの過－充満のなかに――もろもろの語が浮かんでおり、近似している。そしてそれらの語は合流することなく各概念に近づいてゆく。その概念が「対応する」概念であることはたったいま読んだが、しかし、正確にはなにに対応するのか(語に? 表象に?)、また、そのような対応関係がいったいいかなるものでありうるのか、そこまでは知ることができていない。「より詳細に」の意味で使われる語 näher ――たとえばアウフヘーベンを「より詳細に規定するさいに」Moment〔契機〕を呼び求めるときのような――は、実のところ、近似や〈おおよそ〉を意味する näher〔より近い〕でもある。われわれはまさしくこの逆説的な様態でこの用語――アウフヘーベンをその反省されたかたちにおいて詳細に示す用語――に近づく。同時にまた、思い起こされるよ

(149) *Logique*, II, p. 358.〔W6 407／〔下〕一九〇頁／〔3〕一五五頁〕

(150) 海事法では、漂流物〔épaves〕はそれを見つけた者のものであり、そしてその発見者は発明者〔inventeur〕と名づけられる。一般的な法律でも、所有者の見つからない忘れ物は「遺失物〔épave〕」と呼ばれている。なお、「遺失財産〔biens épaves〕」の所有権は国家に帰属することになるが、優れたヘーゲル主義者ならこのことになんら驚きはしないだろう……。

うに、Momentの語はまさしく及第点の（passend）規定として導入されていた。[*12] 弁証法的梃子を詳細に見れば、その効力は――梃子の語のとおり――揺れ動きとして機能するところにあり、つまりこの揺れ動きこそがおそらく読者を、いずれにせよテクストを進ませる〔*faire marcher*／機能させる、だます〕。思弁的思考はみずからの財産と喜びをニュアンス――Schattierung――の王国に見つける。そこは明るくて暗い不明瞭な王国であり、かすんだ光のなかで影が戯れる王国である。――したがって、語彙を舞台に上げることは、ただの演劇的錯覚にすぎないといった理由で斥けられたりはしない。それはむしろあまりに単純であまりに明白な舞台である。思弁的舞台は影たちの劇場である――興味深いことに、それはもうひとつの洞窟のようだ。このたびの洞窟は、太陽が燦燦と照りつけるなか、太陽に即して掘られたらしい。

影たちの戯れのなかに見分けられるのは、浮き彫りになった輪郭だけである（あるいはそれはあの前置詞anであり、形式からそれ固有の端への、あの見分けられない移行である）。しかし、まさしくそのようにしてもろもろの比喩が形成される。そのことをわれわれに示しているテクスト、『美学講義』へ戻らなければならない。

記号論的慣習は『美学講義』では象徴への導入として喚起されている（したがってそれはある点まではに、『エンツュクロペディー』での言語活動の理論の順序と逆の順序をたどっている。ただしすでに見たように、Phantasieでは象徴、アレゴリー、Dichtung〔詩作〕は一緒に進む。――さらにまた『美学講義』でのこの順序は、『論理学』の各〈註記〉で採られている順序とも逆である。〈註記〉は象徴から言語活動へと進んでいる）。象徴はなによりもまずその両義性（Zweifelhaftigkeit）によって規定される。[151] 象徴は、意義を感覚的実存に接続して提示する比喩であり、そのようにして両義性で構成されている。[152] 第三章「意識的象徴」はまさしくこの本質的な両義性の規律のなかで比喩の技法《アート》ならびに修辞一般を展開する。しかし、まさしくこの同じ展開の途中で思いがけない仕方で、思弁的な語の身分が、あるいは概念の言語の地位が（こう言えるなら）詳細に示される。

この導入部において早くも象徴の特殊性が取り出され、次のような問いが検討される。「そのような像［たとえばライオン］は本来的に受け取るべきか、あるいは〔本来的と〕同時に非本来的に受け取るべきか、あるいはまたひょっとして［oder auch etwa］単に非本来的にだけ［*nur uneigentlich*］受け取るべきか」[153]。第一のケースは検討されない。それは明らかに記号であり、記号の「特性」がどんな価値をもつかは知られているからである。第二のケースは象徴である。第三のケースは警戒を促す語をともなっている——etwa（「おそらく」、「ひょっとしたら」、さらにまた、「おおよそ」、「だいたい」、「いわば」）。要するに、

（151） Cf. *Esthétique, op. cit.*, I, p. 301 sq.〔W13 397ff.／前掲『美学（第二巻の上）』八四二頁以降〕—— Zweifelhaftigkeit とは両義性であり、あるいは疑念を抱かせたり、考え込ませたり、ふらふらさせたりするような、曖昧さである。これに対して Doppelsinnigkeit は二重の意味もしくは端的な多義性であり、すなわち語彙的舞台である。ヘーゲルは第一の用語の「意味」として Zweideutigkeit の語も使用しているが、これはどちらかと言えば第二の用語〔Doppelsinnigkeit〕に近い。Doppelsinnigkeit と Zweideutigkeit のあいだには Schattierung〔ニュアンス〕しかない。

（152） Cf., p. 302. 強さや英雄の象徴としてのライオン。〔W13 397／同前、八四二頁〕

（153） P. 301.〔W13 397／同前〕

ほぼありえないケースということである。ヘーゲルはそれをまず次のように描写する。

最後のケースはたとえば言語の象徴的な表現――概念的に把握する〔begreifen〕、帰結する〔schliessen〕等々――の場合〔bei〕である。これらの表現が精神的な活動を指し示しているときは、われわれは直接的にその精神的活動の意義だけを読み取り、言い換えれば、つかむこと〔Begreifen〕や閉じること〔Schliessen〕といった感覚的な行動をいわば〔etwa〕同時に想起する〔erinnern〕ことはない(154)。

かくして象徴のとなりに、象徴とは隔てられて、概念の言語が措定される。そしてこの言語はみずからの主要概念――概念、推論――を措定し、それらの語義（意味）を規定する。このことは、意味のアウフヘーベンという思弁的な法に歴然と矛盾していると言ってもいいだろう――ただし、アウフヘーベンの「意味」がまさしくそこを通過しないかぎりにおいて。

実際には、アウフヘーベンの「意味」はそこを通過する。すなわちアウフヘーベンの「意味」は、象徴（感覚的現前）でも記号（慣習的意味）でもない「象徴的表現」というこの特別なカテゴリー（準-カテゴリー――擬似-カテゴリーとまでは言わないが）を通過する。この二つの意味のあいだで、〈語、思弁的なもの〉が移行する――たとえば、Begreifen や Schliessen のほかに、意味の語が移行する。この語は『美学講義』の数章前で眩いばかりに脚光を浴びている。

「意味〔Sinn〕」というこの素晴らしい〔wunderbar〕語は、それ自体では、二つの対立する意義で使用される。一方でそれは直接的な〔感覚的な〕把握〔Auffassung〕の器官を指し示し、他方でわれわれはこの語によって意味を、すなわち事柄〔Sache〕の意義や思想や普遍性を言う〔heißen〕(155)。（この sens〔意味、感官〕という語、この思弁的なものは、このとき、美しいものや自然的美の第一契機のために援用されている。この契機はまた美的なものの素材〔質料〕と概念の最初の揚棄でもある――哲学的美学全体の根本的意味。）――このようにして感官《サンス》から意味《サンス》への移行が起こり、あるいは感官から「意味」が残り、または浮き彫りになる。この運動は隠喩という意識的象徴物のなかで詳細に示される。そこではもう一度、概念の言語が回帰してくる。

第一に、どの言語もすでにそれ自体に即して多くの隠喩をもっている。隠喩は、さしあたりは単にまったく感覚的ななにものかを意味するにすぎない語が、精神的なものに転用される〔übertragen〕ことによって成り立つ。「つかむ、概念的に把握する〔*fassen, begreifen*〕」など、知ることに関係する多くの言葉は一般に……(156)。

（154） Pp. 301-302.〔W13 397／同前、八四二―八四三頁〕

（155） *Ibid.*, p. 133.〔W13 173／『ヘーゲル全集18b　美学（第一巻の中）』竹内敏雄訳、岩波書店、一九六〇年、三五七頁〕

（156） *Ibid.*, p. 391.〔W13 518／前掲『美学（第二巻の上）』九八六頁〕――ヘーゲルはここで、カントの近くを通過するより以上のことをしている。ヘーゲルは『判断力批判』五九節の「間接的描出」もしくは「象徴的描出」についてのテクストを反復している。この状況は当然ながら、以前に予告した分析すなわちヘーゲルのアウフヘーベンにおけるカント的抵抗の分析にとって、はっきりとした重要性をもっている〔本書一八三頁の注142を参照〕。

しかし、このように言語から自然発生した隠喩は「次第に消失する」。「たとえばわれわれは、「begreifen」を精神的な意味で解さなければならないとき、手でものをつかむ場合の感覚的な把握などを思い浮かべることは決してない」[*13]。

したがって哲学的な語とは〔感覚的意味を〕消失した隠喩である――哲学的な語はまた、すでに本来の意味〔慣習的（記号的）意味〕を消失した語でもあった。浮き彫りになるさい、この二つの土台の運動がつねに消失する。ただし、この両運動はまったく等価ではない。本来の意味とは言ってもそれは規定された意味であり、つまり起源をもたない言語的慣習のなかに最初から縮減されてしまっている意味である。ここでは隠喩が起源の代わりとなっているだろう――そしてこの起源〔隠喩〕それ自体もまた起源をもたないだろう(157)。たしかにそのとおりである。だが少なくとも、隠喩は「精神的意味」つまり「思弁的意義」へ導く唯一の運動であるだろう。言い換えれば、隠喩の派生運動に沿って進めば、「思弁的意義」につながる意味または意味の残り物が理解されるだろう。――ところで、この隠喩はどこから来るのか。あるいはヘーゲルが言うように、「隠喩的な言い回し［Diktion］の意味と目的(158)」はなにか。その意味と目的は、「二重のもの［Zweifach］をひとつ［Eins］に fügen［つなげること、折り曲げること、服従させること、適合させること］(159)」に存する。したがって、それはアウフヘーベンの意味と目的である。隠喩がゆっくり消失し、いまやその終点に――それが終点だとしてだが――二重 - 意味の揚棄が見つかる。少なくともそのことに驚くべきことはなにもない（われわれはつねづね、消失する量を操作する思弁的計算、隠喩を派生させる概念的計算、示差的 Schattierung〔ニュアンス〕によるテクスト的計算に出くわしている……）。[*14] ——しかし、隠喩のこの「意味」、「隠喩的な言い回し」のこの「意味」は、それ自体また多重の根拠〔einen mehrfachen Grund〕をもっており、ヘーゲルはそれを列挙する。

(a) まず、詩人が表現する心情や情熱の「強化」が挙げられる。この強化は（英雄や詩人の）自己が「さまざまな表象に固執する」[*15] という意味で言われる。

(b) 次に、第一の根拠より高次のものとして、意志する精神が挙げられる。精神はもろもろの対象に没入しながら、「同時にそれら対象の外面性から自由になろうと意志する。つまり精神はそこでその外面的なもののなかにみずからを求め、外面的なものを精神化する。そして精神はいまや、自分と自分の情熱を美へと形態化することで、自分がそれを超えて高揚すること〔Erhebung〕を提示する〔Darstellung〕力を

---

(157) この直後にヘーゲルはこう宣言している。語源学といえども、死語については、本来的であるものと隠喩的であるものとを正確に区別してわれわれに知らせることはできない。

(158) 〔W13 520／同前、九八九頁〕この用語〔Diktion〕が使われることはかなりまれで、ヘーゲルのなかではこの語は語彙として使用されるほどには規制されていないように見える。要するに、それはここではただ詩的なものを含意として示す「言明」にすぎないだろう。実際、この語が登場する数頁前では「metaphorische Ausdruck〔隠喩的表現〕」や「das Metaphorische〔隠喩的語法〕」といった表現が使用されているし〔W13 517–518／同前、九八四—九八五頁〕、またとりわけ詩的な隠喩や Dichtung〔詩〕の隠喩といった、その第一の意味で「口述されたもの《ディクテ》」である詩の隠喩が喚起されていた。

(159) P. 393.〔W13 521／同前、九八九頁〕

も証明する」[160]。

Erhebung はもちろん Aufhebung ではない――後者の積極的な意味と比べて、Schattierung が足りない。しかし、Darstellung はアウフヘーベンがおこなわれたという事実である。なぜならアウフヘーベンとは、思弁的なものが外面的なものとしての語のなかに自己自身を見つけて、そこで自己自身を提示するという、まさにこの過程だからである。隠喩の Grund〔根拠〕はアウフヘーベンの厳格な構造をそなえている。もう少し進むと、ヘーゲルは隠喩の章の仕上げに、シラーの文体が散文においてさえ隠喩に富み、むしろ比喩一般に富んでいることを指摘する。それはシラーの努力の賜物であり、つまりシラーは「思想の本来的に哲学的な表現を押し通すことを避けて、もっと容易に深遠な概念を思い描けるよう表現しているのである。そこではそれゆえ、それ自体で理性的かつ思弁的な統一が日常生活のなかにみずからの反映像あるいは反対像――Gegen-bild――でさえある。隠喩が哲学から――つまり「自己自身」の消失から［Gegenbild］を見つけ出している」[161]。したがって、隠喩は哲学の言語ではない。それはむしろ哲学の反転――区別されるのは、もっぱら鏡の一瞬のきらめきによってのみであり、あるいはおそらくふたたび Schattierung によってのみである。ともかく、思弁的なものは比喩のなかにみずからを比喩として見つけ出す（幸運な驚き）。言い換えればまた、思弁はたったいまそれ自身、とおりすがりに、ヘーゲルのテクストのなかで隠喩化された（「思弁的な統一はみずからの反映を見る……」）。したがって、思弁的なものがヘーゲルのテクストにおいて提示されてゆくさい、比喩が消失しつつ精神化され、しかし外面的なままで、反映として、いくつもの方法で（これらの方法は複数のままであり続け、体系を構成することもなく、そして本来の意味の教義であろうものと原初的比喩の教義であろうものとのあいだを移行する）、積極的だが控えめな役割を担う。
　結局のところ『精神現象学』においてもまたこうしたことが起こっている。このテクストは――その統語法を中断することなく――シラーの詩の二行で締めくくられており、それゆえこの二行はこのテクストの究極の比喩を構成していることになる。この比喩の揚棄的な読解こそは、〈絶対知〉とその真相〔dernier mot〕をその形式に即して提示するすべを知っているにちがいない。

　両側面を結合させたものが、概念的に把握された歴史である。それが絶対精神の想い出と頭蓋骨の地〔ゴルゴタの丘〕を形成する。これらは絶対精神の王権の現実性と真理と確信であり、この権威なしには絶対精神は生命のない孤独なものであるだろう。ただ――
aus dem Kelche dieses Geisterreiches
schaümt ihm seine Unendlichkeit(162)

(160) P. 394.〔W13 522／同前、九九一頁〕
(161) P. 395.〔W13 523／同前、九九二―九九三頁〕
(162) Trad. Hippolyte, II, p. 313.「この精神の王国の杯から絶対精神に泡立つのはおのれの無限性」〔W3 591／『ヘーゲル全集5　精神の現象学（下巻）』金子武蔵訳、岩波書店、一九七九年、一一六五―一一六六頁／『精神現象学　下巻』熊野純彦訳、ちくま学芸文庫、二〇一八年、五九一頁〕――この引用《シタシオン》はそもそも正確ではない。これが暗唱《レシタシオン》の宿命である。〔訳注――ヘーゲルが「dieses Geisterreiches」と記している箇所はシラーの原文では「des ganzen Wesen-reiches」であり、また、ヘーゲルは「ihm」を自身の文脈から「絶対精神」として読ませているが、シラーの原文では「ihm」は直前の「das höchste Wesen」（ヘーゲルのテクストでは省略されている語）を指している（岩波版全集この詩の出典をヘーゲルは示していない。つまりこの比喩は引用されているのではなく、暗唱されているのである。

この比喩の浮き彫りを揚棄することはできるのか。

疑いなく、この隠喩的な接近もしくは近似はつねに――哲学と修辞学の伝統全体が比喩一般に関して言っているとおり――同一化する寸前にとどまる。すなわち、ひとは比喩に対して、その仮面がはがれ落ちること、そして無限性の「泡」が精神の真の顔の前から四散することを期待する。しかし、比喩は実際にはこのことをただ約束しているにすぎない。そして、われわれがこれまで語ってきたことから十分推測されるとおり、この寸前、この期待、この約束は、おそらくヘーゲルのなかで無限に延長されてゆく。ただし、それはわれわれの表現手段に哀れな欠陥があるためではない（前述の伝統はこれまでつねにわれわれの表現手段がそのようなものであると断言してきた）。なぜなら周知のとおり、思弁的思考が（みずからを）揚棄し（みずからを）提示するのはまさしく言語に即してだからである。思弁的な言語は比喩的な言語ではない。だからといって思弁的言語は、この単純な否定的命題が想像させるかもしれないものではないし、とりわけそれではない。数々の比喩が消失し派生する過程で――おおよその――まぐれ当たりが産出される。そうして見つかったものは、言ってみれば、近似的かつ比喩的に[163]「思弁的言語」と名づけられうる。思弁的言語は近似から創設され、近似で満足する（es genügt）。思弁的言語の近似と隠喩の近似とのあいだ、この劇場の二つの影のあいだで、ヘーゲルは決定を許さない。彼のテクストはむしろ注意深く、控えめに、精緻に、未決定を保持する。比喩のなにかが浮き彫りになって残る。

そうすると、Moment の身分を〈註記〉のなかで決定することはそもそも不可能だったのだろうか。それはただの機械的な隠喩なのか。まちがいなくそうだろう――ヘーゲルはそのとき、アウフヘーベンというきわめて重要な概念を規定するために、シラーのように語る。梃子はただの反映〔比喩〕にすぎない。それでもそれは「真の」機械的なものではないだろうか。もちろん、周知のように、いかなる機械的なも

「訳者注」より）。〕

(163) Cf. l'addition au §82 de l'*Encyclopédie*.〔W8 178／前掲『小論理学』二二七―二二八頁〕「スペクラツィオン〔思弁、思惑、投機〕という表現は日常生活では非常に漠然とした、同時に低位の意味でもちいられるのがつねである。たとえば、結婚や商売の思惑《スペクラツィオン》が話題になっているとき、この語は二つの意味で理解されている。一方は、直接そこにある状況を越え出てゆくことになるという意味であり、他方は、そのような思惑の内容を形成するものはさしあたり主観的なものにすぎないが、しかしいつまでもそのようなもののままにしておくのではなく、それを現実化し、言い換えれば客観性へと移し入れることになるという意味である」(trad. Bourgeois)。――これに加えて（あるいは対立させて）一八一二年のパフからの手紙を取り上げよう。「「抽象する〔Abstrahieren〕」や「反省する〔Reflektieren〕」といった操作のための語をドイツ語がもっていないというのは、驚嘆すべきことです。前者はもとは機械力学に、後者は光学に由来する語ですから」。パフはそう書いてから、次のように続ける。「思弁的思考〔spekulierende Denken〕。ふたたび光学由来の、ラテン語の語（よろしければギリシャ語の表現を教えてください）。スペクラツィオンは speculum（鏡）に由来し、つまりそれはみずからを映す思考〔spiegelnde Denken〕ということです」（*Correspondance*, I, p. 362〔*Brief von und an Hegel*, Bd. I, 1785–1812, hrsg. J. Hoffmeister, Hamburg: F. Meiner, 1952, S. 407f.〕）。ヘーゲルの応答は、かりにあったとしても、失われている。

のも真に真であることはないが、しかし同様に、言語のいかなる語も真に本来的であることはない（にもかかわらず、この二項は機械的な記憶のなかで一緒になって空虚な形式を構成する。そしてこの形式に即して理性的内容がみずからを思考する）。Moment のために残っているのはヘーゲルの「本来的な」表現だけである。それは「単に非本来的なだけの」[*16] 意味をもった表現であり、すなわち、これ以上ないほど隠喩的な表現であり、比喩の浮き彫りから採取された表現である。もし読むこと（あるいは叙述すること）とアウフヘーベンを読むこととが、われわれが読んでいる各命題と言語とを揚棄することであるとすれば、アウフヘーベンとはおそらくこの「単に非本来的なだけの」残り物を、ただそれだけを聴き解するすべを知ることである。

語「浮き彫り」

かくして、ひとつの語が残る。より正確には、すなわちより漠然と、あるいはより近似的に言えば、ヘーゲルのいくつかの語が残っている——同様に、読むということがどれほどヘーゲルの恐るべき法に制約されているかを証明するかのように、ここでわれわれにひとつの語が残っている——「浮き彫り」。揺れ浮かぶ浮き彫り、人工《アルティフィシエル》の島あるいは狡猾《アルティフィシューズ》な島、揚棄の残り物、揚棄の狡知。

なぜ語が残っているのか。ヘーゲルのいくつかの機知に富んだ語が。なぜアウフヘーベンの〈註記〉は、みずからを縮減し、説明し、その意味をふたたび体系のなかへ戻そうとするあらゆる努力に対して、それほどまでに（すなわち、それほどわずかに――しかしいつもほんのわずかに、どんなにわずかであっても）抵抗するのか。なぜ多くの円環のうちのその円環は、ある語についての副次的な註記を消去しないのか。なぜその円環はむしろ、円環から円環へと、その歪曲効果を多数化して分散させるように見えるのだろうか。

［しかしまた同様に、なぜ体系は、当の体系をアウフヘーベンの核に縮減してこの点に集中させようとするあらゆる努力に抵抗するのか。アウフヘーベンは――少なくともその註記に関して言えば（しかし、そこ以外のいったいどこにそれの概念が見つかるのか？）――体系の反射鏡ではない。それはむしろ体系を回折させ、体系の光線を折ったり曲げたりして、東西を混濁させる。］

いくつかの語が残っている。なぜなら語らなければならないからであり、哲学が語らなければならないからである。それはヘーゲル教授の給与や彼の言説の社会的権威を保障するためではない――少なくともそのためだけではないし、それほど単純でもない。語らなければならない理由は、語が消滅し、思弁的な語（すなわち思考がみずからを揚棄するときに残るもの全体、すべての語の残り物の全体）が消滅することで、もっとも恐るべき脅威が運ばれてくるはずだからである。この脅威は哲学そのもののどこかに、理性のどこかに隠されている。だからこそ、この脅威を揚棄することは思考にとっての重大事なのである。

この脅威は二重であり、あるいはむしろ二重の形象で提示されている。おそらくわれわれは、これからこの二重性をそれ自体でとことんまで突き詰めて問うことはできないし、同様にまた、その二重性を縮減することもできない。これは偶然ではない。とはいえ、まずはこの二重の顔を見つけ出そう。

第一の顔は狂気である――(ただちに記しておかねばならないが、周知のとおり、この相貌はつねに同時に醜悪で、不穏で、恐ろしく、そして滑稽である)。記憶と思考のなかで名が揚棄される過程の最中に――それゆえもろもろの語の意味が失われる過程の最中に――ヘーゲルは議論を中断して、(『エンツュクロペディー』四六二節の補説で)あたかも最初で最後のように、語にもっとも顕著な浮き彫りを与える。

言語記号[Sprachzeichen]の真理の具体的否定性は知性である。なぜなら、知性を通じて[durch]言語記号は外面的なものから内面的なものへと変えられ[verändert]、この変形された形式で[in dieser umgestalteten Form]保存される[aufbewahrt]からである。[…]このように内面的で外面的であるものとはただひとつ、分節された音、すなわち語である。[164]

語それ自体はまさしくアウフヘーベンの産物であり、それ以外のなにものでもない(その両契機はここで明白に分節されている)。語のアウフヘーベン、あるいは語がそれであるaufgehoben〔揚棄されたもの〕は、ある「変形された(umgestaltet)」形式と混ざり合う。この形式はまた「転倒され」て「歪曲された」形式でもある。とはいえ、いったい形式《フォルム》を歪曲《デフォルメ》するとはどういうことか。アウフヘーベンの場(語が質料的形式と理念的内容の揚棄となっているはずの場）にすべり込んできた、この新しい表現はいったいなにか。しかもこの表現は、前置詞 an とその統語法より以上に縮減されるわけでも把握――begreifen――されるわけでもない。なぜならこの表現は、実際にはそれ自体が begreifen の条件であり、さらには数あるなかでもとりわけ Begriff の語の地位にあるからである。そうすると、そのような表現がすべり込んできた、にもかかわらず相当に決定的な、ここでのアウフヘーベンとはいったいどのようなものか。ここでのアウフヘーベンは記号を思考の境位へと揚棄するのではなく、記号を語へと変形または歪曲する。このようなアウフヘーベンがなにかと言えば、それはなにものでもない。もしくはそれは、Gestalt〔形態〕と Form〔形式〕という形式の二つの名のあいだの Schattierung〔ニュアンス〕以外のなにものでもない。この影の戯れのなかで移行がおこなわれ、すなわち形式に即して形式が変形または歪曲される。もしくはここでのアウフヘーベンは、言語がすべること、言語が精緻にねじれること以外のなにものでもない。これによってもろもろの語はひとつの Ausdruck〔表現〕、言い回し、効果、言い方へと拘束され、折り曲げられ、つなげられるようになる（「つなげる」の原語は fügen で、すでに見たように、[*17] それが隠喩の「意味」である）。ここでのアウフヘーベンは、ある精緻にねじれた形式以外のなにものでもない。

けれども、このねじれた形式が最大の危険から守ってくれる。

それゆえ、かつてメスメルが試みたように、語を使わずに思考しようとすることは、錯乱［Unvernunft］

（164） Ed. du Jubilée, X, p. 355.〔W10 280／前掲『精神哲学』三八三頁〕

として現れる。この錯乱は、メスメルの確約によれば、その人間をほとんど狂気［Wahnsinn］へ導いたという。[164a]

その人間とヘーゲルは書いている（あるいは、この一節が補説であることを考慮すると、ミシュレの筆かもしれない）。この標記によって、争点はあるひとりの著者の主張《テーゼ》や経験ではなく、人類のそれであることになる。したがって、錯乱と狂気はどこでも問題であり、たとえばヘーゲルという〈その人間〉が話したり書いたりする場所でも問題となる。[165]ヘーゲルと狂気のあいだ、（思弁的）理性と理性の不調とのあいだには、奇妙でねじれた形式という薄い壁――（浮き彫り）――が立ち、この壁のねじれがアウフヘーベンを形成《フォルメ》し、あるいは歪曲《デフォルメ》する。とはいえ、おそらくこの防壁は望まれるほどには堅固ではないだろう。なぜならヘーゲルは語に、理性の補助者、理性の傭兵、理性の看護者といった地位を与えることを拒否しているからである。思考は語のなかで実行される〔みずからを現実化する〕――もしこれによって狂気の脅威が祓い除けられるのだとすれば（これは同時に、狂気がすぐそばをとおりすぎたこと、思考がこの狂気の不穏な接近を感知したことをも意味している）、言い換えれば、思考が「表現不可能なもの」や「言葉にならないもの」[166]に身を任せることを拒み、避けるのだとすれば、まさにそのかぎりで、ここで同時にまた別の形象、不安定にする形象が浮上してくる。われわれはこの形象をすでに知っている。しかしそれはこのテクストでは曇らされ、より奇妙にされている。その形象とは機械的思考の形象、現実的に機械的な思考の形象であり、おそらくその狂った形象である。

知性は語によって満たされる［erfüllt］ことで、事象［Sache］の本性を自己のうちに取り上げる［aufnimmt］この語はふつう「手袋を拾い上げる」や「記録を取る」といった言い回しで使われる」。しかし、この取り

（164a） Ed. du Jubilée, X, p. 355.〔W10 280／同前、三八三頁〕

（165） この〈語－外の〉狂気という事態は当然、ヘーゲルのあの告白を「想起させる」。すなわち、ヘーゲルは狂ってしまうことへの恐怖を告白しており、G・バタイユがそれを書き記している。ただし、バタイユはそれを取り立てて指摘しているわけではなく、むしろデリダがそれをバタイユのなかから取り出し、注目している（cf. «De l'économie restreinte à l'économie générale: un hégélianisme sans réserve», in *L'Écriture et la différence*〔Paris: Seuil, 1967, p. 372／「限定経済から一般経済へ――留保なきヘーゲル主義」『エクリチュールと差異〈改訳版〉』所収、谷口博史訳、法政大学出版局、二〇一三年、五三三頁〕）。〔訳注――バタイユ自身の記載は以下のとおり。「私の想像では、ヘーゲルは極点に触れたのである。彼はまだ若く、自分が発狂するかもしれないと考えた。私はヘーゲルが逃避するために体系を練り上げたのだとさえ考えている。〔…〕極点の記憶が、気づかれた深淵へと彼を連れ戻す――その深淵を消去するために！　体系とは消去である」（G. Bataille, *L'Expérience intérieure*, in *Œuvres Complètes V*, Paris: Gallimard, 1973, p. 56／『内的体験』出口裕弘訳、平凡社ライブラリー、一九九八年、一〇八―一〇九頁）。〕

（166） ここからさらに、ヘーゲルの長い闘いについて、すなわち「言葉にならないもの」とそれに結びついた一切の「感情の哲学」とに対する闘争について（この闘いは『信仰と知』以降のすべてのテクストで何度も取り上げられている）、ふたたび考察するべきではないだろうか。ここで戦っている（と同時に悟性を斥ける）理性は、合理性をもった実定法を主張しているわけではない。理性はここで、自分自身である狂気から身を守り、みずからのもっとも固有でもっとも親密な脅威を祓い除けている。意味－外〔hors-sens〕であるこの脅威の淵で、この脅威に即して、つねづね危うい仕方で、思弁的意味が勝ち取られる――しかし、それが勝ち取られるときは必ず、その分身の狂った顔が speculum〔鏡〕のなかに映し出される。アウフヘーベンとはこの鏡を祓い除けることであり、試練の成功を保証することである。しかし、アウフヘーベンの言説は脅威を更新する（みずからにくり返し起こす）ことをやめない。

上げ〔Aufnahme〕は同時に、知性がそれによってみずから事象的なものになる〔sich zu einem *Sächlichen* macht〕という意味をもっている。このようにして主観性は事象から区別され、まったく空虚ななにか〔etwas〕となる。すなわち主観性は、もろもろの語を保持するだけの、精神を欠いた入れ物となり、そうして機械的記憶となる。語の過剰な内面化〔*Übermaß der Erinnerung*〕はこのような仕方で、いわば知性の最高の外面化へと逆転する〔umschlägt〕。私が語の意義と親しくなればなるほど、それゆえ語が私の内面性と一体化すればするほど、語の対象性とそれゆえ語の意義の規定性とはますます消失し、したがって記憶そのものはますます——同時に語とともに——精神を捨て去ったなにかになる〔zu etwas Geistesverlassenem werden〕ことができる。(167)

すでに認めざるをえなかったとおり、一般に、機械的なものは弁証法的な外面性の場である。それはつねに思弁を越え出て、それを停止させようとする。実際、このテクストから読み取れるとおり——一度だけ、ある一文に、「私」と言っているヘーゲルの「固有の」言明が読める（ゆえにわれわれはここにも耳を傾けている）——、思考のプロセスの中心には過剰な積載があり、その重みで知性は転覆する。この難破で精神は消滅する——そこには語だけが残り、この漂流物だけが深淵の表面に浮かんでいる。（とくに梃子の漂流物。Momentそのものがここで理念的なものから実在的なものへ、「線」から「重さ」へと転倒する。あるいは、内面性なるものがあまりに重すぎるため、梃子は停止したままにある。この重さ——Gewicht——とは、「einer der *wichtigsten* Begriffe〔もっとも重要な諸概念のひとつ〕」と言われるときの概念の重みではないだろうか。難破船の船縁を越えて脱け出してくるもの、それこそはアウフヘーベンの概念、この非常に重い概念であると、そのように考えることもできそうである。)

この難破はたしかに、狂気を予防したり治療したりすることよりも、さらに万全を期すために生起したのだろう。つまりそれはごく単純に、狂気の可能性や脅威そのものを消去するために――狂気がどれほど遠くにあろうと(われわれはそれがすぐ近くにあることを知っているが……)――生起したのだろう。しかし狂気の消去とは、狂気を廃棄する機会を得ることであると同時に、狂気を保存する危険を冒すことでもある。したがって、このテクストで作動しているアウフヘーベンはそれ自体で割れている。[168] このアウフヘーベンは思考とその他者をまとめて揚棄する代わりに、この二つの形象を互いに直面させる。一方に、祓い除けられた錯乱の形象があり(というのも、別の場所で知ることができるように、おそらく祓い除けはまさしく錯乱の一部をなすからである)、対面に、みずから沈んでゆく思考がある。ここでわれわれは、思考のこの自沈はヘーゲルにとって決定事項として組織され、保証されている――それゆえおそらく単に模倣されているにすぎない――と相変わらず述べることができるし、そう言うべきである。けれども、わ

(167) *Loc. cit.*, pp. 355–356.〔W10 280/前掲『精神哲学』三八四頁〕このテクストの一種の Schattierung に気づくだろう。すなわち、事象〔*chose*〕(Sache、事柄、内容、〈事象〉そのもの)となにか〔*quelque chose*〕(etwas、未規定のもの、外面的なもの)の Schattierung である。それは両語のあいだで遊動し、一方を他方のなかへすべり込ませたり転倒させたりしている。

(168) ところで、本質的に割れているのは中間項あるいは媒介項である(die gebrochene Mitte)――あらゆる推論とあらゆるアウフヘーベンはこのなかで、これを通じておこなわれる。この点については『論理学』および『エンツュクロペディー』の「推論」と「客観性」の節を参照。

れわれはまたヘーゲルのテクストの次のような運命を無視することもできない。すなわち、思考が自沈することで、ヘーゲルのテクストはむしろみずからの意味〔方向〕をこのさき決して見つけ出す（あるいはふたたび見つけ出す）ことができない。意味を見つけ出せないのは、意味はまさしく船縁を越えて脱け出ていったからである。周知のとおり、この喪失は修復されることはなく、代わりに、思弁の決定的な各契機で、なによりもまずアウフヘーベンの注目すべき「契機」で、つねに注意深く設えられる。（したがって、すべてはむしろ以下のように起こるだろう。ヘーゲルはもともと、難破というスペクタクル的な舞台を用意し、みずからの言説と語によってこの舞台をできるだけ写実的な仕方で上演しようとしていた。しかし、この舞台は突如ヘーゲルの演出の手を逃れ、「真の」難破を生み出してしまった。けれども、いわゆるスペクタクルの世界が伝統的にそう望むように、上演は続けられるだろう。それが単なる戯れにすぎないことを知りながら、かつ、ある恐るべき致命的な現実性がこの戯れに賭けられていることを知りながら、上演は続くだろう。ヘーゲルの言説にとって、そのような事態はほとんど耐え難い経験だろう（が、それでもそれは耐えうる経験であり、揚棄可能な経験である。なぜならこの経験は言説化されているからだ……）。意味の消滅はモリエールの死に似ているかもしれない。）それにもかかわらず、このメカニズムがこのさきどこにおいても揚棄されえないということ、あるいはこう言えるなら、メカニズムが「全面的に」揚棄されることはありえないということを――これはおそらく本書で十分に示されただろう――われわれは無視するわけにはいかない。さらに、「表現不可能なもの」は存在しない以上、われわれは次のことさえも無視してはならない。第一に、ヘーゲルのテクストではいくつものページが休みなく次々と浮かんでは転覆しており、意味の外部で不可能な言説を作成しよう試みている（難破後に水中で話すために）。

第二に、それらのページの形式は衝突してばらばらになり、絶望的であるが、まさしくそうした形式であるために、各ページのあいだを非常に奇妙な仕方で、知が循環している――あの取り返しのつかない喪失（アウフヘーベンのない喪失、あるいは正確には、アウフヘーベン「それ自体」の中間での喪失）の知が。けれども、この知は不明瞭で、特異で、おそらく機械的であり、散らばる漂流物の下に飲み込まれ、水底に失われている。それは狂気であると言ってもいいが、それよりむしろ、不安定にする形象である。というのは、この形象はある太古の形象がここでとっている姿であると考えられるからで、すなわちこの太古の形象とは、哲学という船の舳先に彫られている形象、ソクラテスである。それゆえここでの知とは、知らないということを知っているという知である。この知はねじれたかたちで広まってしまっており、それは、自分がもはやなにも言おうと望まないすべを「知っている」語として受け取られている。――しかし、もはやなんらかの知性ではないような語（知性に把握されていない語）が、いったいなにを「知っている」というのか。……ソクラテスは呆けて愚鈍になり、昔のフランス語で言われていたような「méchanique」[*18]になった。

それでもなお、変わらないことがある。よく知られているとおり、ヘーゲルの言説はまったく同じくらい、ソクラテスの形象を復元すること、揚棄すること、復活させることに専心している[(169)]。加えて、この言

(169) もっとも、これは複雑な身振りである。というのも（「序言」で喚起したように〔本書一九頁の注8を参照〕）

説の叙述はそれでもなお狂気に陥るわけではないし、まったくその反対である。ヘーゲルの言説は少なくとも病院で診断される類の狂気には陥らない（診断という言説は「知」によって権威づけられるのだから、診断の言説と知の言説はそもそも無関係ではない）。いずれにせよ、ここでの問題はヘーゲルが狂っていると宣言することではない。それは安易な逆説であることがすぐさま明らかになるだろう。われわれの問題はもっぱら、決して直接には向き合わないある脅威の影のなかに、あの精緻なねじれを識別することであった。この微細だがとらえ難い身振りに、ヘーゲルの言説は拘束されている。言説は狂気を望まず、その危険も冒さず、だからこそ、みずからの支配と所有権を手放すことを拒否する。言説は反対に、思弁的絶対者の提示を支配しようと意図し、かつこの提示を、精神が立ち去ったあとの語と命題という空虚な形式に即して措定する。この二重の身振りはただひとつの「名」をたずさえている――アウフヘーベン。したがって、単にとおりすがりに「狂気」と呼びえたものの場所に、あるいはそのそばに、もうひとつ別の形象を認識することが残っている。この形象はよりいっそう控えめな仕方で紛れ込んでいる。

実際、形式のねじれは別の回転を引き起こす危険をつねにはらんでおり、ヘーゲルはそれを注意深く避けている。それはヴィッツ〔Witz／機知〕の回転である――ヴィッツとは機知に富んだ言葉〔trait d'esprit〕であり、あるいは端的な機知《エスプリ》であり、Geist〔精神〕の Gegenbild〔対《つい》の形象〕である。ヴィッツはこうしたものとしておそらく、精神が放棄する場所を占めるおそれがある――すなわち、この語もまた「機知に富んだ語〔bon mot〕」であり、おそらくその冗談によって空虚な語や思弁的なものを脅かしている。(170)

ソクラテスはひとつの「造形的本性《プラスティーク》」であり、その「今日的な」姿などとても見つからないように思われる形象

だからである。――それは歴史のなかに失われ、浮き彫り《レリーフ》になっている（柔軟な《プラスティーク》登場人物たちとの対話とともに、またいくぶん、「未開の」文法として）。しかし、彼は同時になお抽象的な普遍性の担い手でもあり、この普遍性に対してわれわれはアリストファネスのイロニーを共有しなければならない（*Histoire de la philosophie, op. cit.*, II, pp. 311-312〔W18 481-483／『ヘーゲル全集12　哲学史（中巻の一）』真下信一訳、岩波書店、一九六一年、九一―九二頁、一〇一―一〇三頁〕）。ソクラテスという人物はまた、そこにおいて「思考の主観性」が深化して、厄介な仕方で、ほとんど機械的な仕方で、「肉体の形式で」顕現するにいたった者でもある〔W18 441, 449／同前、五〇頁、五八頁〕。「あるとき、ソクラテスは深い思索に沈んだまま、一昼夜ずっと身動きもせず一箇所に立っていた〔…〕と言われる。それは強硬症《カタレプシー》の状態であり、夢遊病や魅了状態《マグネティスムス》に似た状態である。この状態のとき、ソクラテスは感性的意識としては完全に死んでいた」（*Ibid.*, p. 280〔W18 449／同前、五七―五八頁〕）。

(170)　本文はここからヴィッツに関して記述してゆくが、それは簡略的なものにとどまる。なぜなら、ヘーゲルならびに他の作家たちにおけるこの主題について、われわれはいずれさらなる諸研究を参照しながら論ずるつもりだからである（その端緒となる研究はジャン・パウルの『機知《ヴィッツ》について』（in *Poétique*, nº 15, 1973）である）。それでも、次のことは指摘しておこう。われわれはここでヘーゲルの体系におけるヴィッツの複雑さについて喚起しているが、それに加えて、なによりもまず、『哲学史』が喜劇的なものとヴィッツに対して――アリストファネス、エウブリデス、スティルポン、アリスティッポス、キュニコス派、等々の歴史のなかで――保持しているもろもろの関係の複雑さをも考慮しなければならないだろう。さらにまた、これまでのいくつかの注との関連から指摘しておきたいのは、ヴィッツの主題がカントのなかでは特別に異なった場所を占めているということである。ところで、ある不在についてもまた簡単に説明しておく必要がある。フロイトの不在である。フロイトの役割はここでは不可避に思えるにちがいない。あまりに明白なことだが、本書のヘーゲル読解はフロイト以後にしか生起しえなかった。むしろ、フロイトの著作『機知《ヴィッツ》』にもとづいてヘーゲルのテクストを制御しようとすることは、おそらくあまりに安易な魅力だった。それはすなわち、弁証法的、思弁的、ヘーゲル的な真理の機能をフロイトに預けることであり、ヘーゲルが怠っただろう監視をフロイトに委任することである……。けれども、フロイトの「役割」はむしろそのような機能から注意深く隔てられてこそ、そのときにはじめて識別されることに

問題はなお、第一に、形象の浮き彫りである。あるいはそれは、より正確には、隠喩に関してまだ読まれていないものであり、読み残していたものである。数頁前で隠喩の「多重の根拠」について扱ったが、*19 われわれはそれについて言い尽くしてはいなかった。第三のGrund〔根拠〕が残っており、こう記されている。

しかしまた第三に、隠喩的表現は空想の単純に享楽的な欲望［die bloß schwelgerische Lust――これはまた、周知のように、単純に好色な快楽または贅沢な快楽とも翻訳すべき語である］から出てくる可能性もある。［…］あるいは隠喩的表現は主観の恣意［Willkür］のヴィッツから生じることもある。このヴィッツは平凡さを避けるためにひたすらきわどい［pikant］刺激を求めるが、しかしその要求が満たされるのは、一見もっとも異質なもの［Heterogenste］のなかになお類似の特質を見つけ出すことに成功し、それゆえまた、もっとも離れたもの同士を思いがけない仕方で組み合わせる［kombinieren］ことに成功するときである。(171)

したがって、隠喩の産出には以上のまた別の「根拠」がありうる。ご覧のとおり、この第三の根拠についての文言全体は単純に軽蔑的で――ここではさらに、ヘーゲルのほかのテクストにおいてヴィッツが格下げされたり排除されたりしていないかをひととおり検証する手間を省いてくれる――、このかぎりで、それはほかの二つの根拠から突出し、隔てられたままにある。第三の根拠はほかの隠喩化機能〔二つの根拠〕と比べて、ある不真面目な部門《ジャンル》を隔離している。この部門が真面目ではない理由《モティーフ》は二つあり、ひとつはより「道徳的」なもの、もうひとつはより「論理的」なものである。しかし、ただちに認識されるように、この二つの理由は思弁的思想家の観点から見ればただひとつの組み合わせを形成している。一方で、ヴィッツは少なくとも贅沢に関わりをもち、最悪の場合は放蕩に、いずれにしても薄っぺらの快楽に関わる。他方で、そこで問題となっているのは度を越えた刺激であり、つまり無秩序な異質態とキメラ的「組み合わせ」とに向けられた興奮である。――隠喩はほかの二機能ではアウフヘーベンの構造をもち、そしてそこで産出された形象は、もろもろの思弁的概念を読み解く能力を――みずから消失しながら――引き起こすにちがいなかった。かりにそうだとしても、第三の機能でのヴィッツの形象は、おのずから明らかなとおり、この構造、この役割には対応しえない。ヴィッツは避けなければならない。

二つの隠喩的産物があり、ひとつはみずからの自己を探求するGeistに由来するもの、もうひとつは無秩序なヴィッツに由来するおそれのあるものである。問題は、この二者を厳密に区別するのを可能にするものが――明白には、少なくとも概念的には――わからないことである。より正確に言えば、そのような区別の判断基準はいずれにせよ（見たところ道徳的かつ／または論理的かつ／または美学的な判断の）語の外に位置している。このかぎりで、われわれはここで次のものを認識する必要があるかもしれない。すなわち、思弁的な語を隠喩的な語に弁証法的かつ現実的に結節することを妨げたであろう根拠のひとつである。しかもそれはかなり堅固な根拠である。隠喩の分野は実際のところ、三つの可能な「根拠」をもつためにあまりにも混乱している。それゆえおそらく、ヴィッツを概念とみなす危険がつねにあるだろう。

なる。ヘーゲルの読み解きはこの目的に資する仕事であり、これを理由にわれわれは、すでに指摘したように、この読解をフロイトから「一語を除いて」受け継ごうと望んだのである〔本書二頁を参照〕。

（171） *Esthétique, op. cit.*, p. 394.〔W13 522／前掲『美学（第二巻の上）』九九一頁〕

（実際、さきほど定義されたようなヴィッツは奇妙にもアウフヘーベンに似ていないだろうか。というのも、そのヴィッツはまったく正反対でありうるほどかけ離れたもの同士の組み合わせであるからだ。さらに、ヴィッツは少なくともPhantasieの同伴者であるように見えないだろうか。なぜなら、われわれは空想が揚棄するものであることを知っているし、空想はフィクションを作るだけでなく、まったく同様に語をも作り出すからである。まさしくこの類似のために、混同する危険が生じている。この状況は、プラトンの『ソピステス』でわずかに触れられているあの危険、つまりソフィストと哲学者《フィロゾフ》を混同する危険を想起させ、[*20] そしてそれはおそらく偶然ではない。言い換えれば、哲学者はまさしくソフィスト／フィロゾフというヴィッツに対して立ち向かわなければならず、それゆえまさにそこに縫い留められざるをえない。）したがって、ヴィッツを避けるために隠喩全体を避けることになり、より広範に言えば、比喩形象の秩序全体を避けることになる――言い換えれば、この秩序に属するものを概念の名目で明白に把持することを避けることになる。とりわけ最初に的《まと》にされるのは「謎」の項の「象徴の意識的ヴィッツ[172]」である。この形成物は、その豊かな歴史にもかかわらず、「近代ではむしろ娯楽に堕し、単なる社交上のヴィッツと冗談［Spaß］とに成り下がってしまった［heruntersinken］[173]」。「謎」の項からはさらに、ヴィッツのもっとも通俗的なかたちである「言葉遊び」が的にされる。「われわれは謎とのつながりから、機知に富んだ［witzige］驚くべき［frappierende］発想［Einfälle］の無限に広がる領野について語ることができる。このような発想は言葉遊び［Wortspiel］やエピグラム［Sinngedicht］として［…］生じる[173a]」。

　言葉遊び、戯れる語、これは残り物であり、すなわち、ヴィッツのなかにとらえられて比喩に脅かされている語から、なお残っているもののすべてである。それはヴィッツの最後の浮き彫りであり、もしくはその残骸である。言葉遊びという悪ふざけ——狂気とは言わないまでも——に対して差し向けられたこの糾弾あるいは少なくともこの警告は、興味深いことに、言葉の思弁を思弁的に拒否する身振りに合流する。語で遊ぶことも語について思考することも同じことであり、疑いなく同じ「Frivolität〔軽薄さ〕」である（ヘーゲルが別の場所でヴィッツをそのように非難している）[174]。Kombination〔組み合わせ〕、言い回し、あるいは語のおもしろい組み合わせであるような思弁は、ただの神秘化〔mystification〕でしかありえない。ヘーゲルがヤコービならびにハーマンに対してあれほど乱暴に非難したのはまさにこのことである（われわれはそれを本書のエピグラフに掲載した）。とりわけハーマンは、Aufklärung〔啓蒙〕およびカントに対して、**coincidentia oppositorum**〔対立するものの一致〕の問題すなわちアウフヘーベンの問題やこの題材そのものを討議することをやめなかった人物である[175]。けれども、ハーマンはこの問題に対して単に冗談やからか

（172）*Ibid.*, p. 385.〔W13 510／同前、九七七頁〕
（173）*Ibid.*, p. 386.〔W13 510–511／同前、九七八頁〕（したがってこの歴史は文法の歴史に比せられる。）
（173 a）*Ibid.*, p. 386.〔W13 511／同前〕
（174）*Ibid.*, p. 489.〔W14 116／『ヘーゲル全集19b　美学〈第三巻の中〉』竹内敏雄訳、岩波書店、一九六八年、一二一二頁〕指摘しておくと、この語〔「軽薄さ」〕ならびに、これまで見てきたような、ヴィッツに同伴しそれを形容する他の多くの語とともに、ヘーゲルはあり余るほど多くのフランス語の用語をこの箇所で使用している。それはあたかもヴィッツについては「機知《エスプリ》に富んだ」国民の言語で、そしてそのため外国語で書く必要があったかのようである。
（175）Recension de Hamann, *op. cit.*, p. 252.〔W11 330／「ハーマン書評」『ヘーゲル全集第14巻　評論・草稿Ⅱ（1826–31）』所収、海老澤善一編、海老澤善一ほか訳、知泉書館、二〇二一年、二六二頁〕

いによって、つまり気の利いた語〔des *mots*〕によって応じているだけである。（したがってヘーゲルは言語活動とヴィッツについてのハーマンの理論を議論することさえしない。彼は単に次のように反論するだけで済ませる。「ハーマン自身は苦労を引き受けなかった。すなわち、こう言ってよければ、もちろんより高次の意味でだが、神がみずからに課した苦労である。神は、みずからがそれである真理の丸く握られた核を（古代の哲学者たちは神を丸い球であると言った）、現実のなかで、自然の体系へ、国家・合法性・人倫の体系へ、世界史の体系へと開示するという苦労をみずからに与える(176)」）。

機知に富んだ語では〈対立するものの一致〉を解決することはできない。アウフヘーベンはいかなるヴィッツでもない。そしてまさにこのことこそ、アウフヘーベンの〈註記〉が後半で控えめに言明していることである。われわれはもう一度その文言を読み直さなければならない。

> ラテン語 tollere の二重の意味（キケローの機知［Witz］「tollendum esse Octavium〔オクタウィアヌスを尊敬せよ／取り除け〕」によって有名になった語）でも、そこまでは達しない。*21

この語、アウフヘーベンにもっとも近いこのラテン語は、少なくともヴィッツによって特徴づけられ《マルケ》、あるいは注目され《ルマルケ》ている。それから、ヘーゲルは今度はこの語を避ける。なぜなら、語彙に準拠するならば、tollere の二つの意味はアウフヘーベンと非常に近い構造を形成しているからである。そこでヘーゲルは tollere を避けるために、いくぶん狡猾な仕方で（というのも、彼はこの語に注目しておきながら、この語が二つの対立する意味を同時に提示していることには触れていないのだから）、意味論的なニュアンスに訴えることを余儀なくされる——「〔この語の〕肯定的な意味であっても、高めること〔Emporheben〕に達するにすぎない」[*22]。Emporheben と Aufheben の肯定的な意味〔高揚〕とのあいだの Schattierung〔ニュアンス〕に訴えることで、ドイツ語の特権が確保される——至極かろうじて。かろうじて、なにが獲得されたのか。他の複数の言語に共通の特性に陥らないことが獲得された。われわれはかくして過剰な分散から身を守った。少しさきで、いくらかの必要な反省性がラテン語に認与されるが、それでもう十分である。一方で、われわれはヴィッツとのあらゆる混同を避けた。思弁的な語の第一番目のものは、機知に富んだ語とはなんの関係もない。

おそらくこれこそは読むべきものである。けれども、ヘーゲルはこの主張《テーゼ》をそれ自体では言明しない。この主張はそれとしてはほぼ消失し、同様に、ヴィッツは控えめな仕方で隔離される。隔離といっても、このテクストにかぎっては、単にある逸話への指示（キケローの伝える機知に富んだ語）を括弧に入れるだけのことである。ヴィッツはたまたまそこに見つかった語にすぎず、その概念が検討されることは絶対にない。それはただの偶然の一致——ヴィッツとアウフヘーベンという対立する二項の coincidentia〔一致〕——であり、この一致は解決されない。かくして〈註記〉の言説のなかに、最後の浮き彫りとして「ヴィッツ」の語が見つかる。——言い換えれば、ヘーゲルのあらゆるテクストにはまったく同様にヴィッツのいくつもの浮き彫りが見つかるのであり、それらの多くもまた機知に富んだ語であり、言葉遊びでさえある——「Dinge-Denken〔事物‐思考〕」[*23]。この機械的な鐘の音もまったく同様に冗談であり、あるいはもっ

(176) *Ibid.*, p. 253.〔*Ibid.*／同前〕

とも異質な二つの事柄の組み合わせである。明示的に排除されず、また厳格に排除されることもなかったために、ヴィッツはあたかも――ヴィッツもまた――いつでも「どこにでも回帰してくる」かのようである。もしくは、その回帰を許すために、精緻な仕方で、ヴィッツの排除について(ほぼ)言及しなかったのかもしれない……。

ヘーゲルはこのように言うつもりはない。この拒絶は言葉の思弁に対する最後の担保である。われわれは彼の言説がこの思弁をたえず拒絶するのを見てきた。その拒絶が意味しているのは――あるいは少なくとも特徴づけているのは――いかなる語にも頼らないこと、また、シニフィアンのなかに(絶対的)シニフィエを想定する思弁に依拠しないことである。おそらく、ヘーゲルにいたるまで、哲学全体がこの思弁に依拠してきた。哲学はさまざまな方法でこの思弁について思弁し〔この思弁に投機し〕、すなわちみずからの損失と利得の両方を戯れに計算し、意味や真理という利益を獲得しては破産してきた。それに対してヘーゲルは、アウフヘーベンというまったく別の両義的な操作のなかに、意味や真理を決定的に引き込んだのだった。(もしくは、こう言うほうが好まれるかもしれない。ヘーゲルのアウフヘーベンはこの思弁〔投機〕のなかではじめて意味の全資金あるいは全資本を賭ける)。

けれども、この拒絶はこれ以降もまったく同様にヘーゲルの言説を拘束する。もろもろの語はテクストからテクストへと、未解決のまま、アウフヘーベンとヴィッツのあいだに書き込まれる。言葉の思弁を避けられる方法はただひとつ、それらの語を揚棄するのを避けることによってでしかない。アウフヘーベンの操作そのものはその十全な厳密さにおいて、またすべての必然性から、ひとつの残り物を内包する。それはこの操作に固有の――永遠に非固有の――残り物であり、すなわち、揚棄されていないヴィッツという浮き彫りである。ひとつのヴィッツ、あるいは揚棄されていないヴィッツは、おそらくあの不安定と無関係ではないだろう。それは、ヘーゲルが思弁的なものの表現についていわば命題形式の言説の欠陥に即して記入していた（われわれにはほぼそのように見えた）、あの不安定な動揺——Unruhe——である。[*24] ヴィッツは動揺《トラブル》「である」。それは文法や論理を動揺させ、さらにはヘーゲル自身をも動揺させる。われわれはこのことを読んできた。そうすると、ヘーゲルの「苦しい努力」[*25]、思弁的なものの絶望的な努力とは、この動揺を同定して揚棄することで、当の動揺を少しも支配しないための努力であるだろう……。

第六章

エピローグ

「一冊の本はひとつの事物［Ding］であり、その一枚一枚のページもまた事物であり、さらには各ページの各箇所も同様に事物であり、このように無限に続く。」

（*Science de la logique*, *op. cit.*, II, p. 113.［W6 137／［中］一五三頁／［2］一二八頁］）

〔エピローグとは二つのことを言っている。ひとつはある特定の精神のことで、すなわち「文句をあれこれ言《エピロゲ》う傾性」としての「エピローグの精神」である。ヘーゲルは言われていることに文句をつけるだろう。もうひとつは後－言〔épi-logue〕であり、これはちょうどひとつの〈註記〉のように単に言説に補遺として添付されているだけのものである。後言は言説を引き延ばし、しかし同時に当の言説の枠外にあって、言説を覆い尽くしているかもしれず、いずれにせよ、言説を超え出ている。〕

けれどもヴィッツ〔Witz／機知〕はやがて揚棄される。それにしても、ここでの「けれども」はなにを言わんとしているのか――「その結果」にほかならない。かくしてヴィッツは揚棄される。ヴィッツは最初からそうされているし、これまでつねにそうされてきた。なぜなら、言語全体、言語の可能なメカニズムの一切、言語の意味の戯れの一切は、これまでつねにアウフヘーベンという未聞の制約に従ってきたからである。言い換えれば、アウフヘーベンは確実にヴィッツにも「回帰」したはずで、さらに言えば、アウフヘーベンがはじめに回帰するのはおそらくヴィッツに対してである。そうすると、例の〈註記〉で言われている偶然の一致については当然、なによりもまずドイツ語によるラテン語の揚棄として、そしてアウフヘーベンによるヴィッツの揚棄として読まれなければならない。体系の一般的法は例外を許容しないのだから。したがって、誰かがヘーゲルの言説を解決したつもりになって、ヘーゲルの主要概念は語である、「語」、機知に富んだ語であると宣言するとしたら、そのひとは哀れな人物だろう。なぜなら、もしそのひとが絶対者の秘密をそのようにして明らかにしたと思っているとしても、当の絶対者はそのひとに対してこう答えるだろうからだ。自分はこれまでずっともろもろの語に即して赤裸々な姿を見せてきたし、自分の秘密などというものは結局のところポリシネルの秘密[*1]にすぎないのだ、と。反対に、あるひとはヘーゲルをよくできた冗談のようなものへと貶めて、ヘーゲルを笑いものにしてしまえると間違いなく想像している。そのようなひとに対しては、ヘーゲルは空虚な語をさらに提供するだろう。それら空虚な語はあらゆる規定された意味を廃棄するため、意味で戯れることはよりいっそう確実に禁じられる。

　われわれは結果的にヴィッツの名のもとに最後の浮き彫りを刻むことができたと思っているが、それはわれわれがこれらの身振りのどちらにも倣わなかったからである。われわれはむしろ要請に従って、この浮き彫りを残すか産出する操作そのものをくり返してきた。まさしくこのような仕方で、いまやヘーゲルもまたふたたび（自分に）文句をつけなければならない。――実際、ヴィッツが揚棄されかつされないこと〈命題形式で言えば……〉、このことはその必然的な結果として、ヘーゲル的な機知に富んだ語というものは語のいかなる意味でも存在しないという事態をもたらす。これがアウフヘーベンの論理である――しかし、すでにご承知のとおり、この論理はまったく同様に語から語へのあの抵抗不可能な移行をもたらす。実際、まずはアウフヘーベンから Moment への不可避のすべり込みが起こった。それぞれの語は学術的に選択された適切で卓越した語であり、さらには構築された正確な諸用語であるにもかかわらず、いまやそれらは戯れと真剣さのあいだで複数的に、難解に、ばらばらに、ランダムに使用される。この「使用」（われわれが「計算」と名づけたものの別名もしくは別の顔）はこの論理の欠落や不十分さとしては理解されえない。そうではなく、それはまさしくこの論理のもっとも固有の言い回し〔tour／回転〕として、その循環―― Kreislauf ――として、その話し方―― Ausdruck〔表現〕――として理解されるものである。〈論理学〉の言い回しは、そのテクスト全体をとおして「機知に富んだ語」の全機能を、永久に、連続的に、それでいて控えめに、断続的に、不調に陥れることから成り立っている。『論理学』はもろもろの注目すべき語をこの書物のなかで分散させ、それによって書物自体を不調に陥れることから成り立っている。もろもろの語がそうして分散することで、当の書物の統語法や編成はそのさきずっとそれらの語を意味の同一性に還元することを妨げられる。〈論理学〉の「ヴィッツ」と名づけうるようななにかが存在し、あるいは残っているとしても、それは確実に同一性や真理といったものではない。それは戯れに得られたものにすぎず、それゆえそれはただの異質なもの同士の組み合わせである。だが、語をこのように使用する経済は、おそらくまた、同一性や真理の「論理」をも編成している。このような不調、すべり込み、メカニズム、欠陥能力こそ、「テクスト」と呼ばれるものである――テクストという語もまたほとんど空

虚な語である。(177)

(177) このことが言いたいのは、「概念」や主題（さらには動機）は、あるいは「テクスト」という語は、それらが機能するところではヘーゲルの「空虚な語」と同一の様態で機能している、ということではない。かといって、それらが「空虚な語」の様態に単に外的であるか反対であるだけの様態で機能する、と言いたいわけでもない。われわれはこのどちらの点についても本書で多少は示せたと思いたい。――とはいえ、われわれは本書では結局のところ「テクスト」のいかなるテーマ系も体系学も企画してはいない。それは二つの理由による。第一に、われわれは（望みうる最大限の字義的な意味で）ヘーゲルのテクストの読解の諸条件に身をゆだね、それらにみずからを限定したかったからである（哲学的テクストの字義性というものは、伝統的にはつねにおのずから明らかであり、つまり概念の陰で目立たずにいられるほど自明であった。（その結果、）同時におのずから明らかであるように、ひとはこの字義性を責め立てたりそれを立て直したりして、そこから精神を抽出しようとした。われわれは本書でヘーゲルの字義性に関して、それがどれほどおのずから明らかであるかを見て理解し、あるいは読み解けたことだろう……）。――第二に、一方に熱心すぎる適応があって、他方に偏狭な非難があるにもかかわらず、「テクスト」の理論（学説、学、真理、言説）などというものは存在しないからである。理論そのものはあらゆる言語活動――理論がこれまでつねに概念的に把握され望まれてきた場――に対して過剰であり、理論はそのかぎりで、いかなる理論であれ、ある操作と変形へと不可逆的に引き込まれる（言い換えれば、あらゆる意味とあらゆる方向でもっとも固有の範列《パラディグム》をなす消去を、理論は実現できない）。「テクスト」の語もしくは主題は、少なくとも哲学に関して、まさしくこの操作と変形を指摘している。――したがって、「ヘーゲルのテクスト」について語るというのは結局、なによりもまず、ヘーゲルに対してある操作をくり返さないことである。それはヘーゲルの思想や学説を（よりよく）概念的に把握することから成る操作である。これは（たしかにヘーゲル的であり、同時に、少なくともある意味では不可避であるため）非常に頻繁におこなわれている。この操作をくり返さないことはもちろんだが、だからといって、ヘーゲルの思想が概念的に把握不可能であるとか怪物的であるなどと宣言することから成る操作（より単純な、あるいはより捉えどころのない操作）は、なおさらくり返してはならない。そうではなく、「ヘーゲルのテクスト」について語るというのは結局、反対に、ヘーゲルの名で書かれ署名されたものを（こう言ってよければ、まったく単純に、しかしきわめて厳密に）ふたたび（みずからに）読ませることである。ヘーゲルの名で書かれたものはまさしくこのために、また哲学そのもののいくつかの制約によって、哲学的言説とその特性、その真理性、その論理、その意思とを傷つけ、損ない、はみ出さないわけにはいかなかった（すでに見たとおり、この事態は「あまりに真理すぎる」ものを作ろうと望んだ演出家に起こっていた〔本書二一二頁を参照〕）。――ふたたび読むこと、哲学のテクストを再読することは、あるものをテクストのなかに「再認する」ことから成り立つだろう。そのあるものとは、字義的にはテクストのなかで構築することも演繹することもできないものであり（ヘーゲルがそれの必要性をどの点まで字義的に標記できたかは、まもなくわかる）、あるいはこう言ってよければ、本を開いた途端に失われてゆくものである。プラトンが『テアイテトス』、『ソピステス』、『パルメニデス』を著して以来、おそらくかなり定期的に哲学のなかに、哲学によって、いくつかの損失（父、固有のもの、〈一者〉）が書き込まれている――哲学の論理的アウフヘーベンはそのとき一般的な揚棄〔値上げ〕をおこないつつ、それとまったく同程度にテクストの割引をおこなっているだろう。アウフヘーベンのこの二重会計、二重計算、あるいは二重読解が可能となるのは、確実に、現代の哲学での問題提起を考慮したからにほかならない。今日、哲学においては、現代「の」問いとしての問い（活動的、実践的、修正的、変形的あるいは歪－曲的〔dé-formante〕な問い、要するに、ねじれつつねじる問い）が提起されている。本書の冒頭、われわれはハイデガーの名を挙げた〔本書二一頁の注9参照〕。いま、終わりに近づいたこのとき、読むべきハイデガーのテクストを示そう。このテクストには、われわれがこれまでたどってきたヘーゲルのテクストとの奇妙な近接性が――すなわち奇妙な隔たりもまた――見て取れることだろう。ハイデガーはヘーゲルにいくつかのねじれを刻印した。それらは控えめだが不可逆的なもので（これはこれでまた「再読」されるべきものだが）、このねじれがなければおそらく、防腐処理されたヘーゲルの学説は安らかに保管されたままだったろうし、言い換えれば、その学説をテクストの側からかき乱すものなど、なにひとつ到来しえなかっただろう。「〈言うこと〉の多義性は決して、任意に浮かび上がってくるもろもろの意義の単なる堆積のなかに存するわけではない。その多義性はある戯れに依拠しており、その戯れとは、みずからが豊かに展開されればされるほど、いこのような不調は〈論理学〉のもとへとその体系の外部と内部の両方から不意にやって来る。外部から――この場合、不調はアウフヘーベンの反復による不可避の家宅侵入としてやって来る。「おのずから」明らかであるように、この侵入こそは、ヘーゲルやその他の思弁的思想家たち以後の時代に、彼らの思弁を免れる好機に恵まれるかもしれない唯一のものである。というのも、本書で試みに述べたように、[*2]もしヘーゲルが手持ちの資産をすでにすべて賭けてしまったとすれば、ごく単純な帰結として、そのあと思弁に対していったいなにをどう投資すればよいのか、われわれにはわからないからである（たとえ今日でもなお、惰性で、あちこちでさまざまな「弁証法」が投入され続けているとしても）。――ところが、不調は内部からもやって来る。というのも、本書の行程でずっと注目してきたように、体系――読むべきものとして一冊もしくは複数冊の書物に直接に与えられているような体系――の法とはまさしく、この精緻で控えめな不調に引き渡されることだからである。体系の法はとりわけ、ひとつの〈註記〉を通じて存在の論理から定在の論理へと移行させる。言い換えれば、この移行はアウフヘーベンという一語の突出によっておこなわれる。仕上げにあたって、〈註記〉はこの語をそれ自体の外へと、つまりほかの語や規定へとすでに運び出しており、まずはDasein〔定在〕へと運び出す。ここでの定在とは、もろもろの事物や語の経験的で偶然的で偶発的な実存のことである。あのテクスト、〈註記〉のあのエピローグを思い起こそう。

存在と無はいまでは契機であるため、それらはさらなる［nähere／より接近した、より近似した……］意味と表現を獲得する。この意味と表現については、定在を考察するなかで明らかとなるはずである。[*3]

アウフヘーベンはおのずから近似に参与し、語の複数態の好機と偶発事に身を任せる。言い換えればアウフヘーベンは、語と思弁的なもののあいだにしっかりと書かれなければならない読点《ヴィルギュル》に身を任せる。語はそこから無事に脱け出すことはできない。語は最終的に、そこに解消されてしまうわけではないにせよ、少なくとも解消される寸前までゆく。解消――アウフレーズング〔Auflösung〕――の語は〈論理学〉ではアウフヘーベンよりさきに出合われる語である。こう言ってよければ、そこではアウフヘーベンはまだはじまっていない。解消の語はまた、これから見るように、ヘーゲルのテクストのなかで次第に、みずからの影――Schattierung〔陰影、ニュアンス〕――でアウフヘーベンの語にそっと触れ、あるいはそれと混じり合って濁らせさえする。

アウフレーゼン〔auflösen〕はまずは物理‐化学的プロセスにおけるアウフヘーベンのいわば代用品である。このプロセスは換言すれば中性のものの過程もしくは契機（すなわち水［の契機］）であり、これは

っそう厳格に、ある覆蔵された規則のなかに保持されるままに作動する、そうした戯れである。つまり多義性はこの規則によって均衡を保った戯れのなかにあり、しかもこの均衡が揺れ動くことをわれわれが経験することはめったにない。したがって、〈言うこと〉は最高の掟に拘束され続けている。この最高の掟とは自由のことであり、これが、一切を戯れさせて絶え間なく変形させる接合構造〔Gefüge〕のなかへと解放する。［…］この〈言うこと〉は思考の表現ではない。それは思考そのものであり、思考の歩み《ガング》と歌《サング》である」（*Contribution à la question de l'être*, trad. G. Granel, in *Questions I*, Gallimard, 1968, p. 249〔»Zur Seinsfrage« (1955), in *Gesamtausgabe*, Band 9, Frankfurt am Main: Vittorio Klostermann, 1976, SS. 423–424／「有の問へ」『ハイデッガー全集第9巻　道標』所収、辻村公一・ハルトムート・ブフナー訳、創文社、一九八五年、五二七頁〕）。

自然哲学の核心部、体系の「中心」に位置している（それゆえこの契機は「客観性」の核心部に位置し、そしてこの客観性それ自体がまずは概念の論理学の「中心」に位置している）。アウフレーズングは明らかに、優先的に、否定的分離の段階で不意にやって来る（たとえば『エンツュクロペディー』二八七節を参照(178)）。けれども、この否定的分離はアウフヘーベンの単純な否定態である解消や解体として、Diremtion〔分離、分裂、区分〕（三二四節*4）、Zerlegen〔分解〕（三〇八節*5）、Zersetzen〔解体〕（三三〇節*6）、zerfallen〔崩壊する、溶解する〕（二九一節*7）等々と呼ばれ、あるいはそのように特徴づけられる。アウフレーズングそれ自体はむしろ熱による溶解のような作用を指す。「物体の特性が焼き尽くされることで、純粋で物理的な理念性の実存が獲得される」（三〇六節*8）。それは「直接的なものの実在的な溶解〔*Auflösung*〕の契機」（三〇七節*9）である。解消はこのあと、中性のものの二重の運動つまり交換と混合の運動（三三三節）となる。

> 中性のものの溶解作用《アウフレーズング》のなかで、特殊な化学的物体への還帰がはじまり、ついには未分化な物体にまで戻る。それは一方で一連の特有のプロセスを通じて起こり、しかし他方で、そのような分離［Scheidung］そのものは一般に、それぞれが合一［Vereinigung］と不可分に結びついている。（三三四節(179)）

化学ではアウフヘーベンはアウフレーゼンへと構造を転位させる。このことは、化学のプロセスにはまだ揚棄ではありえないものがあること、つまり揚棄されねばならないものがあることを報せているだろう。なぜなら、揚棄は〔自然の〕目的論的プロセスの生に属し、同様にまた、〈論理学〉では概念の生にも属すからである。アウフヘーベン以前のアウフレーゼン。論理学で見た先行性が自然哲学でもくり返される。*10

このことは、それだけでもう、アウフヘーベンがそれ自体に対して遅れている事態と考えざるをえない。そしてこの遅れはアウフヘーベンの過程の一種の溶解〔解消〕であり、つまりアウフヘーベンはそれ固有のはじまりにおいて、いわばみずからの中性的な契機のなかで、溶解する。アウフヘーベンの声が水のなかで語る。この水はおそらく、その声が話すやいなや、当の声を溶かすだろう。

このアウフレーゼンは体系ともろもろのテクストの相当深くまですべり込んでゆくだろうが、しかし、いかなる化学がそうしたプロセスを届けてくれる可能性があるだろうか。たとえば『宗教哲学』(より詳細には「絶対宗教」)でこう言われている。「概念とは矛盾の解消《アウフレーズング》である。悟性は矛盾の解消には到らない(180)」。けれども、同書のもっとさきでは、存在が概念の一規定として措定され、この存在について次のように言われる。「すべての概念は〔…〕存在からこの差異を揚棄するものである(181)」。

二つの語がそっと触れ合う。この二語を使って、この二語のあいだで、濃密な陰影のなかで、あるいは計算されたごくわずかな差異のなかで、ひとつの同じテクストが書かれている。——アウフレーゼンとアウフヘーベンを組み合わせて混濁したこの文章は、おそらく『美学講義』を通じて、その運動をもっとも

(178) 以下の本文はモーリス・ド・ガンディヤックの翻訳からの引用で、若干の修正を加えている。
(179) この段落の〈註記〉の化学的推論全体もまた参照。〔引用文はW9 327／『ヘーゲル全集2a 自然哲学(上巻)』加藤尚武訳、岩波書店、一九九八年、四一九頁。〈註記〉はW9 330／同前、四二二—四二三頁。〕
(180) Ed. du Jubilée, XVI, p. 236.〔W17 230／『ヘーゲル全集17 宗教哲学(下巻)』木場深定訳、岩波書店、一九八四年、五四四頁。なお、前半の「概念とは矛盾の解消である」はヘーゲルの原文では強調されている。〕
(181) *Ibid.*, p. 543.〔W17 526／同前、三九七頁〕

強化する[182]。『美学講義』の冒頭、芸術は「〔一般的〕対立を解消する手段［Mitte］のひとつ」に割り当てられる（ヘーゲルは直前でこの一般的対立のもろもろの契機を喚起し、理論と定在との対立で最後を飾ったところだ）。芸術におけるこの解消は、対立を「統一へ連れ戻す[183]」ことに帰着する。この統一は『美学講義』の終着点であり、それゆえこの契機では反対に、芸術それ自体が解消されて、哲学的に揚棄される準備が整う（この揚棄は、芸術は対立を解消するという冒頭の文言において予告されていたものである）。そうだとすれば、『美学講義』の最後の数段落のひとつにあるように、すべてはあたかも絶対者が語を間違えたかのように起こる。

絶対者の現前と実効性は、もはや実在の人間存在〔realen Dasein〕の性格や目的との積極的な結合のなかで登場することはなく、ただ否定的な形式でのみその効力を発する。すなわち、絶対者にふさわしくないものはすべて sich aufhebt〔揚棄され〕、ただ主観性そのものだけがこのアウフ、、、レ、、、ー、、、ズ、、、ン、、、グ、、、の、、、な、、、か、、、で、自己を確信して自己のなかに確保されたものとして、みずからを示す[184]。

---

(182)『美学講義』の全テクストの「文章《エクリチュール》」それ自体が特異であることを思い起こさなくてはならない。それらはヘーゲルのノートと学生たちのノートの混成物なのである。〔誤りに気づいたとしても〕証明することができなければ、決してその誤りを除外することはできない。それよりも、第一にこのテクストに読まれるべきものは、ヘーゲルの「書き方《エクリチュール》」の様式ではないだろうか。教授はそこでは自身の体系の字句にそれほど気を配っておらず、そのため字句は多くの偶然にゆだねられている。語を監視しないこのやり方が、〈思考〉の傲慢さと思弁的表現の不安定さを組み合わせる。

（183） *Op. cit.*, I, p. 65. 〔W13 83／『ヘーゲル全集18a　美学（第一巻の上）』竹内敏雄訳、岩波書店、一九五六年、一一七頁〕

（184） *Ibid.*, II, pp. 585–586.（強調はナンシー）〔W15 573／『ヘーゲル全集20c　美学（第三巻の下）』竹内敏雄訳、岩波書店、一九八一年、二四八〇頁〕『美学講義』の内部ではかなりの数の用語が登場するが、本書ではここで挙示したものだけにとどめる。お察しのとおり、実のところ（ヘーゲルの）哲学内での美学の経済そのものもまた問題である。この経済はおそらく、揚棄と解消のあいだの薄い隔たりにおいて作用しているからだ。もっとも、その分析に取りかかるなど問題外であるが。——ところで、とりわけ『美学講義』にはある「素晴らしい」語の叙述が含まれていることを忘れないでおこう。すでに言及したとおり、それは Sinn の語であり、この語は意味と感官という二重の意味をもつ〔本書一九六頁を参照〕。——同時にまた、美学が造形〔*plastique*〕の領域であることも忘れないでおこう。この語の二重の意味は最初から、叙述として、われわれには有意義であったし、かつ、見えなくされていた……〔本書一九頁の注8参照〕。——他の場所と同様、ここでもヘーゲルのなかで——あるいはヘーゲルのペンの下で——本から本への移行、テクストから講義への移行、本題から註記への移行、意味から意味への移行が起こる。その結果、意味の移行とはおそらく、哲学という独特の形式を変形したり歪曲したりする操作—— Schreibart〔書き方〕の修正——として明らかになるにちがいないだろう。「哲学の形式はひとつの純粋思考である」（*Introduction à l'histoire de la philosophie, op. cit.*, p. 151）。この純粋さは、それが言明される（提案される）かぎりで、また、それが書かれるかぎりで（それが概念の要求することである）、移行「そのもの」「である」——したがって、アウフヘーベンとはもろもろの形式の差異あるいはそれらの差異化であり、言い換えれば、形式（語、命題）がおのずからみずからの他者へと、みずからの変異形へと引き込まれてゆく、そうした運動である。形式はアウフヘーベンからアウフレーゼンへ、あるいは Sinn から Sinn へ引き込まれてゆく。言語の（思弁的な）富に訴えて、問題は不断の屈折‐語尾〔*dé-sinence*〕であると言うことにもなろう。この操作によってそのつど意味は喪失し、語尾は文法に則して修正される。あるいはあらかじめ次のように書いておこう。（思弁的）哲学を形式化することは、もろもろの形式の差異「である」。あるいはそれは形式「なるもの」の「異なる在り方〔être-différent〕」であり、いわばみずからの差異（すなわちみずからの同一性）のなかに存在する在り

問題はもはや化学ではない——あるいは問題はまさしく、もろもろの語を混ぜ合わせるテクストという化学、奇妙で揚棄不可能な化学である。テクストはむしろ（ここでこそ病理学を語るべきだろう）各語がお互いに感染し、傷つけ合い、腐らせ合うままにする——つまりテクストは各語がお互いを揚棄すると同時に解消するままにする。言語のなかに掘り出し物の語彙を見つけるという好機に身をゆだねるさいには、この種の感染のリスクがつねにあり、異質なもの同士が組み合わされるリスクがつねにある。水のなかで話すこと、水のなかで話を聞いてもらおうと望むことは、ただ単に語のせせらぎを聞かせるだけのことになりかねない。ヴィッツによって意表を突かれるリスクはつねにある。思弁的思考がときに体験する喜びは、なんらかの享楽的放蕩に引き込まれるリスクをつねにともなう。[11]

かくしてアウフヘーベンの〈註記〉は、思弁的言語とその語彙と統語法の計画全体を内包していると同時に、この計画の諸条件そのもののなかに、この計画の「素朴機械」の一部として、witzig〔機知に富んだ〕偶発物という恒久的な——すなわちつねにすでに不意に生じてしまっている——リスクを内包しているだろう。この偶発物は逆説的にも（それにしても、ヘーゲルの論理での逆-説とはなにか？）、言葉の思弁としての思弁（あるいは思弁的御言葉《ヴェルブ》としての思弁、あるいは言葉《ロゴス》の名をもつヴィッツとしての思弁）の成功——いわば予期せぬ——を表象していると同時に、この思弁の不調をも表象している。思弁が快楽（あるいは欲望［Lust］）や興奮の地位に落ちること、異質なものや軽薄さのなかに失われること、「驚くような発想の無限に広大な領野」[12]のなかに分散することを、この偶発物が表象している……。思弁的思考の好機、それゆえ概念ならびに言語の好機は、それ自体——こう言えるなら、その好機的-在り方〔l'êtrechance〕において——、その形式に即して、つまりその形式をなすねじれに即して形成されている。これによって、なんらかの語のなかに——好運にも——わずかでも思弁的思考の好機が不意に生じるならば、この好機とともに次の事態が引き起こされる。すなわち、そこで獲得されたものは弁証法的に喪失され（この場合つねにこの喪失が獲得物である）、のみならず、その意味ならびに意図にかかわらず、喪失と獲得のあいだで「偶発事《アクシデント》」もまた生じる。この偶発事はもはや「偶発性」という本性をもたず、いかなる言説もその出来や射程を推し測ることはできない——それゆえこの偶発事は、もはや微分係数や言葉遊びの効果のような計算可能なものでさえない。しかし、それでもやはり〈論理学〉は否応なしに、必然的に、この偶発事をみずからのテクストとして控えめに「計算に含め」なければならなかった。

こうして、最後の驚きであると同時に論理的な帰結として——いわば不可避の好機として——、ヘーゲルの言説のある補説のなかに、この計算不可能なもののためのとある場所が（不適切に）設えられているのが見つかる。実際、可能性と偶然性の観念についての『エンツュクロペディー』一四五節の注釈のなかで、ヘーゲルは次のように言っている（もしくはヘーゲルが口述したことが書き留められた）。

方〔être de l'*être*〕である。あるいはふたたび、哲学は存在を歪曲する（思弁的哲学は存在の歪曲である）〔la philosophie（spéculative）（est）（la）*déforme de l'être*〕。

偶然性は［…］理念一般の一形式として［…］固有の権利を［もっている］。［…］したがって、たとえば言語といういわば［gleichsam］思考の身体のなかでも、偶然は同様にためらいなく［unbedenklich ——しかしこの語はまた「反省なしに」や「考えなしに」でもある］みずからの決定的な役割［entschiedene Rolle］を演じている［…］。学問の課題、より正確には哲学の課題というものが、一般に、偶然性の外見のもとに隠された必然性を認識することであるというのはまったく正しい。けれども、このことは次のように理解されてはならない。すなわち、あたかも偶然的なものは単にわれわれの主観的な表象に属するだけのものであり、この理由で、あたかも真理に到達するためには偶然的なものは確実に除去されるべきである、といった理解である。この方向を一面的に追求する学問的な努力は、空虚な戯れ［leere Spielerei］にして堅苦しい衒学趣味［steifer Pedantismus］であるといった正当な誹《そし》りを免れないだろう(185)。

このテクストをあらゆる意味で読み返すならば、気づかれるとおり、テクストはつねに、疑いの余地なく、それが学問と真理と名づけているものによって秩序づけられている。しかしこのテクストはまた、同様に気づかれるように、思弁の概念——思弁のテクストではなく——が言おうとしているかもしれないものには断固として還元不可能でもある。実際、とりわけこの特質を強調しておきたいが、言語活動の偶然性を言語活動の必然性に結節するのは、弁証法的または思弁的な統語法ではない。結節するのは対立的または乖離的な統語法である「だけれども」（obschon）である。それでもおそらくヘーゲルはこのさきも変わらない。彼は別のところで次のような（フランス語の）ヴィッツを引用している——「真理は、これを拒絶するとき、はじめていだかれる(186)」。しかし、ここでの真理は拒絶されるよりは妨害または転位されており、しかもそれがどのような仕方でなされ、どこへと向けられるのか、われわれははっきりと知ることができない。偶然は必然に還元されるはずがないし、そのような身振りは「一面的」であるだろう。言い換えれば、ある種の偶然は思弁的な戯れ――アウフヘーベンの戯れ――を上演している。そして、まるで偶然のように、言語活動はその戯れの注目すべき事例である。言葉の思弁というものは存在しない。なぜなら言語のなかには思弁的な偶然が存在し、あるいは言語の思弁的精神は偶然的であるからだ。このことはまた、「思考の身体」それ自体が偶然的であるということも言わんとする。そして、アウフヘーベンの偶然性は「理念の一形式」であるのだから、アウフヘーベンは形式であり、思弁の言明内容である。あたかもわれわれは最終的に「柔軟な叙述」（すなわち命題のアウフヘーベン）の実情を学んだかのようである。おかげで、われわれは最終的にアウフヘーベンのテクストを読むことができるだろう。思弁的Darstellung〔提示、叙述〕それ自体が偶然的であり、それ自体が危険を伴うもの〔*hasardeuse*〕である。

たしかに、もっとも拘束力のある必然性が要請するのは、絶対的なものが経験的な定在にゆだねられること、そして絶対的なものが偶然性のなかにこの偶然性として移行することである。したがって、諸形式

---

(185) Trad. Bourgeois, p.579.〔W8 286–287／『ヘーゲル全集1　小論理学』真下信一・宮本十蔵訳、岩波書店、一九九六年、三七五頁。〕

(186) *Philosophie de l'histoire*, *op. cit.*, p. 274.〔W12 428／『ヘーゲル全集10b　歴史哲学（下巻）』武市健人訳、岩波書店、一九五四年、一八九頁。原文でもフランス語で記載されている（「la vérité, en la repoussant, on l'embrasse」）。なお、ヘーゲルからニートハマー宛の書簡（一八一六年七月五日）によれば、この文言はもともとフリードリヒ・ヤコービの言葉である（*Brief von und an Hegel*, Bd. II, 1813–1822, hrsg. J. Hoffmeister, Hamburg: F. Meiner, 1953, S. 86）。〕

の偶然は偶然性の真理である。しかしまた、同様に気づかれるように、もうひとつの必然性が不可避の偶発物としてこの移行のなかに忍び込んでいる。それは幸運な驚きであると同時に思弁的環の切断（あるいはその瘤）である。隔たりは移行のなかで即興的に産出され、その説明はない。偶然は歪曲する。

かくして、ヘーゲルのテクストは必然的に運任せとなる。テクストは実際、あちこちで行き当たりばったりに補説や註記を付し、そこでみずからに固有の意味の流れをたえず断ち切り、そしてそれによって、精緻かつねじれた仕方で好機〔運〕をつかもうと試みていた（それゆえこの好機はもはや必然的なものの単なる反対物ではない）。こうした運任せを実行したことによって、あるときは論理的統語法の規則が乱れ、あるときは語彙が不調になり、そこにいくつかの痕跡が、窪みや浮き彫りとして残されることとなった。

『エンツュクロペディー』のもっとさきで、ヘーゲルは偶然性の別の事例をいくつか記している。偶然性はそこで「確固たる役割」（「規定された役割」とは言っていない）を演じている。まずは奇形児。「自然は無力で、概念をしっかりつかんで説明することはできない。［…］自然はいたるところで中間的で出来損ないの産物によって本質的な限界を混ぜ合わせてしまう。それら出来損ないの産物は、確固とした区別に対していつも反論を提出する。特定の類（たとえば人間）の内部にも、奇形児〔Mißgeburten〕という反例がある[187]」。――もしくはそこに付された注に、熱のこもった論戦の調子でこう書いている。「クルーク氏はかつて自然哲学に、「さあ、そのペンを演繹するような曲芸を見せてみろ」と要求したことがあった。［…］――いつの日か学問が格段に進歩して、現在と過去にわたって天地のもっと重要な問題がすべて解決し、それ以上に重要な、概念的に把握すべきものがもはやなにもなくなったら、そのときには、クルーク氏の業績が尊敬され、彼のペンが栄誉に浴するという可能性も期待できるだろう」[188]。

著者のペンは演繹されない。〈註記――アウフヘーベンという表現〉を書くときに使用されるペンは、完全には概念的に把握されない。ペンは奇形である。それでもなおペンは書く――が、しかしペンはまた、ある特定の意味で書くことができないという危険につねにさらされている。それはヘーゲルに起こった。

君に手紙を書くべきかどうか、僕は長いあいだ迷っていました。というのも、ひとが書いたり言ったりする

（187）*Encyclopédie*, § 250, Remarque, trad. Gandillac.〔W9 35–36／前掲『自然哲学（上）』三七頁〕

（188）*Ibid.*, p. 214.〔W9 35／同前、三六―三七頁〕この注は以下の一節の最後に付されたものである。「自然のこのような無力は、哲学に限界を措定する。〔自然の〕そのような偶然物まで概念的に把握するよう概念に要求すること――これまでの用語で言えば、偶然物を構築し演繹せよという要求――は、もっとも不適切なことである。しかもこの課題は、そうした偶然の産物が個別化されて取るに足らないものであればあるほど、容易なこととされているようである」〔W9 35／同前、三六頁〕。他方で、この注には次の一節をつけ加えてもいいかもしれない。ここには、ペンは書く手に握られているゆえに（強調《アクセント》と同様、ほぼ）揚棄可能であったと書かれている。「したがって、手の単純な線〔手相〕も、言語の個別的に規定された様態である声の響きや音域も、それからまた、言語が声よりも手を通じて受け取るいっそう堅固な実存すなわち文字――しかも手書き文字としての特殊性を帯びたもの――も、これらはすべて内面的なものの表現である。したがってこの表現は単純な外面性であり、それはそのようなものとしてふたたび行動や運命の多重の外面性に対抗する関係になり、ふたたび内面的なものとしてこの外面性に対抗する」（*Phénoménologie de l'esprit*, trad. Hyppolite, I, p. 262〔W3 238／『ヘーゲル全集4　精神の現象学（上巻）』金子武蔵訳、岩波書店、一九七一年、三一六頁／『精神現象学　上巻』熊野純彦訳、ちくま学芸文庫、二〇一八年、四九〇頁〕）。われわれの語る「偶発事」は、手の内面とペンのあいだで起こる。

ものはすべて、結局は説明によってどうにでもなってしまうからで、僕はこのような説明を恐れたからです。説明しなければならない地点にまでいたったとき、説明とはたいへん危険なものなのです。

婚約者マリー・フォン・ツッヘル宛
一八一一年夏　ニュルンベルクにて[*13]

訳者あとがき

本書は *Jean-Luc Nancy, La Remarque spéculative: un bon mot de Hegel*, Galilée, 1973 の全訳である。

著者のジャン＝リュック・ナンシーは現代フランスを代表する哲学者のひとりであり、その思想の重要性に異論の余地はないだろう。手短に紹介すれば、ナンシーはいわゆる「ポスト構造主義」以降の思想家に数えられ、ジャック・デリダやフィリップ・ラクー＝ラバルトらとともに「脱構築」の手法によって伝統的な哲学の読解に取り組んだ。カント、ヘーゲル、ニーチェ、ハイデガーといった大物の哲学者を相手にしながら、古典的だが今日的でもある諸問題（自由、共同体、正義、等々）を議論し、「分有（共有＝分割）」概念による独自の共同体論を提示したことでも知られる。また、その仕事は哲学の分野に限定されるものではなく、文学、精神分析、宗教、政治、芸術、映画、音楽、ダンスなどについての論考も数多く発表している。

そうした領域横断的な仕事のなかで、本書はナンシーの最初の単著刊行物である。しかし（あるいはそれゆえ）本書には前述の「分有」の概念も共同体についての思考もまだ明瞭には見当たらない。本書はもっぱら、ヘーゲル哲学のもっとも重要な概念のひとつである「揚棄《アウフヘーベン》」に焦点を当て、これを「語」の観点から分析している。アウフヘーベンは、ひとつの語として見るとき、複数の意味をそなえた「機知に富んだ語」という姿で現れる。ナンシーによれば、これによってアウフヘーベンは別の仕方で読むことが可能となり、ひいては「ヘーゲルを別の仕方で読むこと」が可能となる（本書三〇頁）。これが本書の基本的な目的である。このために、ヘーゲルのさまざまなテクストとりわけ『論理学』、『エンツュクロペディー』、『精神現象学』、『美学講義』が読解される。

なかでも中心となるテクストは『論理学』第一巻第一章の最後に付された註記「アウフヘーベンという表現」である。むしろ本書全体がこの註記の徹底的な読解に費やされていると言ってもいい。さて、ナンシーの読解では、アウフヘーベンの語はヘーゲルの言説においてまずは「廃棄」を指し示す語として導入される。ここで廃棄されるのは、体系のはじまりの区別としての存在と無の区別である。その後、例の註記がこの区別の廃棄をふたたび取り上げ、区別の両項はそのとき揚棄されたものとして「保存」されると述べる。ナンシーの観点では、この註記ではじめて、アウフヘーベンには廃棄に加えて保存の意味も含まれていることが判明する。かくして、アウフヘーベンは二つの反対の意味（規定、意義）をもつ。ナンシーは『エンツュクロペディー』の「論理学」を参照しながら、この語に「思弁的精神」が宿っていることを読み取る。この点で、「アウフヘーベンはまさしくヘーゲル的言説の語そのものであり、思弁的思考の機知に富んだ語である」（九五頁）。

アウフヘーベンは思弁的な語であり、思弁的な意義（対立する二規定）をそなえた機知に富んだ語である。けれども、ナンシーはヘーゲルのその後のテクストを参照しながら、アウフヘーベンがそこではもはや特権的な身分を与えられていないことを示す。ヘーゲルが『論理学』の第二版に掲載した二つ目の「序文」は、例の註記の諸主題を先取りしつつ、ドイツ語が思弁的な語を豊富に有していることを強調する。だがそのさい、「序文」はそのような語の具体例をひとつも挙げておらず、それゆえアウフヘーベンの語にも触れていない。ナンシーはこのことを次のように読む。アウフヘーベンは思弁的精神の特異な語ではなく、むしろ、アウフヘーベンを含めた多くの思弁的な語がある（そこでナンシーは実際にヘーゲル哲学におけるそうした語を列挙してみせる（一〇二―一〇六頁））。ナンシーの読解では、これが理由でアウフヘーベンは註記のなかで別の語――契機（Moment）の語――に変換されうる。

これら思弁的な語は、ヘーゲル流の統語法つまり思弁的統語法のなかで理解されることになっている。それゆえ本来の問いであったアウフヘーベンもまた、この統語法のなかで理解できることになる。そこでナンシーはこの統語法の分析のために、その単位である「命題」の叙述を読む。命題はさらに論理と文法の分野に分けられ、論理は「推論」の叙述から、文法は「機械」の主題から（「文法は機械的である」（一五六頁））、それぞれ分析される。アウフヘーベンに直接かかわるのは後者の「機械」である。なぜなら、例の註記でアウフヘーベンが「契機」の語に転位されたとき、ヘーゲルはアウフヘーベンを「梃子の機械的モーメント」に比較して説明しているからである。したがってナンシーはこう書く。「結局、「Moment」の意義はその機械的身分を取り外されることなく、むしろ梃子「それ自体」がその諸契機の機械力学においてまさしく弁証法的揚棄を実施する」（一五八頁）。梃子がアウフヘーベンとして機能し、あるいはアウフヘーベンは梃子として機能している。弁証法の動力源に、つまり精神の上昇運動の原動力に、精神に対立する機械的なものが潜り込んでいる。さらに、機械はまた思考の始源にも関与している。「思考」は契機としては『エンツュクロペディー』の「精神哲学」に位置づけられ、「記憶」の契機の直後に登場する。

すなわち、思考はもろもろの語の暗記によって、つまり語の機械的記憶をとおして現れる。「したがって、言説全体が思考へと揚棄されるこの移行のなかで、「揚棄」そのものが機械を経由する」（一六一頁）。精神のあらゆる運動がアウフヘーベンによって遂行されるとして、当のアウフヘーベンはかなりの程度で機械的である。

　アウフヘーベンから契機への転位について、ナンシーはここまでも折に触れて言及してきているが、本書の終盤で明示的に取り上げる。ナンシーは、「ほぼラテン語」のMomentが採用される一方で、「別のラテン語」であるtollereが拒絶されることに注目する（一八〇頁）。ヘーゲルはそのさい、このラテン語（tollere）もまた二重の意味をもっていることを指摘しつつ、アウフヘーベンほどではないとして斥ける。なぜMomentは採用で、tollereは不採用なのか。ナンシーの観点では、後者は「機知（Witz）」として挙示されるからである。機知は思弁的体系にはそぐわず、このことをナンシーはヘーゲルの『美学講義』にもとづいて示す。機知、あるいは機知に富んだ語は、単なる面白さという「薄っぺらの快楽」（二一七頁）を目的とした意味の結合であり、その点で「軽薄」であり、あるいは「ただの神秘化」である（二一九頁）。そして、ヘーゲルにとって「アウフヘーベンはいかなるヴィッツでもない」（二二〇頁）。かくして、tollereの語は避けられる。

　そうすると、思弁的な語は機知（に富んだ語）からは厳密に区別され、これといかなる関係ももたないはずである。しかしながら、ナンシーによれば、ヘーゲルはこの決定的な主張を言明していない。ヘーゲルは「ヴィッツの排除について（ほぼ）言及しなかった」（二二二頁）。機知は糾弾されながらも、明確に排除されてはいない。そして実際には、ナンシーが列挙した通り、ヘーゲルのテクストには思弁的な語とみなされた数多くの機知に富んだ語が見つかる。アウフヘーベンはヴィッツではないが、ヴィッツとしての tollere はアウフヘーベンと非常に近い構造をそなえる。ヘーゲルはこれ以上は語らない。その理由は、ナンシーの読解では、「シニフィアンのなかに（絶対的）シニフィエを想定」しないためである（同前）。伝統的な哲学が意味や真理という絶対的シニフィエを前提し探求してきたのに対して、「ヘーゲルはアウフヘーベンというまったく別の両義的な操作のなかに意味や真理を決定的に引き込んだ」（同前）。言い換えれば、ヘーゲルは伝統的な哲学とは異なって、一義性ではなく二義性もしくは多義性を当の哲学に導入した。その導入を首尾よく成功させたのが、アウフヘーベンという語である。おそらくこれがナンシーの言うところのアウフヘーベンの別の読み方であり、ヘーゲルの別の読み方であるだろう。

さて、以上のようにナンシーの議論をたどってくると、本書はたしかに「分有」の概念についても共同体についてもまったくなにも述べていないが、しかしその根本的な思想、つまり根源における共同性や複数性といった主題は見て取ることができそうである。まず、ヘーゲルの思弁的哲学は、絶対精神という一義的な真理を前提し目指しているにもかかわらず、その運動の動力源たるアウフヘーベンは多義的である。また、ナンシーとともに確認したように、体系を維持するかずかずの思弁的な用語も多義的な語である。ヘーゲル哲学の全体は「思弁的な複数態」（一〇一頁）によって進展し、精神はアウフヘーベンの梃子のメカニズムで上昇してゆく。弁証法的運動の全体が多義性と複数性に満たされ、あるいはそれらによって支えられているだろう。他方、起源という観点ではどうか。アウフヘーベンはまさしく体系の起源において区別の廃棄として導入されていた。実のところ、これはまったく単純な事態ではない。というのも、この場合に廃棄される区別すなわち存在と無の区別は、「言葉にならない区別」（五九頁）だからである。この区別が言葉にならないのは、ヘーゲルに従えば、存在と無は定義されえず、せいぜい純粋な光と純粋な夜として表象されることしかできないからである。そこではまだなにも見えず、アウフヘーベンも見えない。したがって「むしろアウフヘーベンが区別に先立ち、区別を可能にする」（六〇頁）。アウフヘーベンが区別の両項を揚棄し、そうすることで区別をそれとして言い表す。これをナンシーは次のように換言する。「アウフヘーベンとは、薄暗がりのなかで高揚してくる可能な言葉である――それは哲学の声そのものであり、黄昏時のフクロウの鳴き声である」（同前）。存在と無の区別が体系のはじまりであるとすれば、この区別の廃棄《アウフヘーベン》は起源の起源、もしくは前‐起源であるだろう。この多義的な声、複数の声が、哲学を開始する。ヘーゲル哲学（あるいは哲学一般）はその起源からして多義性と複数性に依拠しており、むしろそれらなしにはそもそもはじまることさえできなかっただろう。それがナンシーの洞察であり、このことの公表が彼の最初の単著であったと言えるだろう。

最後に、同じヘーゲル論として、本書から二四年後に公刊される『ヘーゲル――否定的なものの不安』（大河内泰樹・西山雄二・村田憲郎訳、現代企画室、以下『ヘーゲル』）との関係について考察しておきたい。本書は『ヘーゲル』の鍵語となっている「不安（Unruhe）」（本書では「不安定」と訳出）の語については二度ほど言及している（一三九―一四一頁、二二三頁）。とくに後者はいわば本論の結論部にあたり、体系における前述の「ヴィッツ（機知）」の身分をこの不安（定）に結びつけている（「ヴィッツは〔…〕あの不安定な動揺――Unruhe――である」（二二三頁））。体系はヴィッツを拒絶しながら排除しきれず、それと表裏一体の複数の思弁的な語に依拠しながら、精神の弁証法を成就してゆく。精神の運動はそのような根本的な不安定をその構成要素としている。（精神がそのように揺り動かされて進展してゆくことの指摘は、なにもナンシーが最初ではないだろう。ナンシーの観点は、その不安定が「語」として顕現している、あるいは「語」によって構成されているというものである。一方、『ヘーゲル』では、問題の「不安」は第一章の表題であり（次章は「生成」、後半のある章は「動揺」）、また、本書でもたびたび登場する「移行」の語はここでも同様に頻出している。こうした点からすれば、『ヘーゲル』でのヘーゲル哲学の読み方は本書のそれと基本的には変わっていないと言えそうである。けれども、『ヘーゲル』での「不安」の観点からのヘーゲル読解は「存在論」を問題としており、この点は本書と異なる。この問題系はもちろんハイデガーを背景としたものではあるが（ナンシーは本書『思弁的註記』でも同様に、その「序言」と「エピローグ」のそれぞれの注においてハイデガーの名を挙げ、このヘーゲル読解がハイデガーの思考によって可能となったことを明言している）、だからといって『ヘーゲル』の「不安」はハイデガー（やキルケゴール）における実存論的主題としての「不安（Angst）」ではない。そうではなく、こう言ってよければ、後者が実存の不安であるのに対して、前者は存在の不安である。ナンシーはヘーゲルの存在論を不安定な動揺の展望から読み解くことで、存在の「外」を目指し、あるいは存在を「外」へと開くことを試みる。この「不安定」を本書のそれに重ねるなら、この「外」への開かれは語（言語）のおかげで可能となり、あるいは語の多義性のおかげで果たされうる、と考えることができそうである。

末尾になるが、本訳書の企画をご提案いただいた専修大学の宮﨑裕助氏、本企画を法政大学出版局にご推薦いただいた東京都立大学の西山雄二氏、ナンシーの経歴や思想についてご助言いただいた山形大学の柿並良佑氏に、この場を借りて厚く御礼申し上げる。また、当初の予定よりも大幅に遅れてしまったにもかかわらず、懇切丁寧に翻訳作業を補助してくださった法政大学出版局の郷間雅俊氏にも、深く感謝を申し上げる。

誤訳・脱落箇所等なお多数散見されると思う。読者の御叱責を仰ぎたい。

二〇二五年二月二日

小原拓磨

著　者

ジャン=リュック・ナンシー（Jean-Luc Nancy）

1940–2021 年。フランス・ボルドー生まれ。ストラスブール・マルク・ブロック大学名誉教授。哲学者。主な著書に『無為の共同体』（以文社），『自由の経験』（未來社），『共向－体《コルプス》』（松籟社），『ミューズたち』（月曜社），『複数にして単数の存在』（松籟社），『ヘーゲル――否定的なものの不安』（現代企画室），『イメージの奥底で』（以文社），『脱閉域――キリスト教の脱構築　1』（現代企画室），『否認された共同体』（月曜社），『嘘の真理』（講談社選書メチエ）など多数。

訳　者

小原拓磨（おばら・たくま）

1980 年生まれ。東北大学大学院文学研究科博士後期課程修了。東北学院大学非常勤講師。訳書にジャック・デリダ『メモワール』（共訳，水声社），アレクサンドル・コイレ『イェーナのヘーゲル』（月曜社）。主な論文に「赦しのエクリチュール」（『思想』第 1207 号，岩波書店），「デリダにおける「哲学的経験」――後期ハイデガー思想にもとづく詩的言語の受容」（『哲学』第 75 号），「全焼への正義――『精神現象学』「光の実在」のデリダ的読解」（『倫理学年報』第 69 号）など。

《叢書・ウニベルシタス　1180》
思弁的註記
へーゲルの機知に富んだ語
2025年2月28日　初版第1刷発行

ジャン＝リュック・ナンシー
小原拓磨 訳

発行所　一般財団法人　法政大学出版局
〒102-0071 東京都千代田区富士見 2-17-1
電話 03(5214)5540 振替 00160-6-95814
組版: HUP　印刷: 三和印刷　製本: 積信堂

Printed in Japan

ISBN978-4-588-01180-1

人名索引

事項索引

あ行

か行

さ行

た行

な行

は行

ま行

や行

ら行

訳 注

思弁的註記（ヘーゲルの機知に富んだ語）

＊1　原語は「un bon mot de Hegel」。「bon mot」は直訳では「よい語」だが，熟語として「機知に富んだ言葉，しゃれ，冗談」を意味し，「mot d'esprit」（直訳は「精神の語」）と同義にもなる。

＊2　フランス語のことわざに「De deux maux, il faut choisir le moindre〔二つの悪のなかでは，小さいほうを選ばなければならない〕」というものがある。また，ポール・ヴァレリーがこの句の「maux」（悪）を「mots」（語）に変えて，「Entre deux mots, il faut choisir le moindre〔二つの言葉のなかでは，短いほうを選ぶべきである〕」と語ったことが知られている。

＊3　原語は「Des sens opposés dans les mots spéculatifs」で，フロイトの論文「原始語のもつ逆の意味について」（『フロイト全集　第11巻』所収，高田珠樹ほか訳，岩波書店，2009年，205–213頁）の仏訳題「Des sens opposés dans les mots primitifs」から「一語を除いて」作られている。

＊4　「Aufheben」のアナグラム。

第一章　序 言

＊1　Alexandre Koyré, «Note sur la langue et la terminologie hégéliennes» (1931), in *Études d'histoire de la pensée philosophique*, Paris: Gallimard, 1971／「ヘーゲルの言語と専門用語についての覚書」『イェーナのヘーゲル』所収，小原拓磨訳，月曜社，2022年，53–98頁。

＊2　Jean Hyppolite, *Logique et existence: Essai sur la logique de Hegel*, Paris: P. U. F., 1953／『論理と実存――ヘーゲル論理学試論』渡辺義雄訳，朝日出版社，1975年。

＊3　Werner Marx, *Absolute Reflexion und Sprache*, Frankfurt am Main: V. Klostermann, 1967.

＊4　Jacques Derrida, «De l'économie restreinte à l'économie générale: Un

hégélianisme sans réserve» (1967), in *L'écriture et la différence*, Paris: Seuil, 1967／「限定経済から一般経済へ——留保なきヘーゲル主義」『エクリチュールと差異〈改訳版〉』所収，谷口博史訳，法政大学出版局，2022 年，529–588 頁。

＊5　J. Derrida, «Le puits et la pyramide: Introduction à la sémiologie de Hegel» (1968), in *Marges — de la philosophie*, Paris: Minuit, 1972／「竪坑とピラミッド——ヘーゲル記号学への序論」『哲学の余白　上巻』所収，高橋允昭・藤本一勇訳，法政大学出版局，2007 年，137–195 頁。

＊6　この訳文は既存の邦訳とは異なるが，ナンシーの仏訳に従った（また，イポリットの仏訳もナンシーと同じ（*La Phénoménologie de l'esprit*, T. I, trad. J. Hyppolite, Paris: Aubier, 1941, p. 55））。ヘーゲルの原文は次のとおり。「Dies Verhalten und die Meinung desselben zerstört sein philosophischer Inhalt」。

＊7　本書 160 頁以降を参照。

＊8　W3 11／『ヘーゲル全集 4　精神の現象学（上巻）』金子武蔵訳，岩波書店，1971 年，3 頁／『精神現象学　上巻』熊野純彦訳，ちくま学芸文庫，2018 年，10 頁。

＊9　本書 14 頁を参照。

第二章　注目すべきテクストについて

＊1　これまで何度か「に即して」と訳してきたフランス語は「à même」である。これは「にじかに，から直接に」を意味する慣用句だが，ナンシーはこれを本書では，ここでのように，ドイツ語の前置詞「an〔において，に即して〕」の仏訳として使用している（本書 143 頁以降でこの仏訳についてのナンシーの見解が詳述されている）。このため，本訳書では「à même」は「に即して」の訳語で統一している。また，この用法は彼のその後の著書においても引き継がれる（J.-L. Nancy, *Le discours de la syncope: I. Logodaedalus*, Paris: Aubier Flammarion, 1976, p. 9；*Hegel, L'inquiétude du négatif*, Paris: Hachette, 1997, p. 51／『ヘーゲル——否定的なものの不安』大河内泰樹・西山雄二・村田憲郎訳，現代企画室，2003 年，78 頁（ならびに 151 頁の訳注 32 も参照））。

＊2　W5 83／[上一] 79 頁／[1] 69 頁。

＊3　W5 99／[上一] 97 頁／[1] 83 頁。

＊4　本書 44 頁を参照。

＊5　W5 115／[上一] 116 頁／[1] 98 頁。
＊6　W5 113／[上一] 114 頁／[1] 97 頁。
＊7　W5 113–114／[上一] 114 頁／[1] 97 頁。
＊8　ここでは一文で訳出したが，原文では次の二文から成る。「il n'y *a* pas de milieu, ou le milieu n'*est* pas」。

註 記

＊1　W6 406–407／[下] 189–191 頁／[3] 154–155 頁。
＊2　W5 177–178／[上一] 193–194 頁／[1] 160–161 頁。
＊3　W5 193／[上一] 212 頁／[1] 177 頁，W6 52／[中] 51 頁／[2] 46 頁。
＊4　W5 169／[上一] 183 頁／[1] 153 頁。
＊5　W5 238／[上二] 36–37 頁／[1] 222–223 頁。
＊6　W6 99／[中] 106 頁／[2] 92 頁。
＊7　W5 243, 287, 386／[上二] 43 頁，95 頁，201 頁／[1] 227 頁，268 頁，352 頁，W6 293, 378–379／[下] 61–62 頁，157 頁／[3] 52 頁，129–130 頁。
＊8　W5 167／[上一] 181 頁／[1] 151–152 頁。
＊9　W5 210–211／[上二] 3 頁／[1] 195 頁。
＊10　W5 300／[上二] 111 頁／[1] 280 頁。
＊11　W6 70／[中] 72 頁／[2] 64 頁。
＊12　W6 290／[下] 57–58 頁／[3] 49 頁。
＊13　W6 295–296／[下] 63–64 頁／[3] 54 頁。
＊14　本書 43 頁の注 16 を参照。
＊15　アウフヘーベンの語については本書 90 頁を，記号と言語活動については本書 182 頁以降を参照。
＊16　W17 360／『ヘーゲル全集 17　宗教哲学（下巻）』木場深定訳，岩波書店，1984 年，209 頁。

第三章　思弁的な語

＊1　「homoiôména」の仏訳「des rapports de consonances」にもとづいて「共鳴関係」と訳した。「consonance」は「協和音，語尾類音，複数の語・句の末尾における同一音，類似音の反復」を意味し，この文脈では「geno<u>ménon</u>」と「lego<u>ménon</u>」のことを指している。

＊2　W5 114／[上一] 115 頁／[1] 97 頁。

＊3　*Ibid.*／[上一] 同前／[1] 同前。

＊4　*Ibid.*／[上一] 同前／[1] 97–98 頁。

＊5　本書 218 頁を参照。

＊6　W8 204–205／『ヘーゲル全集 1　小論理学』真下信一・宮本十蔵訳，岩波書店，1996 年，265 頁。本書 43 頁の注 16 でも言及。

＊7　本書 106 頁を参照。

＊8　W3 61／『ヘーゲル全集 4　精神の現象学（上巻）』金子武蔵訳，岩波書店，1971 年，63 頁／『精神現象学　上巻』熊野純彦訳，ちくま学芸文庫，2018 年，113 頁。本書 15 頁でも引用。

＊9　W3 94／同前，111 頁／[ちくま版（上巻）] 186 頁。本書 41 頁の注 16 を参照。

＊10　本書 47 頁を参照。

＊11　W5 20／[上一] 8 頁／[1] 10 頁。

＊12　*Ibid.*／[上一] 同前／[1] 同前。

＊13　本書 90 頁を参照。

＊14　本書 56 頁を参照。

＊15　W10 293／『ヘーゲル全集 3　精神哲学』船山信一訳，岩波書店，1996 年，401 頁。ならびに W20 100–105／『ヘーゲル全集 14b　哲学史（下巻の二）』藤田健治訳，岩波書店，1956 年，48–54 頁。

＊16「ding」はフランス語で「リーン」や「カーンコーン」といったベルや鐘の音を表す。

＊17「共鳴する」の日本語訳は，「übereinstimmen（一致する）」の仏訳としてナンシーが採用する「consonner」の語に従った。本章の訳注 1 も参照。

＊18　Peter Gabriel van Ghert（1782–1852）――イェーナでのヘーゲルの教え子。

＊19　本書 102 頁を参照。

＊20　W5 21／[上一] 9 頁／[1] 10–11 頁。

＊21　W5 114–115／[上一] 116 頁／[1] 98 頁。

＊22　本書 13 頁の注 4（末尾）を参照。

＊23　本書 101 頁を参照。

＊24　W5 114／[上一] 115–116 頁／[1] 98 頁。

＊25　本書 156 頁以降を参照。

第四章　思弁的な命題

＊1　W5 95／[上一] 92 頁／[1] 79–80 頁。本書 56 頁も参照。

＊2　ナンシーは別のところで anneau を「解釈学的円環のアレゴリー」であると述べている（Jean-Luc Nancy, *Le partage des voix*, Paris: Galilée, 1982, p. 61)。

＊3　本書 93 頁を参照。

＊4　W8 331／『ヘーゲル全集 1　小論理学』真下信一・宮本十蔵訳，岩波書店，1996 年，437 頁。

＊5　W3 60／『ヘーゲル全集 4　精神の現象学（上巻)』金子武蔵訳，岩波書店，1971 年，62 頁／『精神現象学　上巻』熊野純彦訳，ちくま学芸文庫，2018 年，111 頁。また，本書 14 頁を参照。

＊6　W3 61／同前，63 頁／[ちくま版（上巻)] 113 頁（強調はナンシー)。なお，後半の引用に関して，ナンシーは「言い表すこと」が「現実的に思弁的なもの」であるとしているが，ヘーゲルの原文では，そこで言い表される「揚棄の運動」のほうが「現実的に思弁的なもの」であると書かれている（本書 14–15 頁を参照)。

＊7　本書 55 頁参照。

＊8　W5 114／[上一] 115 頁／[1] 97 頁。

＊9　この言い回しについては本書 62 頁を参照。

＊10　W10 271／『ヘーゲル全集 3　精神哲学』船山信一訳，岩波書店，1996 年，372 頁。

＊11　用例がひとつしかない単語を指す語。たとえば古代語の研究において，用例が少なすぎて意味がはっきりしない単語のこと。

＊12　W4 322／『ヘーゲル教育論集』上妻精編訳，国文社，1988 年，35 頁。

＊13　W10 271／前掲『精神哲学』372 頁。

＊14　1809 年 9 月 29 日の演説。W4 322／前掲『ヘーゲル教育論集』34 頁。

＊15　本書 118 頁を参照。

＊16　W12 490／『ヘーゲル全集 10b　歴史哲学（下巻)』武市健人訳，岩波書店，1954 年，264 頁。

＊17　W12 172／前掲『歴史哲学（上巻)』197 頁。

＊18　W8 352／前掲『小論理学』465 頁。

＊19　W10 280–281／前掲『精神哲学』384–385 頁。

＊20　W10 282／同前，386 頁。

＊21　W10 186／同前，248 頁。

＊22　本書 107 頁の注 89 を参照。
＊23　W10 282／前掲『精神哲学』386 頁。
＊24　W10 283／同前，387 頁。
＊25　W10 281／前掲『精神哲学』385 頁。
＊26　本書 14 頁を参照。
＊27　本書 149 頁の注 118 も参照。
＊28　Comte de Lautréamont, *Œuvres complètes*, Paris: Gallimard, 1970, pp. 56–57／『マルドロールの歌』栗田勇訳，現代思潮社，1974 年，18–20 頁。

第五章　語，思弁的なもの

＊1　W5 113–114／［上一］114 頁／［1］97 頁。
＊2　W5 115／［上一］116 頁／［1］98 頁。
＊3　フランス語の「relief」には，「盛り上がり，隆起，起伏，浮き彫り，レリーフ」等々の意味と，（多くは複数で）「食事の残り，残飯」の意味がある。
＊4　本書 104 頁を参照。
＊5　W5 115／［上一］115 頁／［1］97 頁。
＊6　*Ibid.*／［上一］同前／［1］同前。
＊7　未公刊の「第三課程博士号」論文。あるインタヴューでのナンシーの発言によれば，本論文は失われてしまったという（Jean-Luc Nancy, Ârash Aminian Tabrizi, *Sexpositions*, Les presses du réel, 2024, p. 48）。
＊8　本書 107 頁の注 89 を参照。
＊9　W6 406／［下］190 頁／［3］155 頁。
＊10　本書 101 頁を参照。
＊11　W6 407／［下］190 頁／［3］155 頁。
＊12　本書 45 頁，93 頁，113 頁を参照。
＊13　W13 518／『ヘーゲル全集 19a　美学（第二巻の上）』竹内敏雄訳，岩波書店，1965 年，986 頁。
＊14　本書 65 頁を参照。
＊15　W13 521／同前，989 頁。
＊16　W13 397／同前，842 頁。
＊17　本書 198 頁を参照。
＊18　「méchanique」は「mécanique」の 1762 年以前の綴り方（後者では「h」が取り除かれている）。また，本書 164 頁も参照。
＊19　本書 199 頁以降を参照。

＊20 『プラトン全集第3巻』藤沢令夫・水野有庸訳，岩波書店，1976年，118頁（253C）以降。

＊21 W5 114／［上一］115頁／［1］97–98頁。

＊22 *Ibid.*／［上一］同前／［1］同前。「意味」と訳した語はナンシーの仏訳語「sens」に従ったものだが，これはヘーゲルの原文では「Bestimmung（規定）」である。

＊23 本書104頁を参照。

＊24 本書139頁を参照。

＊25 本書124頁および138頁を参照。

第六章　エピローグ

＊1 「公然の秘密」の意。「ポリシネル」は幼児から老人までに愛される道化人形。

＊2 本書222頁を参照。

＊3 W5 115／［上一］116頁／［1］98頁。

＊4 W9 275／『ヘーゲル全集2a　自然哲学（上巻）』加藤尚武訳，岩波書店，1998年，351頁。

＊5 指示された節には見当たらない。確認できるのは328節（W9 295／同前，378頁）。

＊6 指示された節に見つかるのは「Wasserzersetzen（水の分解）」（W9 315／同前，402頁）。

＊7 W9 157／同前，193頁。

＊8 W9 195／同前，245–246頁。

＊9 *Ibid.*／同前，247頁。

＊10 本書49頁を参照。

＊11 本書216頁を参照。

＊12 W13 511／『ヘーゲル全集19a　美学（第二巻の上）』竹内敏雄訳，岩波書店，1965年，978頁。正確には，「驚くような」の語の前に「機知に富んだ」の語が置かれている。「unendlich breite Feld witziger, frappierender Einfälle〔機知に富んだ，驚くような発想の，無限に広大な領野〕」。また，本書218頁も参照。

＊13 *Brief von und an Hegel*, Bd. I, 1785–1812, hrsg. J. Hoffmeister, Hamburg: F. Meiner, 1952, SS. 368–369／『ヘーゲル書簡集』小島貞介訳，日清堂書店，1975年，140頁。